🕉 后浪

老子新绎

吴宏一 著

北京联合出版公司
Beijing United Publishing Co.,Ltd.

"人生三书"总序

吴宏一

年纪逐渐老大，回首向来萧瑟处，觉得人生虽然风雨载途，但毕竟时有阳光普照。有些人，值得纪念；有些事，值得回忆；有些书，值得推荐。

人生的道路有很多很多条，所谓"世路多歧"。有人生来浑浑噩噩，白白走了一遭；有人不知方向，犹如暗夜到了十字路口，徬徨而无依；有人则始终认定一个方向，勇往而直前。哪一条路适合你呢？完全在乎你自己的选择。

书有很多很多种，但就一般人而言，"书到用时方恨少"。少的不是书，是你所需要的知识。知识，包括智慧和见识。对于人生的道路，很多书都曾谈到，但值得推荐的，不会多；可以真正给你智慧和见识的，当然更少。

我年纪逐渐老大以后，觉得有三本书真的值得推荐：《论语》、《老子》和《六祖坛经》，恰好是儒、道、释三教的必读经典。这三本书代表人生三条道路的大方向，可以给大家智慧和见识。它们都言简而意赅，句子简短，容易记诵，可是仔细体会，却意义深远。

《论语》《老子》《六祖坛经》代表儒、道、释三家不同的思想，也分别代表追求人生、完成理想的三个指标，为我们揭示安身立命之方、为人处世之道，是现代人不能不读的三本"圣经"。《论语》教读书人如何进德修业，以期成为国家有用的人才；《老子》教统治者如何清静无为，以期作为治国安民的指标；《六祖坛经》则教万方俗众如何明心见性，以期达到开悟解脱的境地。因此为"人生三书"做白话注译、阐释评述的工作，让读者借此亲近经典智慧，省思生命的意义与价值，是我长久以来的心愿。

如今"人生三书"终于完成，令我有如释重负的感觉。人生的路该怎么走？如何安顿身心，活出积极、清静、圆融的人生？答案就在书里面。

《老子新绎》序论

一

"道可道,非常道。名可名,非常名。"

《老子》一书,妙不可言,真非常道;老子其人,犹如神龙,真非常名。

二

《老子》一名《道德经》,是认识老子思想及道家源流的必读书,也是想了解中华文化的人不可或缺的经典著作。历代研读的学者,不知凡几,但对全书五千言的玄言妙论,似乎永远寻绎不尽,无法测其底蕴。它的传本很多,字句颇有不同,加上往往"正言若反",所以常使读者似懂非懂,无所适从。对于著者的生平行实,也一直难以究诘。尤其是近几十年来,由于湖南长沙马王堆汉墓的两种帛书本和湖北荆门郭店村战国楚墓的三种楚简本先后出土,更引起中外学者的热烈讨论和关注。对于各种传本文字的异同,经文章句的解释,以及老子思想主张的探索,纷纷提出各种不同的看法,真是仁者见仁,智者见智。

笔者以为这些现象,对于有志研读《老子》的初学者而言,不但没有帮助,反而治丝益棼,不知道该何所抉择。因此,笔者在《论语新绎》撰成之后,马上撰写《老子新绎》这本书。所谓"新绎"者,重点有三:

一、采用直译的方式，逐字逐句，用白话来翻译《老子》的经文。原来有押韵的字句，也尽量求其音节的和谐。这是最贴近原文，也是最容易把握原意的做法。

二、校勘各种传本文字的异同，比较历来各种注家的解释，折中众说，可采者采之，取其长而舍其短，力求简明，以便初学。

三、参考有关的研究资料，对每一章的章旨、结构，乃至修辞以及前后经文之间的关系等等，做一番爬梳整理的功夫。间有推陈出新处，希望对读者有帮助。

三

为了知人论世，让我们先了解老子的生平大概。

根据司马迁《史记·老子韩非列传》的记载，老子是"楚苦县厉乡曲仁里人"。姓李，名耳，字聃。苦县在今河南省鹿邑县东，一说在今安徽省涡阳县附近。苦县，春秋时，名相县，原属陈国。厉乡，葛洪《神仙传》作"濑乡"。厉、濑二字古音相近，可以通用。后来陈国在周敬王四十一年（公元前四七九年）被楚国所灭，其地遂为楚国所有，这已是孔子死后的事。所以严格说来，老子应说是陈国人才对；说他是楚国人，那是司马迁根据后来的行政区域来界定的。不过，无论是陈国或楚国，相对于黄河流域的中原各国，都是地在黄河之南，所以说老子是当时的南方人，则无疑问。《庄子·天运篇》记述孔子五十一岁时去陈国沛邑（苦县附近）见老子，老子这样说："子来乎！吾闻子北方之贤者也。"可见在古人心目中，地域观念非常浓厚，彼此论籍贯时，会有南北之分的。

《庄子》记孔子见老子的事，当有所本，孔子见老子几次，我们不能确定，但说孔子五十一岁去陈国沛邑见老子，则恐非事实。因为孔子从五十一岁起，初任鲁国中都宰，几年间升司空，再升司寇，协助季桓子处理鲁国国政，是不可能到陈国去的。他周游列国，到卫国、陈国等地，是在五十五岁以后。同样记载孔子见老子，比较可靠的资料，是司马迁《史记》中的《孔子世家》和《老子韩非列传》。

说老子姓李，名耳，字聃，是从司马迁的《史记》才开始的。在司马迁之前，像《庄子》《荀子》《韩非子》《战国策》《吕氏春秋》等等，都只称老子或老聃，而从未有称老子为李耳或李聃的，因而有人以为老子不一定姓李（据考证，春秋时代尚无李姓），而应姓"老"才合理。这种推测，虽有道理，但司马迁也必有所据，因而只能存疑。

司马迁的《史记·老子韩非列传》，在介绍老子的籍贯姓氏之后，并没有说明老子生卒年代，只说他是"周守藏室之史也"，同时用一大段文字记叙了孔子到周王朝向老子问礼请教的情形。从这些地方，我们可以推知老子时代与孔子同时而略早，并且是担任周朝典藏古代图书文献档案资料的史官。古代担任史官的人，所谓"左史记言，右史记事"，通常服侍在君王身边，不但要有捷悟的文才，而且要有渊博的学识。因此孔子才会去请教他。

孔子去向老子请教的事，据《史记·孔子世家》的记载，是和南宫敬叔一道前往的。南宫敬叔是鲁国权臣三卿之一孟僖子的儿子，他遵父命去向孔子学礼。可能有些关于礼的问题，需要请教老子，所以由南宫敬叔向鲁君提出申请，鲁君同意，于是"与之一乘车、两马、一竖子"，让孔子和南宫敬叔"俱适周问礼"。由此可见，老子当时已以知礼闻名于世。

我们也知道老子是道家的创始人，据《汉书·艺文志》说："道家者流，盖出于史官，历记成败存亡祸福古今之道，然后知秉要执本，清虚以自守，卑弱以自持。此君人南面之术也。"孔子是有心用世的人，他除了向老子问礼之外，一定也会请教为政处世之道，所谓"君人南面之术"。

孔子向老子问礼求道的事情，不但《史记》的老子本传及《孔子世家》都有记载，连《庄子》的《天运》《天道》和《礼记》的《曾子问》等篇，也屡有论述。据《礼记·曾子问篇》，孔子请教的问题，都与丧礼有关。分别是天子崩、国君薨、送葬遇日蚀以及为父母服三年之丧等等一些比较特别的礼仪。问礼，其实就是问道。问道，其实也与"君人南面之术"有关。据《庄子·天运篇》的记述，孔子和老子见面时，曾如此请教：

丘治《诗》《书》《礼》《乐》《易》《春秋》六经，自以为久矣，孰知其故矣。以奸者七十二君，论先王之道，而明周、召之迹，一君无所钩用。甚矣夫！人之难说也，道之难明邪？

"以奸者七十二君"一句，虽不可解（历来学者多解"奸"为"干"，说孔子周游列国，遍访诸侯七十二君，求为所用。此说颇可商榷，因为孔子当时尚未周游列国），但孔子的意思肯定是说：他研习六经，倡导仁义，自己以为颇有心得，对于古圣先王之道，和周公、召公辅佐的事迹，也深有体会，但是他见过一些君王，却没有一个君王能够欣赏他，取用他的忠孝仁义之道。因此他颇有感慨。

老子的回答，据《史记》本传的记载，摘要如下：

子所言者，其人与骨皆已朽矣，独其言在耳。……
吾闻之："良贾深藏若虚，君子盛德，容貌若愚。"去子之骄气与多欲，态色与淫志。是皆无益于子之身。吾所以告子，若是而已。

老子的意思是劝诫孔子：古人之言可采者采之，不必过度崇尚古圣先贤、畅言仁义礼信。同时他要孔子去除骄气、多欲、态色、淫志。易言之，他劝孔子应当谦下、无欲、清静、无为。这些正好都是与学礼为政有关之事，同时正好也都是《道德经》中主要的思想主张。所以《史记》在本传后马上接着说："老子修道德，其学以自隐、无名为务。"

大概见面之后，孔子对老子的学养非常佩服，所以孔子对弟子说："吾今日见老子，其犹龙邪！"把老子比喻为像神龙一样见首不见尾，自有莫测其高深之意。《史记·孔子世家》中，还记载孔子辞别时，老子赠言云："聪明深察而近于死者，好议人者也；博辩广大而危其身者，发人之恶者也。"对于孔子之言忠孝，尚仁义，正名分，寓褒贬，当亦有所规劝。这些话记在《孔子世家》中，想必有其用意。有人以为《论语·述而篇》中孔子曾说自己"述而不作，信而好古，窃比于我老彭"，就有师承老子的意思。至于后世学老子者罢绌儒学，学孔子者罢绌老子，那是另一个问题。

司马迁的《老子韩非列传》又说老子："居周久之，见周之衰，乃遂去。"有人以为"遂"应为"邃"字之讹，是说老子在周朝衰亡之前，见微知著，先行隐遁而去。司马迁还说老子离开周朝时，"至关"，关令尹喜请他"著书"，于是老子才"著书上下篇，言道德之意五千余言而去"。后人对"关"字的解读，有的说是大散关，有的说是函谷关，恐怕都是附会之辞，很可能它只是国境边界的代称，表示老子曾出关赴秦而已。"著书"也可能是老子就其担任周朝史官时，所典藏的文献资料中，撷取一些有关"道德之意"的格言教训，记录下来，留供守关的官长尹喜参考而已。对于传说中的人物，后人好事增益，往往越到后来，附会越多，越说越神奇，老子就是一个显著的例子。

司马迁说老子出关之后，"莫知其所终"，已经令人有"犹龙"

见首不见尾的联想了,底下竟然还有一些文字,说老子修道而寿考,活了一百六十几岁或二百多岁,越说越玄,几乎令人难以置信。敦煌唐写本《老子化胡经》残卷《序》中还说:老子过函谷关,授喜《道德五千句》,西渡流沙,至于阗国,八十余国王及其妃后,并其眷属,周匝围绕,皆来听法。宋代谢守灏还特地编了《太上老君年谱要略》,说老子在伏羲之世,号郁华子,每一时代都有另一称号,到唐代天宝年间,号通玄天师。这已与神话无异。也因为这样,所以后来怀疑老子其人其书的人越来越多。种种歧异不同的诠释,也就随之而起。

有人说,老子就是周朝与他同时"著书十五篇"的道家老莱子,因为他和老聃同为道家,同为楚国人。有人说,老子就是后来战国时代(公元前四七五年至公元前二二一年)在东周烈王二年(公元前三七四年)见过秦献公的太史儋,因为他和老聃同是周朝的史官,同样曾经出关赴秦,而且"聃"与"儋"同音通用,因此应该是同一人。以上这两种说法,其实也都出自《史记》本传,但司马迁在记载上述二事时,却都已先注明"或曰",表示不能肯定。因而后来的学者虽有很多讨论,争议不休,却无定论。

奇怪的是,司马迁虽然于此用"或曰",表示不能肯定,却又对老子的后代子孙,交代得很清楚。他说:老子的儿子,姓李名宗,曾为魏将,封于段干;李宗之子名注;李注之子名宫;李宫的玄孙名假,曾仕西汉文帝;李假之子名解,景帝时曾为胶西王卬太傅。从此他的后代裔孙,就"因家于齐焉",定居在齐国了。

司马迁的这些记载,经后人考证,觉得颇多可疑之处。例如:老子儿子李宗曾任魏将之事,是不可能的。魏国之列于诸侯,事在六家分晋之后,那时孔子已死六七十年,李宗亦应年过百岁,如何能任魏将?又,老子的八代孙李解,如何能与孔子的十二代孙孔安国并立于汉景帝之朝?说李解曾任胶西王卬太傅,为何他的后裔就不再列名记叙了？这些问题都让人觉得司马迁写老子其人，写得"玄之又玄"。

因此，经过历代学者的不断考查，清代学者如毕沅、汪中等的深入探索，特别是民国以来罗根泽、高亨等学者的多方辨证，对于老子其人其书的讨论，才逐渐有了一个共同的趋向：认为著《老子》一书的老子，应该是战国中期的太史儋。他也是周史官，曾在秦献公十一年（公元前三七四年）离周适秦，他也被称为老子。而且，他应是老子的后裔。《老子》一书，应出自其手。然而因为司马迁的记载存在一些年代不相及的问题，所以《老子》一书的作者疑案，还是一直悬而未决，迄无定论。

何炳棣的《司马谈、迁与老子的年代》一文，为我们解开这个谜团。他说：司马迁的父亲司马谈崇尚黄老，曾亲往淄川从杨何学《易》。那时，淄川、胶西是齐地稷下的学术重镇，二地在今山东省淄水附近，司马谈以周秦世宦之裔的身份顺道常去胶西请教时任胶西王卬太傅的李解（太史儋八代孙，参阅上文），是理所当然之事。所以司马迁的父亲是极可能认识老子后代的，他们父子能够获得老子谱系的资料也就无足怪了。后来汉景帝三年，发生吴王濞等七国之乱，胶西王牵涉其中，朝廷下令诛杀三百石以上的有关属吏，李解自然不能免祸。与李解曾有交往的司马谈，为了自保，从此避谈与太史儋后代李解的关系。司马迁也因此对李解之后的老子家谱讳莫如深，只好以"因家于齐焉"一语结之了。司马迁《史记》写老子的生平，写得如此"玄之又玄"，原来有其不得已的苦衷。

何炳棣教授的考证，言之成理，可以信从。所以《老子》一书的著者，应是太史儋。他也是周史官，著书当然前有所承，可能是他在祖先老子（老聃）原有的文稿上增补成书，我们今日所见的《老子》一书，应该就是这样产生的。至于它后来如何流传，是否经过后人的增补删改，资料有限，已难推论。好在司马迁在老子本传中早已这样说过："其人与骨皆已朽矣，独其言在耳。"老子其人其事虽然难以究诘，但《老子》一书，却历千古而不衰，一直流传到现在。

四

老子其人，给人神龙见首不见尾的感觉，《老子》其书，也予人纷然杂呈的印象。例如书分上下两篇，一为道经，一为德经，究竟何时所分，孰先孰后，便有争论。从战国时代《韩非子》等书的引文看，似乎从战国中期到汉魏以前，多德经在前，道经在后。《史记》本传说老子"著书上下篇，言道德之意五千余言"。看起来汉初所见的《老子》，已分上下两篇，和现在似乎没有什么太大的差别。汉景帝时崇尚黄老，倡立道学，列之为经，"勒令朝野悉讽诵之"，才明确称为"道德经"。到了唐朝，太宗命傅奕注《老子》并作音义，才逐渐改成道经在前，德经在后。开元年间，唐玄宗御注《老子》，并颁布《分道德为上下经诏》，从此道经在前、德经在后，才定于一尊。可见《老子》一书的编次并非一成不改，而是迭有变更。其实原始究竟道经在前或德经在前，是不容易确定的；是否著成于一时，出于一人之手，也是不容易确定的。篇幅虽然不长，全书不过五千多字，但其传本的繁多、字句的歧异，以及内容思想的不同解释，真可说是众说纷纭，莫衷一是。（关于道经德经孰先孰后的问题，我在经文第三十八章的【新绎】最后，还有一段补充说明，读者可以参看。）

从《庄子·胠箧篇》对老子学说多所引证之后，历代注解《老子》的学者，何止千百家。其中，先秦像《韩非子》中的《解老》《喻老》两篇，前者重在阐释"德经"中有关人生及政治方面的道理，后者全用史实传说比附老子的思想主张，令人觉得《老子》一书像是史官呈献给侯王治国安民的南面之术。汉代像出于民间、真伪有待考定的河上公注本，多附会养生安身之言，常有方士术语；而同样被疑为伪书的严遵的《道德指归论》及《老子注》，则将《老子》八十一章改为七十二章，并畅言黄老之术，令人觉得《老子》一书，在道教形成阶段，逐渐和相传张道陵或张鲁所著的《老子想尔注》一样，已由对侯王的说教，转为对道教徒的训诫。其他像魏晋时王弼的《道德经注》，通过玄学家辨名析理的方法，来分析道德等等名词及概念；唐代像傅奕的《道德经古本篇》，推衍王弼之说而订正其失，这些著作对于后世讨论老子学说的人，影响都非常深远。王弼的注本，还被视为是《老子》古注本中最完备精要的一本书。最特别的是唐玄宗、宋徽宗、明太祖、清世祖等，以帝王之尊，都曾经为此书作注，更证实了《老子》讲的是"君人南面之术"。

由于时代环境的变化，思想观念的不同，老子的思想主张常因诠释者见解的差异，各有立言之宗，而呈现出不同的风貌。有人以为它是"王者之上师，臣民之极宝"，因为很多章节都曾谈到帝王"南面之术"，有人以为它讲的是金丹修炼之术、长生安命之说，甚至有人以为它是用兵教战之作、权谋术数之谈。清代以来研究者更为众多，或汇校传本，或讲疏义理，成就固然不让前贤，但对一般读者而言，则益感纷扰而不知何从。尤其是一九七三年冬，湖南长沙马王堆汉墓的帛书老子甲乙本出土以后，因避汉帝名讳的问题，被推定成于西汉初年，因而掀起了一阵帛书热，研究老子者，几乎无人不说帛书，它们虽与旧传《老子》诸本同属一个系统，但字句颇有异同；到了一九九三年冬，湖北荆门郭店的楚墓竹简本甲乙丙三组，又相继出土了，加上被推定成于战国中期或之前，因而更引起研究者的重视。颇有些人推定楚简本是老聃之作，是《老子》的原始传本。几十年来，研究老子的学者，可以说完全在帛书本和楚简本的笼罩之下，好像离开它们，就不配谈论老子了。这当然是推崇太过了。比对过旧传本和这些新出土资料的人，应该都会同意以下的看法：要阅读《老子》，应该从春秋古本（源出老聃或其亲传弟子之记录），到《庄子》《韩非子》等战国诸子的征引；汉魏以下河上公、王弼、傅奕等注本，再加上新出土的楚简本、帛书本，互相参校，才可能整理出一本比较完整的"道德真经"。易言之，旧传本和新资料同样重要，二者相得而益彰。不可故步自封，但也不可以趋新而忘本。

因此，笔者很不同意有人根据新出土资料随意改动原来的章句文字，更不同意有人随意割裂原来的经文。笔者以为：河上公本、严遵本和想尔注本，无论著者或著成时代都存在一些难以确定的问题，因此要谈旧传本或古注本，目前以传世较早而且较为完整的王弼注本为底本最为可靠，以它参校历代河上公、严遵、傅奕等各种注本以及唐代以来的各种新出土资料，应该是比较可取的方法。

经过比对互校，可以发现王弼本和河上公本、傅奕本的章节字句大同小异，非常接近，对后世的影响很大，而楚简本、帛书本固为新出土的稀世珍本，但讹误脱漏甚多，可供校勘而不宜定为读本。

至于有人推定《老子》出于太史儋之手，前有所承，后有所订，因而分《老子》为二，一为老聃《老子》，一为太史儋《道德经》，探颐索隐，穷力追新，笔者也乐于见其用心之勤，而祝其早日有成。

五

很早以前，我尚在台湾大学求学期间，就对《老子》这本书发生浓厚的兴趣，曾经受到先师沈刚伯、郑因百等先生的启发和鼓励，想对此书及《论语》《六祖坛经》三本代表儒道释思想的经典著作，逐一整理阐释。毕业后，工作繁忙，因此数十年来，时断时续。一九八六年起，因为几度赴香港中文大学讲学，得以接触刘殿爵教授，时常听他谈论《论语》及先秦古籍，对他所写的《马王堆汉墓帛书〈老子〉初探》一文早已折服，认为可以启我心眼。二〇〇〇年何炳棣教授来香港中大逸夫书院担任杰出学人讲座，听他主讲《司马谈、迁与老子的年代》，更觉得醍醐灌顶。从这两位前辈学者身上，得到很大的启发，更坚定我要重新整理《论语》《老子》的决心。二〇〇九年秋天以后，退休多暇，才开始动笔。在撰写《论语新绎》的期间，曾经兴起仿效古人"论诗绝句"之例，写了一首七言绝句《拟作〈论语〉〈老子〉〈六祖坛经〉三书新绎，题端》：

圣经何必分先后，大道从来不可诬。
我自瓣香三教在，参禅学老更崇儒。

后来在《论语新绎》完稿，交给联经出版事业公司印行之后，又因为受到一些鼓励，遂同时进行《老子新绎》及《六祖坛经新绎》的撰写工作，并作绝句二首《〈论语新绎〉一书撰成，口占二绝》：

（一）
向来我亦圣为师，论道参禅未是痴。
最爱春衣已裁就，冠童舞雩咏归时。

（二）
敢言译解费功夫，但愿人人识正途。
忠恕终归仁一字，请从平淡契真吾。

我以为这三本书不只代表中华文化中儒道释三家不同的思想，也分别代表古代在上位者、士人阶层以及民间不谙文字者三种不同社会背景的人追求人生、完成理想的三个指标。我很高兴二〇一一年冬终于完成了《老子新绎》这本书，同时又仿论诗绝句之例，配合《老子》八十一章，逐一作《论老子绝句》（参见文末附记）。书成之后，二〇一二年二月曾交由学生李荣发主办的天宏出版社初版。现在又获得王荣文先生的青睐，颇事增订，把这"人生三书"全交给远流出版公司（包括之前由该公司印行四版的《六祖坛经新绎》）一起出版，终于了却了我多年来的心愿。我有如释重负的感觉。

六

最后，我把在撰写本书过程中曾经参考过的版本、学者及其著作，举其要，列其目于书后，以供初学者检索参考。同时，为了便于读者核对，在本文之前，把书中常提到的一些版本简称，先列表如下：

《郭店楚墓楚简本老子》（简称楚简本）

《马王堆汉墓帛书老子甲乙本》（简称帛书甲本、乙本）

《王弼老子道德经注》（简称王弼本）

《河上公老子道德经章句》（简称河上公本）

严遵《老子指归》（简称严遵本）

傅奕《道德经古本篇》（简称傅奕本）

《唐景龙二年易州龙兴观道德经碑》（简称景龙本）

《唐开元廿六年易州龙兴观御注道德经幢》及明皇注疏本（御注本）

《唐人写本残卷》及敦煌《老子》写本（简称敦煌本）

宋范应元《老子道德经古本集注》（简称范应元本）

明嘉靖顾春《世德堂刊六子》（简称世德堂本）

《日本天明本群书治要》（简称群书治要本）

目 录

"人生三书"总序 …………………………………… 1
《老子新绎》序论 ………………………………… 3

道 经

第一章………………………………………………… 1
第二章………………………………………………… 10
第三章………………………………………………… 19
第四章………………………………………………… 23
第五章………………………………………………… 26
第六章………………………………………………… 30
第七章………………………………………………… 34
第八章………………………………………………… 36
第九章………………………………………………… 40
第十章………………………………………………… 42
第十一章……………………………………………… 47
第十二章……………………………………………… 51
第十三章……………………………………………… 55
第十四章……………………………………………… 59
第十五章……………………………………………… 63
第十六章……………………………………………… 68

第十七章 …………………………………… 71

第十八章 …………………………………… 75

第十九章 …………………………………… 79

第二十章 …………………………………… 83

第二十一章 ………………………………… 88

第二十二章 ………………………………… 92

第二十三章 ………………………………… 96

第二十四章 ………………………………… 101

第二十五章 ………………………………… 104

第二十六章 ………………………………… 108

第二十七章 ………………………………… 113

第二十八章 ………………………………… 117

第二十九章 ………………………………… 122

第三十章 …………………………………… 125

第三十一章 ………………………………… 128

第三十二章 ………………………………… 132

第三十三章 ………………………………… 136

第三十四章 ………………………………… 139

第三十五章 ………………………………… 143

第三十六章 ………………………………… 146

第三十七章 ………………………………… 150

德　经

第三十八章 ………………………………… 154

第三十九章 ………………………………… 161

第四十章 …………………………………… 168

第四十一章 ………………………………… 171

第四十二章	176
第四十三章	181
第四十四章	184
第四十五章	188
第四十六章	191
第四十七章	194
第四十八章	198
第四十九章	201
第五十章	204
第五十一章	210
第五十二章	213
第五十三章	217
第五十四章	221
第五十五章	225
第五十六章	230
第五十七章	235
第五十八章	239
第五十九章	243
第六十章	247
第六十一章	251
第六十二章	255
第六十三章	259
第六十四章	263
第六十五章	267
第六十六章	271
第六十七章	274
第六十八章	278

第六十九章 …………………………………… 281

第七十章 ……………………………………… 285

第七十一章 …………………………………… 288

第七十二章 …………………………………… 291

第七十三章 …………………………………… 294

第七十四章 …………………………………… 297

第七十五章 …………………………………… 300

第七十六章 …………………………………… 303

第七十七章 …………………………………… 306

第七十八章 …………………………………… 309

第七十九章 …………………………………… 312

第八十章 ……………………………………… 315

第八十一章 …………………………………… 320

参考书目举要 ………………………………… 324

第一章

道可道,非常道。名可名,非常名。①

无,名天地之始;有,名万物之母。故常无,欲以观其妙;常有,欲以观其徼。②

此两者,同出而异名,同谓之玄;玄之又玄,众妙之门。③

【校注】

①以上四句——帛书甲本作:"道可道也,非恒道也;名可名也,非恒名也。"帛书乙本则有脱文。恒、常二字同义。有人以为此书传本在汉代避文帝刘恒名讳,故易"恒"为"常"。河上公本、傅奕本皆同王弼本。也,是语尾助词,作字句停顿之用,犹如今日的标点符号。

②以上八句——前四句有人断句为:"无名,天地之始;有名,万物之母。"历来据以解说的大有人在,观其所论,亦言之成理,第三十二章说的"道常无名",更足以为据。但笔者以为上文既云"名可名,非常名",则此不宜再以"有名""无名"为说,而且下文又有"常无""常有"之辞,故于"无""有"下断句,似较可取。又,"天地之始",帛书本作"万物之始也",亦可通。

后四句,帛书本作:"故恒无欲也,以观其眇;恒有欲也,以观其所噭。"盖以"无欲""有欲"为读。这种读法自亦有据,河上公注:"人常能无欲,则可以观道之要。"就是如此解读的。查第三章"常使民无知、无欲",第三十七章"夫亦将无欲",第五十七章"我无欲,而民自朴"等等,皆其证。

但就上下文气论,传统读法将"欲"字连下文作助动词者,似乎仍较可取。例如书中第十五章"保此道者不欲盈",第二十九章"将欲取天下而为之",第三十六章"将欲翕之""将欲弱之""将欲废之""将欲夺之"等等,都是这种用法。噭、徼同音通假。徼,音叫,世德堂本云即"窍"字。说文:"窍,空也。"犹言山谷之洞穴、房室之门户,与下文"众妙之门"相呼应。有人以为"妙"同"眇",有要眇幽微之意,而"徼"同"儌""曒",有边际向明之意。一暗一明,互为对应。

③以上五句——帛书本作:"两者同出,异名同胃。玄之有玄,众眇之门。""胃"字应为"谓"抄写之误。"眇"同"妙",皆有幽微之意,已见上注。帛书本的"两者同出"二句,比传统通行本句子要简短整齐,都是说"有"与"无"是一体的两面,是相生相成的。推而衍之,"名"与"道"也是一体的两面,有形相声色可以指称的一面,叫作名或器或物;无形相声色可以指称的一面,叫作道或法或德。如此说来,把"无,名天地之始"以下,断句为:"无名,天地之始;有名,万物之母。""故常无欲,以观其妙;常有欲,以观其徼。"也都可以此解之。"有""无"既相生相成,则无名有名、无欲有欲,"无"什么"有"什么,也都可以互文见义了。《红楼梦》有云:"假作真时真亦假,无为有处有还无。"或可移作"玄之又玄"的注解。

【直译】

道理可以说明的,就不是永恒的道理。名义可以指称的,就不是永恒的名义。

"无",指称天地的开端;"有",指称万物的本源。因此常"无",想借此来观察它的奥妙;常"有",想借此来观察它的诀窍。

"无""有"这两样东西,同时出现却有不同的名义,同样可以称呼它们为玄妙;玄妙啊它们真玄妙,这是解开所有奥妙的门径。

【新绎】

此章是全书或者说是"道经"中的开宗明义第一章，说明"道"是天地万物的创始者，难以指称，却具有永恒的本质和玄妙的变化。要了解它永恒的本质和玄妙的变化，必须先从"有""无"二者的概念及其作用说起。

全章可以分为三段：

"道可道"的上个"道"字，是名词，在《老子》一书中，它指的是一种至高无上的生命状态。它是宇宙间天地万物的主宰。天地的形成，万物的诞生，都与它有关。大自然界的寒暑阴阳、因革变化，人类历史的古往今来、兴亡成败，仿佛也因它的存在，而具有一定可以遵循的法则。它有如古人之看鸡蛋，虽然孕育着新生命，却浑沌一片，令人看不清、摸不着，可是它却又真真实实的"其中有象""其中有物"，存在着一种生命状态。它可以有形状和颜色，却没有固定的形状和颜色；它可以有声音和气味，却没有固定的声音和气味。以此类推，总之，它恍兮惚兮，视之不见，听之不闻，搏之不得。当任何人要称呼它时，它可以有名义，却没有固定的名义。就像《庄子·知北游篇》所说的："道不可闻""道不可见""道不可言""道不当名"。它是不可有固定名义的。当它化为无形时，可称之为道气；有迹可循时，可称之为道路；于事称为道理；于人称为道士或道人。总之，它是不固定的。

就因为它不固定，所以不可言说。"道可道"的第二个"道"，就是动词的"说"。不可道，就是不可言说，不可用言语道尽，无法用语言文字来完全充分地说明形容。"名"就是言说时所使用的语言文字。就因为不可用言语道尽，无法用语言文字来完整说明形容，所以它虽然一直存在着，却没有固定的形相、声气和名义。无以名之，只好一仍旧名，称之为"道"。第二十五章就这样说："有物混成，先天地生"，它"独立而不改，周行而不殆"，"吾不知其名，字之曰道"。所谓"独立而不改，周行而不殆"，是说它使天地万物有一定可以遵循的法则，从不断的变动中，找到了一个不变的规律。在无常之中，找到了一个统摄天地万物的道理。可是它有万千端绪，千变万化，令人不知从何说起，又令人不知其极。《管子·心术上篇》也这样说："道也者，动不见其形，施不见其德，万物皆以德，然莫知其极。故曰：可以安而不可说也。"《韩非子·解老篇》说得更好："夫物之一存一亡，乍死乍生，初盛而后衰者，不可谓常。唯夫与天地之剖判也俱生，至天地之消散也不死不衰者，谓常。而常者，无攸易，无定理；无定理非在于常，是以不可道也。圣人观其玄虚，用其周行，强字之曰道。"

也因此，不能不令人感悟：能用语言文字来说明解析的道理，都只是"道"的一端，而不是"常道"，不是恒常不变的"道"的全部。

"道"既不可道，能道者又非"常道"，因此，知者不言，言者不知。然而为了向世人说法，为了"传道、授业、解惑"，又不能不道，因而只好借"名"来论"道"。更何况"道"本来的另一意义，就是"说"。

"名"和"道"是对待的词语，虽然相对待，但却不是相对立而是相因依的。"道"常常恍兮惚兮，视之不见，听之不闻，搏之不得，而"名"却是具体的存在。譬如说，人都有父母和亲人，我们一谈到父母和亲人的名号，他们的形貌、声音等等，就会自然具体地呈现在眼前。一谈到天地，就可以马上想到天空和土地的实体；一谈到古琴和钢琴、西装和旗袍等，我们也都可以马上从它们的名义上知道它们种种的不同。总而言之，谈到任何人或事物，我们都可以从其不同的名字、名分、名号或统称为名义之中，去辨认其实体存在的意义。即使是抽象的东西，也通常可以从大家为它所取的名称中，得到若干共识。例如天空、天然、天神的天，有其不同的意义，大家即使不能客观分析，却仍然可以感受。

古人说，"名"是圣人为万物所取的名称，用来表达万物不同的概念。这万物不同的概念，统摄起来，固然有一个无以名之的道，寓乎其间，但它往往是形而上的，如何孕育，如何长成，都恍兮惚兮，难以理解。可是分别来看，万物仍然各自有其不同的名义可以指称，而不同的名义，往往又代表了不同的固定的形状、颜色、声音、气味等等特质。因而相对于形而上的"道"，这些可以指认称呼的天地间的一切万物，古人认为它们是形而下的东西，就称为"器物"或"器"。

器或器物，究竟与"道"之间有什么关系呢？

一器物有一器物之用，因而各有其特定的名称。每一个器物的名称，常常因时间空间的不同、语言文字的不同、观念的不同、种族的不同等等因素，而有所改变；不可能一成不变，也不可能永恒不改，甚至在同一时空、同一种族、同一语文、同一观念的环境之中，都又有了不同的名义。相传古代仓颉造文字时，"天雨粟，鬼夜哭"，可见创造文字，为宇宙天地万物命名定义，是多么不容易之事，足以惊鬼神而动天地。《管子·心术上篇》说："物固有形，形固有名。名当，谓之圣人。"可见圣人即是为宇宙万物取名得当的人。圣，本意是耳聪目明，所以能为万物命名者，必定聪明而神圣。谁有权力可为万物命名呢？无疑的，他必然是所谓最高的统治者或领导人。这在《老子》书中，就称之为"圣人"。可是，不管你多么聪明神圣，当你为某一器物命名时，它就已经具有了特定的名称和意义；当它有了特定的名称和意义，它已经同时又有了一定的限制，无法呈现它原来就具有的全部意义和价值。因此"道"这个字，当你解释为"道理"时，你已经忽略了它还有其他的很多意义。对于那不可道的常道，更不知如何界定名义了。

例如"天""地"等，几乎每一个字，当你解释它的名义时，你会发现无论怎么详细解释都不可能周全，而且用不同的语言文字来翻译解说时，你更会发现它还有许多有待诠释的意义。可见任何器物的名义，不管你如何界定，永远界定不完。这就是所谓"名可名，非常名"。

以上说的是前四句第一段，以下八句第二段主要是说明"无"与"有"二者的概念及其相生相成的作用。

上述的"道"，先天地万物而长存，虽实有而看似虚无；上述的"名"，依天地万物而指称，虽看似实有而实虚无。第四十章说："天下万物生于有，有生于无。"这是说天地间的一切万物，都有其"名"，是有形相声色等等可以指称的实体，可是它们是如何诞生的，如何形成的，推究起来，它们其实都来自那先天地万物而长存的"道"，依一定永恒的法则运行而成。依照《列子·天瑞篇》和《淮南子·天文训》等典籍的说法，道原是先宇宙而生的一道元气，当它运行时，先是清轻者上升为天，浊重者下降为地，而后发生阴阳四时的变化，而后产生日月星辰风雨雷电等等万物。这道元气即是"道"的本身，也叫作"一"。《淮南子·原道训》说得很清楚："所谓一者无匹，合于天下者也。……是故视之不见其形，听之不闻其声，循之不得其身。无形，而有形生焉；无声，而五音鸣焉；无味，而五味形焉；无色，而五色成焉。是故有生于无，实出于虚，天下为之圈，则名实同居。"既然"名实同居"，也就表示我们可以由"名"以识"道"，而名之"有""无"，也就关系到天地万物的要妙所在了。

"有"与"无"，实存与虚无，是相对的词语，可是它们不是相对立而是相因依的。这也就是下文第二章所要说的"有无相生"。这里的"无"，不是我们平常所说的"零有"，而只是还没有显现出它的形相声色而已，有如风之无形，水之无色。也因此，"无"可以用来称呼"天地之始"，也可以用来称呼"万物之母"。相同的道理，"有"也可以兼摄"天地之始"与"万物之母"。这四句显然是互文见义，同样是合用"无""有"二者，来说明天地万物的开端和生命的起源。《庄子·大宗师篇》有云："夫道，有情，有信；无为，无形。可传而不可受，可得而不可见。"说的就是道合"有""无"二者的道理。

《老子》第四十章："天下万物生于有，有生于无。"郭店楚简本《老子》作："天下之物生于有，生于无。"这是单从"有"的方面来说的，拿来和第四十二章所说的"道生一，一生二，二生三，三生万物"，道理正相契合。一物衍生一物，终至衍为万物，这是从实存的"有"来说的，它只是没有把"有"背后的"无"同时说出来而已。因为假使"道可道"，那就是"非常道"了。

就因为如此，所以我们要常从上述"无"与"有"的概念中，去体察"道"与"名"之间的关系，去体察天地万物的奥秘和生命的出路。道之用，生天地万物，而后万物有其名，而后聪明之人由名以说道。"观其妙"，是静观其内在的幽微要妙；"观其徼"是瞻望其外在的归趋出路。一幽一明之间，就是所谓灰色地带，也就是下文所说的介乎黑白之间的"玄"。至于"玄"是什么，下文自有分解。

名，也就是字，是说为某人或事物取个称呼，以便指认辨别。古人名字有别，我们今天却名字连用，事实上，指的都是一个特定的人或事物。有人从甲骨文去探究"名"的本义，以为"名"原指古代一种盛肉用的礼器，虽然证据不够充分，但古代确实是常将名与器并称的。例如《左传·成公二年》孔子说："唯器与名，不可以假人。"这里的器指礼器，名即指名义、名分。名器应该相符，才有意义，但名与器却常常不相符，例如《论语·雍也篇》中孔子说的"觚不觚"，觚原是饮酒用的礼器，可是孔子所看到的觚形制用途都已经不是原来的觚了。这可以说是有其名而无其实，所以孔子才会感叹觚不像觚。这就是名器不符、名不符实的例子。这个例子说的,是具体有形的器物;下面还可举一个无状可言的概念,来说明名与实不相符的情况。

我们都知道儒家讲礼,讲正名。《论语·颜渊篇》中,孔子回答齐景公的问题,就说:"君君,臣臣,父父,子子。"是说君要像君,臣要像臣,不论是什么名义,都要符合自己的身份。又在同篇章中说:"君不君,臣不臣,父不父,子不子,虽有粟,吾得而食诸?"这些话中的君臣父子,都有两个字,上面的君臣父子,指的都是正式名义,下面的君臣父子,指的都是名不符实的对象,说不像君臣父子该有的样子。易言之,名义和实际已不相符合了。

这里再以君臣为例来作进一步的说明。君字的本义,原是指嘴巴说出的话就要用双手来执行的人,所以称为君上;臣,指俯首屈身屈伏在地的人,所以称为臣下。在古代封建社会里,君上对臣下可以发号施令,予取予求,而臣下对君上则必须毕恭毕敬,绝对服从。《韩诗外传》卷五就记载了下面一段故事:孔子有一次侍坐在鲁国执政大臣季孙身边,季孙的家臣来报告说鲁君派人来"假马"(即借马。假,即借),不知道借不借给他。孔子马上说:"君取于臣曰取,不曰假。"意思是该家臣只能说鲁君来"取"马,而不应说是来"借"马。季孙同意孔子的说法。就因为要正名义,鲁君来向臣下借马一用,只能说是"取"而不能说是"借",所以孔子才说:"正假马之言,而君臣之义定矣。"这也是说君是君,臣是臣,假使君不像君,臣不像臣,那么名义和实际就混乱了。

可见儒家非常重视"名",重视名实或名器是否相符,而老子所说的"名",则超越这个层次,借之与"道"并称。天地万物创始之初,"道"浑沌一片,无形相可言,既非器物,所以无以名之,只能概称为"道"或"大"(见下文第二十五章),后人因而称之为"大道";等到天地创始、万物衍生之后,万物各有其形制，此有彼无，彼有此无，所以也就各有其不同的名义。这从"无"到"有"的过程中，可以说都是由于"有""无"二者相生相成的作用。

此章的最后五句，是第三段，说明"有""无"二者同出于"道"，而且是同时产生，同时发挥作用。它们虽然名称不同，但它们必须合在一起，"道"才能发挥其玄妙的功能。下面各章所说的道理，几乎都由此衍化而出，所以说是"众妙之门"。

《论老子绝句》之一：
  名道开篇各擅场，可名可道即非常。
  有无分合妙何在，我欲谈玄不自量。

第二章

天下皆知美之为美，斯恶已；皆知善之为善，斯不善已。①

故有无相生，难易相成；长短相形，高下相倾；音声相和，前后相随。②

是以圣人处无为之事，行不言之教。万物作焉而不辞，生而不有，为而不恃，功成而弗居。夫惟弗居，是以不去。③

【校注】

①以上四句——楚简本作："天下皆知美之为美也，恶矣；皆知善，此其不善已。"帛书甲本作："天下皆知美为美，恶已；皆知善，訾（宏一按：或抄录者误将"此""言"合为一字）不善矣。"帛书乙本作："天下皆知美之为美，恶已；皆知善，斯不善矣。"核对其他传本，内容思想并无差异，不同者唯在于文字之增删。删者求其精简，而所增易者多为虚字，而且多为通假字或异体字，如"已""矣""之"之类。此观下文可知。

②以上六句——楚简本作："有无之相生也，难易之相成也，长短之相形也，高下之相盈也，音声之相和也，先后之相随也。"帛书甲本、乙本与楚简本相较，除偶有脱文误字及异体字、通假字之外，其余相同，唯句首删去"故"字，而句末多"恒也"二字。核对其他传本，"有无相生"等六句，每一句都多了"之""也"二字。"之""也"这些虚字助词，其作用略等于今天的标点符号，作为语气停顿之用，可以帮助读者了解文意和句型结构。帛书本后加"恒也"二字，是说上述"有无之相生也"等六句所言，是恒常之道。盖因删去旧本句首之"故"字，有此二字，语意较足。又，"长短相形"王弼

本"形"作"较",义同。宜作"形",盖"形"与"倾"为韵。

③以上八句——楚简本作:"是以圣人居无为之事,行不言之教。万物作而弗始也,为而弗时也,成而弗居。夫唯弗居也,是以弗去也。"帛书甲乙本与此相较,除脱文误字及异体字、通假字之外,文意亦无不同。有的字尾加"也"字,那是语气停顿之用,说已见上。至于"万物作焉而不辞"一句,傅奕本作"万物作而不为始"。宏一按:古代"始""辞"二字声同,而古文"辞（辝）"作"辝","始"作"乩",形亦相近,故可通。敦煌本"圣人"下多一"治"字,"不辞"作"不为始",下缺"生而不有"一句,"居"作"处"。又,以上八句,或疑为错简,为后人所加。恐未必是。

【直译】

天下百姓都知道美好的事物称为"美",那是因为有丑恶的存在;都知道善良的事物称为"善",那是因为已有不善的存在。

因此,"有"与"无"相依而生,"难"与"易"相辅而成;"长"与"短"互相比较才明显,"高"和"下"互相比较才呈现;"音"和"声"互相应和才会动听,"前"和"后"互相跟进才能前行。

所以聪明的圣人只处理"无为"（无所作为）的事务,只执行"不言"（不待言说）的教化。万物兴起了却不多加解释,产生了却不据为己有;做好了却不自夸其力,大功告成却不以功自居。就因为不以功自居,因此他的功绩不会失去。

【新绎】

此章借"有无相生"等相生相成的概念,来说明圣人的处世之道,在于"处无为之事,行不言之教"。据《庄子·天下篇》说:"以天为宗,以德为本,以道为门,兆于变化,谓之圣人。"可知圣人配合天地,兼具道德而预知变化,是聪明睿智的理想人物。

作为天地之始、万物之母的"道",老子以为它本来是浑沌一体的元气。可是从天地肇始、万物衍生之后，圣人上观天文，下察地理，开始为一切现象取名定义。"道"之体本为"无"，所以亘古长存，却无形迹可求；"道"之用则为"有"，所以生生不息，化为天地万物。天地万物不像"道"之本体那样恒常处于虚无的状态，它们已由"无"而变为"有"，变成有形色声味的东西。因此，圣人在为它们取名定义时，开始注意到天地万物的一切现象，都是变动的，而且既矛盾而又统一，既相对而又相依。"无"与"有"、"阴"与"阳"、"虚"与"实"、"常"与"变"等等这些相对的概念，也就因而产生了。

第一章是老子为"常道""常名"开宗明义，从"常"与"变"、"无"与"有"的相对相依的概念，来说明天地万物的玄机妙理。而这一章则是老子要把这些相对相依的概念，从大自然界落实到人文社会界来，说明这是一切事物的恒常、普遍的法则。

全章可以分为三大段：首先第一大段，老子要破解说明的是"美"与"恶"、"善"与"不善"的价值判断的观念。

在现代人的观念里，"美"即美丽，说的是外表；"善"即善良，说的是内涵。"美"的相反义，应该是"丑"，"善"的相反义，才是"恶"，为什么老子却以"恶"来与"美"相对呢？

事实上，秦汉以前，"美"不一定是指外貌的美丽，而是常指品德名誉而言，因此它常与"恶"相对。例如《论语·颜渊篇》说："君子成人之美，不成人之恶。"《礼记·大学》说："好而知其恶，恶而知其美者，天下鲜矣。"《吕氏春秋·去尤篇》说："知美之恶，知恶之美，然后能知美恶矣。"这些例子，都是美、恶对举的。因此，"天下皆知美之为美，斯恶已"。说的不应该只是美丽的外表，而应该范围更广，更有概括性才对。河上公注解"美之为美"句，说是："自扬己美，使显彰也。"注解"斯恶已"句，说是："有危亡也。"显然就是把"美""恶"用来指德性名誉的是否美好而言。

相同的道理，这里"善"与"不善"对举，也说明了老子所说的"善"与"不善"，并非单就内在的品德修养而论。河上公注"善之为善"句，说是："有功名也。"注"斯不善已"句，说是："人所争也。"都足透个中消息。

那么，老子为什么说"天下皆知美之为美""皆知善之为善"，就会"恶"，会"不善"呢？

相信很多读者马上会给个答案，说这是"物极必反"的结果。笔者不敢说这个答案错了，但必须说只答对了一半，因为把因果颠倒了。假设"物极必反"是结果，那么它的起因是来自既矛盾而又统一，既相对而又相依的观念。

可以这样说："美"与"恶"、"善"与"不善"这些相对待的价值判断的观念，是某人某地某时某种情况下，加之于某一事物的看法。这种看法会因人地时等等条件的不同，产生变化，甚至给予完全不同的价值判断。而且在判断的同时，一定有正反两个不同的观念存在，才会给予不同的评价。譬如说，当你说某一事物"美"的时候，一定有不美的事物供你做了比较。换句话说，当你有了"善"的观念，"不善"的观念也已经同时产生了。这不同的观念虽然看似相对立，但它们只是一体的两面，它们其实是相依附的。它们的"美"与"恶"、"善"与"不善"，只有在相对待的关系中，才能互相彰显出来。

举个例来说。苏轼的名词《念奴娇·赤壁怀古》开头有这样的句子：

> 大江东去，浪淘尽、千古风流人物。
> 故垒西边，人道是、三国周郎赤壁。

苏轼四十七岁游赤壁时，他所怀念的"千古风流人物"，是三国时代赤壁之战的周瑜。周瑜当年雄姿英发，但是不是"千古风流人物"，一定会有争议。同样是周瑜这个历史人物，苏轼说他"风流"，别人未必同意，像《三国演义》写诸葛亮三气周瑜，把周瑜活活气死，就看不出他有什么"风流"。而且，"风流"该怎么定义呢？恐怕也言人人殊。

"风流"的意义，古今不同。《论语·颜渊篇》所说的："君子之德，风；小人之德，草。草上之风，必偃。"把在上位的君子比喻为风，把一般被统治的人民比喻为草，草遇上风，就会随风披靡。可见先秦的所谓"风流"，是指品性道德而言。苏轼《念奴娇·赤壁怀古》所说的"风流"，是指周瑜的神态仪度而言。至于现代人所说的"风流"，则不须举例，大家都已知道是有过于浪漫而近于情色的贬词了。

可见"风流"一词，有"美"的含义，也有"恶"的含义。对于一切事物，老子是抱持着如此的想法。同样的一个人，不论你说他"美"或"恶"、"善"或"不善"，他还是原来的那个人。你前后看他觉得他变了，那是你的问题；你原来觉得他"美"，后来拿他去跟另一个更美的人比较，又觉得他不"美"了，那也是你的问题。他还是原来的那个人。因此，"美"与"恶"、"善"与"不善"，在观念上固然相对立，但它们其实是相依附的。"美"与"恶"、"善"与"不善"，只是别人给予的不同评价。就其本体而言，他必然同时具有这两种看似相反对立的特质，才会有人说他"美"，有人说他"恶"。因此，美与恶必须并存而相较时，才有美与恶之可言。

第二大段承应上文，进一步说明难易、长短等等相因相成的观念。

"故有无相生"等六句，有的版本没有"故"字，更有人以为

"故"字应该删去。笔者的看法不一样。有此"故"字,下面六句才与上文有因果关系,否则,上下文应该是并列关系或没有关联,而应该另列一章。笔者以为这个"故"字和下文的"是以",都是承应上文"天下皆知美之为美"等句的观念而来,所以都没有删去的必要。以下各章还有不少这类的例子。

"有无相生"以下六句,不但承应上文,而且与第一章也互为呼应。就像上文所说,"美"与"恶"、"善"与"不善"是相对待的观念,看似相对立而实相依附。以下六句的六组对立的观念词语:"有"与"无"、"难"与"易"、"长"与"短"、"高"与"下"、"音"与"声"、"前"与"后",也都同样是相依附,相生相成的。上章说过,"有无"的"无"不可解为"零有",它其实有如风之无形无相,水之无色无味。用色彩来比喻,有人会说白色是无色,其实白色是白色,是色彩中的一种;真正的无色,应该像水一样,你配上它什么色彩,它就变成什么色彩,所以,所谓"无色"的"无",原来是虚无、虚空的,可是它却可以成为种种不同的色彩。用味道来比喻也一样,所谓酸甜苦辣等等味道,都是"有"味的,什么才是"无"味的呢?人各有所嗜,你喜欢甜的,就会觉得酸苦咸辣别的味道都索然"无"味,其实不是"无"味,是你认为它"无"味而已。你把喜欢的味道称为"有"味,你所不喜欢的,其实不是真的"无"味。你会觉得什么东西索然"无"味,那是因为你已经尝过很多不同的味道,可以互做比较了。

互做比较,很多相对立的观念,都是互做比较才产生的。

困难容易、长短大小、高低上下等等,也都是互做比较才产生的概念。就事情而言,没有"困难"来做比较,就没有"容易"可言;就形状而言,没有长的大的来比较,就没有短的小的可言;就方位而言,没有高上,也就没有低下可言。根据《礼记·乐记》的说法,人的感情受到外物的刺激,开口自然成"声",声能成调,才叫作"音",音声相和,如果还有乐器来配合,那才是所谓"音乐";又根据《说文解字》的解释,左脚右脚前后紧相跟随而成"步",如此才能前进。不过,此章的"前后相随",和"音声相和"一样,应该都是指音乐方面的事情,《韩非子·解老篇》说:"故竽先则钟瑟皆随,竽唱则诸乐皆和"可证。前后、左右原相对立,可是它们却在矛盾对立之中,得到了统一与和谐。

老子用上述的这些看似矛盾对立的现象,来说明天地万物有一个恒常而普遍的运行法则:它们都是变动不居的,往往一体而有两面,可是它们既矛盾而又统一,既相对而又相依。经文第四十二章说的"万物负阴而抱阳,冲气以为和",也就是这个道理。

第三大段借圣人说教,说明功成弗居的道理。

基于上述的道理,老子认为他心目中聪明的圣人,在现实的人生中,应该知道如何取法来立身处世。"处无为之事,行不言之教",就是圣人立身处世的方法。"无为"是无所作为,"不言"是不必言说,可是做事要人做,说教要人说,而圣人却要去做"无所作为"的事,行"不必言说"的教,这不是矛盾的说法吗?老子却以为不但没有矛盾,而且还是"玄之又玄"的"众妙之门"。

圣人立身处世的方法,就是"万物作焉而不辞"以下几句。上章的说明里,说过圣人是万物的命名者,他既能为万物命名,想必具有主宰万物的权力,因此,我们可视之为老子心目中理想的统治者或领导人。孔子、孟子等等儒家所说的圣人,从现实人生出发,重点在德行兼备,人格完美,老子所说的圣人,则不只是人间世中政教等等各方面的统治者或领导人,而且更推而上之,似乎介在天神地祇之间,与天地并立。他所谓圣人的"圣",已经超凡入圣,臻于神圣的境界。

"万物作焉而不辞"以下六句,是前二句"圣人处无为之事,行不言之教"的进一步说明。万物由"作"而"生"而"为"而

"功成"，圣人都参与其间，可是他却自己不多说、不占有、不自大、不居功。因此他虽然参与其事，有所作为，却犹如没有作为。不知道的人，还真以为他毫无作为。这是多么难能而可贵之事！不但"有无相生"的道理在此得到印证，《老子》书中以下各章所要阐释的清静无为、谦让自退等等的道理，也可以说多已包含其中矣。

其中"生而不有"一句，楚简本、帛书本都缺此一句，而王弼本、河上公本、傅奕本却都有此一句，可知此句乃后人所加。王弼本、河上公本、傅奕本，字句往往前后一致，或大同而小异，不独此章为然，其他章节亦多如是。

最后的两句，更是老子说明圣人之所以为圣人的道理。真的没有作为，真的对社会人群没有贡献、没有事功可言的话，那何足以称为圣人？唯有功成事遂而又谦让自退的人，才不是常人所能及。

一般人讲老子和孔子，常常以为一道一儒，思想不同，所以他们所说的道理，也应有差异。这是不错的想法，但却忽略了老子和孔子在思想主张上虽然有所不同，但并不是要事事都站在对立面。像老子讲谦让，孔子又何尝不讲谦让。《论语·泰伯篇》说："泰伯，其可谓至德也已矣。三以天下让，民无得而称焉。"又说："巍巍乎！舜、禹之有天下也，而不与焉。""大哉尧之为君也！巍巍乎！唯天为大，唯尧则之。荡荡乎！民无能名焉。巍巍乎！其有成功也，焕乎其有文章。"孔子所极加称赞的尧、舜、泰伯，他们禅让帝位的至德，不正是老子《道德经》所标榜的主张吗？《论语·雍也篇》有一段子贡与孔子的对话：

子贡曰："如有博施于民而能济众，何如？可谓仁乎？"
子曰："何事于仁！必也圣乎！尧、舜其犹病诸！夫仁者，己欲立而立人，己欲达而达人。能近取譬，可谓仁之方也已。"

从这些话中，也可以知道在孔子的心目中，所谓仁者是"己欲立而立人，己欲达而达人"，而所谓圣人，则是"博施于民而能济众"。显然圣人比仁人的层级还要高。圣人不仅有"欲立""欲达"的仁者之心，而且真的能够经世济众。这跟《老子》书中所说的"圣人"，又何尝没有相通之处！《周易·文言》说："知进退存亡而不失其正者，其唯圣人乎。"这里所说的圣人，或许更能兼摄儒道二者所说圣人的意义。

所以我们谈老子和孔子，谈不同思想家的主张，固然要注意他们的不同，但也不能忽略他们也必然有共同相通之处。

【论老子绝句】之二
  高低难易总相生，前后音声翕和鸣。
  莫道不言能教化，无为底事有功成？

第三章

不尚贤，使民不争；不贵难得之货，使民不为盗；不见可欲，使民心不乱。①

是以圣人之治：虚其心，实其腹；弱其志，强其骨；常使民无知，无欲。②

使夫知者不敢为也，为无为，则无不治。③

【校注】

①以上六句——"不尚贤"，帛书本、敦煌本作"不上宝"，"上"通"尚"。"贤"原有"多才（财）"之意，作"宝"亦通。"使民不为盗"，景龙本"不"下无"为"字。"不见可欲"，"见"同"现"。"使民心不乱"，帛书甲本、河上公本"使"下无"心"字。文字虽有不同，文义则无异。

②以上六句——"是以圣人之治"，景龙本无"是以"及"之"字。"常使民无知无欲"，帛书本"常"作"恒"。御注本"民"作"人"者，应为后世避唐太宗李世民名讳而改。《群书治要》卷三十四引文作："是以圣人之治，常使民无知无欲"，缺"虚其心"四句。亦足证"常使民无知无欲"句，应属上读。

③以上三句——帛书乙本"知者不敢为"下，无"也为无为"四字。而河上公本、傅奕本则同王弼本。上文"知"字，平声，知识之意，此"知"字，同"智"。

【直译】

不推崇贤能，使人民不追逐功名；不珍视难得的宝物，使人民不会起偷盗之心；不显露出讨人欢喜的东西，使人民内心不会意乱情迷。

因此圣人治理天下的时候：净化他们的心灵，填饱他们的肚子；柔弱他们的志气，强健他们的筋骨；常使人民没有知识，没有贪欲。

使那些聪明智慧的人不敢有什么作为呀，只做无所作为的事，那么就没有人不能统治。

【新绎】

这一章已经完全落实到人间世，谈到圣人如何统治人民、处理政事。老子以为要先克制物欲，而且想要治国安民的在上位者，必须清静无为，以身作则，来教化人民。

全章可分三段：

第一段先提出三个与其他政治思想家迥不相同的主张。其他政治思想家一般而言，都会主张"尚贤"，推崇贤明多能的才士。可是，老子一开头就说聪明的在上位者，不必尚贤，因为你推举了贤明多能的才士，给他俸禄名位，就会引来其他有志之士的效尤，互相勾心斗角，彼此争名夺利。天下本无事，你如果一视同仁，不分贤能与否，就不会有优劣高下之分，可是一旦你说这个人贤明多能，那就表示其他的人都愚昧寡才了。说这个人"有"，那就表示那个人"无"。第二章说的"有无相生""长短相形""高下相倾"等等的情况于焉产生。一旦大家争长短，比高下，难免会有纷争；而一旦有了纷争，巧取豪夺、尔诈我虞的现象，也必然因之而起。同样的道理，在上位者如果珍惜"难得之货"，见欲思得，贪求无厌，那么上有所好，下必有甚焉者，如此民心必乱，即使沦为偷盗，也不以为耻了。社会的混乱，政治的不安，都往往肇因于此。

河上公注"不尚贤"二句，说："不尚者，不贵之以禄，不贵之以官""不争功名，返自然也"。显然如上文所述那样，是把"贤"解释为"贤能"或"贤才"来立论的，但近来有人根据有的传本"贤"作"宝"，而以为"贤"这个字的本义，是"多财""货贝多于人"的意思，所以"不尚贤"也就是说不贵多财。如此，与下文"不贵难得之货"都是指物欲方面的问题。多财重点在"多"，难得之货重点在"难得"。河上公注"不贵难得之货"也说："人君不御好珍宝，黄金弃于山，珠玉捐于渊。"显然把"难得之货"解释为黄金珠玉之类的珍宝，所以说是"难得"。依照这个思维方式，"不见可欲"一句，也可以解作不为财货所惑了。

这样把三个并列句都解释为与财货物欲之事有关，当然讲得通，但未必比一些传统的说法好。传统的说法，以河上公注为例，"不尚贤"是说不推崇贤能的才士；"不贵难得之货"是说不珍惜难得的黄金珠宝，这些都已见上述，质之其他的道家思想主张，如：《庄子·天地篇》云："至德之世，不尚贤，不使能。"也是把"尚贤"与"使能"并提；《庄子·庚桑楚篇》亦云："举贤则民相轧，任智则民相盗。"也是把"举贤"与"任智"相提并论。这些都足证"尚贤"不必解为贵尚多财。而《庄子·胠箧篇》所谓："绝圣弃知，大盗乃止；摘玉毁珠，小盗不起。"甚至后来如《抱朴子·诘鲍篇》所谓："尚贤则民争名，贵货则盗贼起。"也都足证"不贵难得之货"，与"尚贤"实为二事。同样的道理，河上公注"不见可欲，使民心不乱"，说是"放郑声，远佞人""不邪淫，不惑乱也"，也必然有他立论的依据。胡王淫女乐之娱，献公艳骊姬之美（见《淮南子·精神训》），这种因声色男女而失土丧国的例子，在历史上多的是。所以"不见可欲"二句，应该与上文之尚贤、贵货不同,而是指所谓声色犬马或声色男女。

第二大段承应上文,说明圣人之治天下,要先以身作则,使人民无知无欲。无知无欲,自然"民不争""民不为盗""心不乱"。"虚其心"四句,指圣人而言。圣人既然要不尚贤,不贵货,不见欲,就必须以身作则。"虚其心"和"弱其志",是就"无知"而言;"实其腹"和"强其骨",是就"无欲"而言。在上位者若能清心寡欲,心志空虚柔弱,先求填饱肚子、筋骨强健,其余暂且不管,无所事事,那么他就不会去管谁比较贤能,什么货品比较贵重,什么事物比较容易令人意乱情迷。有人把"虚其心"四句解释为圣人要使人民虚心实腹、弱志强骨,虽然讲得通,意思也应当如此,但和上句"是以圣人之治"在上下文气的承接上,是比较不契合的。至于在上位者以身作则之后,是否希望人民起而效尤,那是另一个问题。

第三大段是为上文作结。前段的"无知",是说没有知识,这里的"知者不敢为"的"知",是"智"的意思。智慧是天生的,知识则是后天所学,二者名同而实异。圣人只要为"无为"之事,也就是上文所谓"虚其心"等等,又能使一般人民都"无知无欲",那么即使有智者贤者,也就无所作为而容易管理了。

《论老子绝句》之三:

尚贤去欲是良才,智者无为最可哀。
欲使民心不纷乱,何须虚实费疑猜?

第四章

道冲,而用之或不盈;渊乎!似万物之宗。①

挫其锐,解其纷;和其光,同其尘。②

湛兮,似若存;吾不知谁之子,象帝之先。③

【校注】

①以上四句——"道冲","冲"傅奕本作"盅"。《说文解字》:"盅,器虚也。"又:"冲,涌摇也。"涌摇就是汹涌流动的意思。涌,今粤语即音"冲"。或云"盅"即"冲"之古文。《说文解字》又说:"盈,器满也。"可见"盅"与"盈"对,一虚一满。又,"冲"或作"中","中"为"冲"之俗字。首二句或断作"道,冲而用之,或不盈"。

"或不盈"一作"久不盈",帛书乙本作"有(又)弗盈也"。"渊乎","乎"一作"兮",帛书乙本作"呵"。"似万物之宗",帛书乙本"似"作"佁"。佁,始也。

②以上四句——或疑此四句与第五十六章重复,此为错简,但帛书本却有此四句,其非错简也可知。河上公本、傅奕本均同王弼本,下列各章亦往往如是,不一一赘举。

③以上四句——"湛兮,似若存",一作"湛兮,似或存"或"湛常存"。"吾不知谁之子",帛书乙本则作"吾不知其谁之子也"。文字虽有不同,文义则无别。

【直译】

道像容器中空，但用它时常常不会满盈；多么深邃博大啊！就像万物的主宰。

磨光它的锐利，消解它的纠纷；调和它的光耀，混同它的污尘。

多么沉静啊，似已消亡却又长存，我不知道是谁的子孙，就像是天帝的祖先。

【新绎】

这一章讲"道"的作用，和第一章所说的"无"与"有"的道理，互为呼应。这是老子第一次用具体的事物"盅"，中空的容器，用它和水的关系，来说明"道"的体用。

第一大段呼应第一章的"有，名万物之母"。当"道"起作用时，它创造了天地万物。当万物有"名"可以指称时，它的作用似有而无，似实而虚。"道"之为体，就像"盅"一样，它是中空的容器，是有外壳形状的东西，可是它起作用时，却是中间虚空的。就因为中间虚空，所以用它来盛水或液体的东西，尽管灌注冲涌不止，它却永远不能填满；即使填满了，也仍然可以继续灌注冲涌，而不改原样。因此可谓永远没有盈溢之时。"盅"一作"冲"，前者是名词，后者是动词，二者音义相通。《管子·水地篇》说："水者，何也？万物之本原也，诸生之宗室也。"因为万物之中，水性最为自然，遇方则方，遇圆则圆，与时迁徙，应物变化，随物而赋形，利物而不争，所以老子及先秦诸子常以之喻道。此章即以水之冲涌而不盈，来说明"道"之作用。"或不盈"的"或"，是疑然之词，等于我们口头的"时"或"常"。就像第二章所言"有无相生"，"有""无"是"道"的两面，虚实也是一体的两面，没有绝对的，因此"时""常"也就具有普遍性、恒常性，有了相同于

"永久""永远"的含义。

第二大段"挫其锐"四句,说明"道"所以用之不盈的道理。因为它像水之冲虚一样,可方可圆,可繁可简,可高可低,可明可暗。与时迁移,应物变化,所以妙用无穷。

当"道"起作用时,它原来的锐角已被磨圆了,变得圆融了;它原来的繁盛纠缠已被简化了,变得简单了;它原来的光芒已被调和了,变得柔和了;它原来的污黑已被混同了,变得同化了。它原来的形状已经改变了,消失了。它似锐似圆,似繁似简;它明似天光,又暗如泥尘。它形状虽变而实质不改。它适用于万物。这四句可谓上承"万物之宗",下启"象帝之先"。

第三大段总结上文,说"道"像中空的容器,看似无限澄澈,但又冲之不满,视之不清,若亡若存。所以老子说:我也不知道这"道"是怎么产生的,说不定在天帝(即造物主)之前,它早已存在了。在老子的心目中,"道"是如此的"玄之又玄"。

《论老子绝句》之四:
  道似中空盛水器,器虚水注固恒容。
  和同挫解缘何事,竟使盅成万物宗?

第五章

天地不仁，以万物为刍狗；圣人不仁，以百姓为刍狗。①
天地之间，其犹橐籥乎？虚而不屈，动而愈出。②
多言数穷，不如守中。③

【校注】

①以上四句——帛书本等各种传本，除偶有通用或脱误字外，并无差异，故不具引，下同。刍狗，古代祭祀时，用草梗捆扎成犬羊形状的祭品，作祈福之用。狗，这里是牲畜的通称。百姓，指百官而言。因为古代贵族才有姓氏，所以百姓和一般人民的意义仍有差别。

②以上四句——"其犹橐籥乎"，楚简本"乎"作"与"。与，同"欤"。橐籥，分而言之，橐是有出口的袋子，籥是一种竹制管型中空的乐器。合而言之，是指古代冶炼熔铸时，用来嘘气炽火的器具。橐，指外壳；籥，指内管。其作用约等于后世的风箱。这种器具，中间空虚无物，所以可以吹嘘成风，运作不尽，用来吹动炉中之火。虚，同"嘘"，与下句"动"同义。

③以上二句——帛书本作："多闻数穷，不若守于中。"数，屡、常的意思，也有人认为它应解为疾、速，或解为天数、天命。中，即盅。

【直译】

天地没有同情心，把万物当作祭品；圣人没有同情心，把百姓当作祭品。

天地之间，不正像一只大风箱吗？空虚却无穷无尽，鼓动愈快风力也愈大。

多话常常惹烦恼，不如守住中空道。

【新绎】

这一章承接上一章的"道冲，而用之或不盈"，说明"中空为用"的道理。上一章说的是中空之道的本质，这一章说的是道之用于天地万物和圣人治国。上一章把道比喻成中空的容器，任凭水如何冲涌摇动，它仍然"渊乎！似万物之宗""湛兮，似或存"，永无盈满之时；这一章则把道比喻成橐籥、风箱，任凭风生火起，它仍然中空而活动。

全章分为三段：

第一段说明天地以万物为刍狗，圣人以百姓为刍狗。天地禀承道之阴阳而生，它们没有意志和感情。《礼记·乐记》即云："阴阳相摩，天地相荡，鼓之以雷霆，奋之以风雨，动之以四时，暖之以日月，而百化兴焉。"天地有如水盅之周围、风箱橐籥之外物，当它们摩荡鼓动时，万物是生生不息的。对天地而言，万物的生死，只是自然而然的变化，所以天地对万物不会有任何亲近偏私之情。当生则生，当死则死，如此而已。"天地不仁"的"不仁"，其实就是"无心"，是说没有偏私之心，不会对什么事物特别亲近慈爱。《庄子·天运篇》说："夫刍狗之未陈也，盛以箧衍，巾以文绣，尸祝斋戒以将之。及其已陈也，行者践其首脊，苏者取而爨之而已。"可见刍狗是古代祭祀时，尸祝等祭者持以敬天之物，用完即弃。有人因此以为"天地不仁，以万物为刍狗"，有天地对万物残而不仁之意。这其实是误会了。这些话的意思是：刍狗可以持以敬天，也可以弃而为爨，一切自然而然。

人为万物之灵，毕竟仍是万物之一。人世的统治者，大家称之为王。王，即天地之间，人之大者。王有圣王，有不圣之王。老子所说的圣王或圣人，是理想中的聪明之主，他可以与天地并立。所以王弼注说："圣人与天地合其德。"河上公注也说："圣人爱养万民，不以仁恩，法天地，任自然。"可见圣人和天地一样，必然依道而行，纯任自然。他在率领百姓、统治万民时，也一样公平无私，不会有所偏爱。老子所讲的仁道，和孔子有所不同。仁，是由同情心而引发的，讲的是人与人之间的相处之道。在孔子心目中，它是道德修养的最高境界，它可由"己所不欲，勿施于人"，推而"己欲立而立人，己欲达而达人"，只有圣人仁君才做得到。可是在老子心目中，仁虽有同情慈爱之心，但它未必纯任自然，多少有偏私之情，不合乎"中空"之道。中空之道，应大公无私，听由万物自然生成变化。老子本章所以说"天地不仁"，第三十八章所以说"失道而后德，失德而后仁"。都是基于这个道理。

第二段，就天地而言。天地就像水盅的周围、风箱的橐籥，当"道"起作用时，就像水之冲注，虽源源不绝，却无盈溢之时；就像风之鼓动，虽生生不息，却"虚而不屈，动而愈出"。为何能够如此？就是因为天地之间，像盅和风箱的中间，都是虚空的。这也就是所谓中空的道理。孔子说的"中"是"中正""中庸"，老子所说的"中"，则是"中空"。中空是虚静而又灵活的。

第三段，就圣人而言。老子论道，通常由道而天地而万物而圣人，所谓圣人，上文已经说过，他也就是人世间最高的统治者。他是老子理想中的人间圣王，包括政治军事思想教化等等方面。第二章说的"处无为之事，行不言之教"，第三章说的"不尚贤"等等，都是指此圣人的作为。这里所说的"多言数穷"，和第二章的"行不言之教"道理相同。有的传本"多言"作"多闻"。"多言"是由己而出，"多闻"则是由人而入。一出一入，虽似不同，但都有过分、干预而违反自然之意。"不如守中"的"中"，和上一章所说的"盅"或"冲"的道理，也是相通的。儒家所说的中正或中庸之道，讲的是不偏不倚的德性，老子所说的"中"，则是中空之道，是一种虚空之中沉静而又活动的状态，更确切地说，它说的是一种随机应变、以静制动的处世态度和方法。

《论老子绝句》之五：
  谁言橐籥如天地，万物往来近似风。
  百姓居然比刍狗，圣人未免太懵蒙。

第六章

谷神不死,是谓玄牝。①
玄牝之门,是谓天地根。②
绵绵若存,用之不勤。③

【校注】

①以上二句——帛书本、河上公本"谷"作"浴"。或云"谷"当作"縠",故有"养"之义。牝,音"聘",母牛,泛指一切雌性动物。《说文解字》:"牝,畜母也。从牛,匕声。"匕的字形,像雌性的阴部,又从匕得声,故可与"死"押韵。河上公注:"玄,天也,于人为鼻。牝,地也,于人为口。"此盖汉养生家之言。

②以上二句——"天地根",帛书本、傅奕本等皆作"天地之根"。河上公释"玄牝之门"为鼻口之窍,谓此乃呼吸喘息、元气往来之所。可备一说。

③以上二句——"绵绵若存",帛书甲本作"绵绵呵若存",帛书乙本作"绵绵呵其若存"。"呵"同"也",皆语气停顿之用。"勤",帛书本皆作"堇"。堇,有"少""尽"的意思。

【直译】

幽谷神灵不会死,此即所谓玄妙母。
玄妙之母的门户,此即天地的本部。
绵绵不绝似长存,用起它来无穷尽。

【新绎】

此章老子仍然借谷神、玄牝等名物，来说明"道"的意义。"道"如可道，就非"常道"，但老子为了向世人说"道"，又不能不道，所以他再三以具体的事物，来诠释"道"像什么。上文第四章他已经尝试过用"盅（冲）"来形容，第五章用"橐籥"来形容，这一章又用"谷神"和"玄牝"来形容。这些事物有一个共同点，它们都是"中空"的东西。

全章分为三段，每两句为一段。

第一段先说"道"像不死的谷神。什么叫"不死"呢？《大戴礼记·本命篇》说"化穷数尽，谓之死"，因此，"不死"就是说造化无穷，命数未尽。换句话说，就是生生不息。那么，什么叫"谷神"呢？有人说谷神为一物，也有人说谷与神应分为二。经文第三十九章有云："神得一以宁，谷得一以盈。"故似以后者为是。

有人说谷指溪谷，在群山众岭的包围之中，通常有水在中间蜿蜒而流，源源不绝，滋养周围草木鸟兽；四时行焉，百物生焉，冥冥之中，若有神灵存乎其间。春去秋来，周而复始；草木枯荣，死而复生。代谢不已，可谓充满了盎然的生机。这就好像水之冲盅，风之吹橐籥，因为盅器中间虚空，橐籥外橐内管，管内也是中间虚空，因此可以冲之不盈，用之不竭。老子这些譬喻，是把天地四方比为盅的外围、橐籥的橐，比为溪谷的涧壁，而"道"的作用，就在它们"中空"即中间虚空的地方运行。盅、橐籥、溪谷都是有形制有名义的物体，可是中空的作用却是无形制而难以名之的道法。道法无穷，阴阳难测，是一种自然的规律，所以说"谷神不死"。

再从"谷"字的本义来说，《说文解字》说"谷"是"水注川"，意思是山涧中的水，涓涓而流，注入河川，最后汇入大海，因此它可谓为河海的源头。又因它沿岸滋养万物，造福人类，因此又可称为万物的本原。《管子·水地篇》说土地是万物的本原、众生的根基，又说水是地的血脉，也是万物的本原，更是诸生的宗室。而谷，正是山中有水可以注川之地，也因此，老子说它"不死"。

有人从人类学、民俗学的观点，说"谷"即"穀"，今简体仍作"谷"，为"谷物"之意，"谷神"即谷神后稷，甚至从造字结构去推寻"稷"或"夋"的本义，说它是指雄性的生殖力，父为天帝，母为地母，具有"种子"一般"死而复生"的能力。又有人说，谷神是一个长生的母亲，她与泽被万物的大水域有关。（见《老子道德经新研》，北京昆仑出版社，二〇〇二年）这些说法新颖有趣，颇有参考的价值。它和下文的"玄牝"也可以互为呼应。不过，因为《老子》书中所谈的"谷"，都指山谷的谷，所以笔者这里仍采谷为溪谷之说。

另外有人认为"谷"与"神"为二事，"谷"形容"道"的形状，"神"说明"道"的作用。例如严复《老子道德经评点》就说："以其虚，故曰谷；以其因应无穷，故称神；以其不屈愈出，故曰不死。"显然是结合上文前两三章来说的，但所要阐释的道理，并无不同。关于"谷神"可分为二的解释，笔者在第三十九章里还会有进一步的说明。

"玄牝"的本义，指雌性动物的生殖力，"玄"形容其幽深玄妙。它和幽谷一样，和盅、橐籥一样，外有壳囊，内则中空，因此生机勃勃。它可以生一生二生三，可以知雄守雌，真是变化无穷。所以老子借之来形容"道"的形状和特质。

第二段进一步借"玄牝"来说明"道"是天地的根源。山谷、牝牡不过是万物之中的一小部分，但从"玄牝"入门去探求，仍然可以推究天地的根本所在。第一章说过："常有，欲以观其徼。""有"指"有名"，即有名义可求，如谷、牝之类。"徼"同"窍"，犹山谷之洞穴，"玄牝之门"，即幽深山谷的洞穴。第一章结云："玄之又玄，众妙之门。"此段所说的道理，就是告诉我们，从"玄牝之门"，一样可以去探求天地的根本。由牝可以想到牡，由溪谷可以想到山川，推而衍之，可以由"有名"而想到"无名"，对"有无相生"等等的道理仔细推究，就可以进而去推求那"天地之始""万物之母"的"常道"了。

第三段说明"道"之为物，若有若无，若存若亡。"绵绵"既形容其连续不断，又形容其危危欲断。断与不断间，叫人费思量。"用之不勤"，指"道"的作用，也若有若无，若存若亡。只要你能体会应用，它就可以"用之不勤"，它就是"有"，它就是"存"；如果你不能体会应用，那么这同一个"道"，就会是"无"，会是"亡"。易言之，"道"是一直存在的，也一直在运行之中，重点在于你能不能参透而已。老子所说的"道"，玄妙就在这里。

《论老子绝句》之六：
　　玄牝比方天地根，谷神不死颇难言。
　　欲将源头说雌性，又恐后生不入门。

第七章

天长地久,天地所以能长且久者,以其不自生,故能长生。①

是以圣人后其身而身先,外其身而身存。②

非以其无私邪?故能成其私。③

【校注】

①以上四句——第二句"天地"下,帛书本有"之"字。第三句"不自生"下,帛书本有"也"字。第四句"长生",唐景龙本等皆作"长久"。作"长生"与第三句押韵,作"长久"与第一、二句押韵,皆可通。至于多"之""也"者,谅亦供读者语气停顿辨识之用而已。此乃古代楚人之习惯。

②以上二句——"后其身"帛书乙本作"退其身"。二者皆言圣人教人谦让,俱通。

③以上二句——"非以其无私邪"帛书本作"不以其无私与",一作"以其无私",意无不同。

【直译】

天长地久,天地所以能够长久存在,是因为它们不独自生存,所以能够长久生存。

也因此圣人把自己的利益放在后头却反而先于众人,把自己置之度外却反而自己得到保全。

这不就是因为他没有私心吗？所以才能够成就他自己的命运。

【新绎】

这一章说明圣人取法天地的自然法则，没有私欲，所以能够保身全性而领袖群伦。

全章分为三段：

第一段说明天地不自私，有天就有地，有地就有天，相因相成，所以能够阴阳协和，上下得宜，运行而无阻，也因此能够天长长、地久久。老子先借此来说明无私无欲的重要。

第二段说明圣人明白天地无私反而长生的道理，而且取法它，所以他处理任何事情，都知道要谦让自退，以别人为优先，把自己的利益置之度外，结果是圣人得到了大家的拥护，同时保全了自己的性命。这也就是所谓"谦受益"。经文第六十六章说"欲先民，必以身后之"，第六十七章说"不敢为天下先，故能成器长"，都可拿来合读同参。这是老子思想中一种"持后而处先"的主张。

第三段是小结。"非以其无私邪"，一作"不以其无私与（欤）"，这些都是反诘式的疑问句，正面的说法，当然是"以其无私"。就因为天地无私，所以天地能够长长久久；也因为圣人无私，所以圣人才能够领袖群伦，统治万民。"成其私"是说成就他自身的利益，包括性命、名位等。

无私无欲和谦让自退，是老子学说中的要点。

《论老子绝句》之七：
　　都道无私肯让贤，甘心居下莫争先。
　　天长地久非长久，只为人心久不全。

第八章

上善若水。水善利万物而不争,处众人之所恶,故几于道。①

居善地,心善渊,与善人,言善信,政善治,事善能,动善时。②

夫唯不争,故无尤。③

【校注】

①以上四句——"若水",帛书甲本作"治水",乙本作"如水"。"治""如"音近。"不争",帛书甲本作"有静",乙本作"有争"。"静""争"音同,于义则"有争"不合章旨,与下文"夫唯不争"不能相应。此外,帛书本"处"作"居","几于道"下多"矣"字。几,音"基",近、庶几。帛书本之不同,每似听人讲解《老子》,各有所记,故多音近形似之误,以及句读停逗之辞。

②以上七句——"与善人",帛书乙本作"予善天",谅亦记录者之误。"人"一作"仁","政"一作"正",古皆通用。

③以上二句——"不争"帛书甲本作"不静",音近而误。

【直译】

最高尚的品格就像水一样。水喜好帮助万物却不争拗,停留在大家所厌恶的低处,所以最接近于道。

居处喜好低下，心意喜好沉静，交往喜好仁人，言论喜好诚信，为政喜好安定，办事喜好才能，行动喜好时运。

就因为不与物争拗，所以就能避免失误。

【新绎】

此章老子借水的特性教人处世之道。水的特性，至少有下列几点：一、水是柔弱的，但有时候却极坚强，经文第七十八章就说"天下莫柔弱于水，而攻坚强者，莫之能胜"；二、水是与时迁徙的，顺乎天时，周而复始，冬季河山结冰时潜流，春天涣然冰释而始流，夏日水势丰沛而涌流，秋天百川入海而泛流，其大小洪细，完全配合季节的变化；三、水是随地赋形的，没有固定的形状，遇方则方，遇圆则圆，它的清浊缓急，完全配合环境的变化；四、水是往低处流的，即使藏污纳垢，也在所不辞。这些特性都与老子所说的"道"和"自然"，有相通之处，所以老子常常借之言道。

全章分为三段：

第一段说明水的特性，说它"善利万物而不争"，又说它"处众人之所恶"。第六章老子曾把"道"比为"谷神""玄牝"，这是形容渊谷洞穴是地势低洼幽暗之地，可是水自它汩汩而出，涓涓而流，一切顺乎自然，却能沿岸滋养万物。利万物而不争，居卑下而不辞，这种特性用之于现实政治社会，实有可以借鉴之处。《淮南子·原道训》说水之为物："上天则为雨露，下地则为润泽；万物弗得不生，百事不得不成；大包群生而无所私，泽及蚑蛲而不求报；富赡天下而不既，德施百姓而不费。"这可以说是为此章"水善利万物而不争"作了最好的诠释。

第二段"居善地"等七"善"句，都是承应上段"水善利万物而不争"的"善"而来。这里的"善"，不是名词，它指的是喜爱、好尚，是"乐于"，作动词用。"善地""善渊""善时"，还可以说与水的特性有关,实际上,它们与其他的"善人(仁)""善信""善治""善能"等句,都已明显推衍到现实的政治社会之中,涉及上文所说的"圣人"所为。圣人取法自然,取法大道,所以他有下列的七"善"。这里的"善",不应译作"善于"。喜爱、好尚,或者说"乐于",都是出乎自然,"善于"则已有机心。以"居善地""与善人"与"事善能"为例:"居善地"是说水爱往低处流,并不意味着水以低处为尊,所以在山上在地下都无所谓,一切顺乎自然而已;比之人事,则是指居高位也不骄傲,在下层也怡然自得。只是下属者居大多数而已。同样的道理,与人交往,乐于交往一般人民,而不会唯利是图、只交结权贵;做事也会欣赏有才干的人,但不会"尚贤",特别标榜谁贤明。所谓交结权贵,所谓标榜贤明,那都已有争竞之心,有违老子所说的自然之道了。再回头以水为喻,水性柔弱,但能攻坚摧强,那是它自然的本性,而不是说水存有攻坚摧强之术。不期然而然,叫自然;欲其然而然,那就叫机心。上章说圣人"后其身而身先,外其身而身存",那也是自然而然,而不是说圣人在"后其身""外其身"时,早已有预期"身先""身存"的机心。因此,这里所说的七"善",是"爱好",是"乐于",不宜讲成"善于"。俗话说"一生爱好是天然",庶几近之。但用"爱好""乐于"实际去语译"居善地"等七句时,却觉得有些格格不入,反而不如"善于"顺畅。所以有人把"善"译为"善于",我也赞成。这真是语言本身也有其一定的限制。所谓"名可名,非常名",也就是这个道理。

第三段呼应第一段的"不争"。水善利万物而不争,圣人也乐于取法自然,处下而不自卑,善利百姓万民而不自高,因此他就能避免失误。

校后补记:在郭店楚墓和《老子》甲乙丙三书竹简同时出土的,还有另一竹简《太一生水》的古抄本。它的形制、书体,都和《老子》丙书相同。竹简《老子》甲乙丙三书,论述圣人修身治国之道,《太一生水》则专述自然之道。它的内容主旨,主要是说明:太一即道。道"藏于水,行于时",依次生成天地、阴阳、四时、万物,所以是"万物母"。侯才《郭店楚墓竹简〈老子〉校读》一书校读比对,以为竹简《老子》未见"太一"的概念,但《庄子·天下篇》和《文子》卷三、卷九却都曾引用老子"主之以太一"或"帝者体太一"之言,所以他主张《太一生水》可视为竹简《老子》的丁书,一样源出于老子。《太一生水》中有言"天道贵弱",这和本章开头所说的"上善若水",道理颇相契合,故附论于此,供读者参考。

《论老子绝句》之八:
  水利众生因不争,与物变化善其行。
  沿途随物多沾溉,何以洪涝有恶名?

第九章

持而盈之,不若其已;揣而锐之,不可长保。①
金玉满室,莫之能守;富贵而骄,自遗其咎。②
功遂身退,天之道。③

【校注】

①以上四句——帛书乙本作:"植而盈之,不若其已;短而兑之,不可长葆也。"植与持、短与揣、葆与保,意义相同。揣,一作"喘",捶、击的意思。兑,为"锐"或"挩"之假借,形容金属或木杖尖利的部分。又,"揣而锐之"楚简本作"湍而群之","湍"有淬砺之意,与"揣"可通;"群"有聚集之意,与"盈"可通。

②以上四句——"满室"敦煌本作"满堂",帛书本、楚简本皆作"盈室"。或云"盈"改为"满",系因避汉惠帝刘盈名讳。

③以上二句——"功遂"之"遂",帛书甲本、楚简本皆作"述",或形近而误,或作"功名可以传述"解。傅奕本则全句作"成名功遂身退"。文义并无不同。

【直译】

与其装得过满而溢出,不如及早停止灌注;器具捶打得过于尖锐,不能长久保持。

金银珠宝堆满室,没有人能守得住;有钱有势却骄奢,自己留下那罪责。

功成名遂自谦退，才是上天的法则。

【新绎】

此章旨在说明过犹不及、物极必反的道理。上一章说的是"谦受益"，这一章说的是"满招损"。

全章分为三段：

第一段概括说明个中道理。任何事物，如果想要占有它，或者抢锋头，贪得而无厌，得意而忘形，就会"满招损"，所以必须知道适可而止。

第二段举世间人人所追求的荣华富贵为例，说明金玉财物庋攒再多也没用，因为"及至多时眼闭了"，而且在既富且贵时，如果"骄且吝"，就会招来许多祸殃。

第三段，由物质享受进而说到精神世界。功成名遂，是说不但得到荣华富贵，可以列鼎而食，选声而听，使家益昌而族益盛，而且功业完成了，声名也可以传之后世了，这时候就要懂得谦让自退之道。否则一样会"满招损"，遭受无妄之灾。

第二章说过："生而不有，为而不恃。功成而弗居。夫唯弗居，是以不去。"第十五章也说："保此道者不欲盈，夫唯不盈，故能蔽不新成。"说的也都是这个道理。

《论老子绝句》之九：

莫贪富贵爱金银，珍重自由现在身。
试问古今名利客，功成自退有几人？

第十章

载营魄抱一,能无离乎?专气致柔,能婴儿乎?涤除玄览,能无疵乎?①

爱民治国,能无知乎?天门开阖,能无雌乎?明白四达,能无为乎?②

生之,畜之。生而不有,为而不恃,长而不宰,是谓玄德。③

【校注】

①以上六句——"载营魄抱一",帛书乙本"载"作"戴","魄"作"柏",傅奕本"抱"作"袌",义皆可通。或疑"载"为语尾助词,属上读,连"天之道"为句,同"哉"或"夫",不可从。营,一作"荧",或云即"魂"之借字。《楚辞·远游》"载营魄而登遐兮",王逸注"抱我灵魂而上升也",足证"载营魄"为古代楚地语言。"抱一",即"守身",亦即"守道"之意。指老子所说的"道"。"能无离乎",帛书乙本"无"作"毋",义同,下文不赘论。河上公本无"乎"字;下文双数句,至"能无为乎",皆同,亦不赘述。

"专气致柔",帛书乙本"专"作"搏(槫)","致"作"至"。"涤除玄览"帛书乙本作"修除玄监"。监,临水照影之意,与"鉴""览"等字古皆通用。

②以上六句——"能无知乎",傅奕本"无"下有"以"字。"知"同智,

一作"为"。"天门开阖",天门,历来多解为天然器官,指耳目鼻口等而言,笔者则以为此句指天地之道,天概括天地。"开"帛书本作"启",或避汉景帝名讳而改。

"能无雌乎",帛书乙本、傅奕本等"无"皆作"为",似可从。唯此章皆反问句,故"能无知乎"与"能无雌乎",意皆同为"能为知""能为雌"之谓。

"能无为乎",帛书乙本作"能毋以知乎",傅奕本作"能无以为乎"。

③以上六句——帛书乙本无"为而不恃"一句。

【直译】

精神与身体合一,能够不分离吗?团聚精气达到柔顺的境地,能够像婴儿吗?洗净内心污垢,使之清澈如镜,能够没有瑕疵吗?

爱护人民,治理国家,能够没有巧智吗?天地门户,开开合合,能够没有吐纳吗?光明灿烂,四通八达,能够没有造化吗?

生产它,培养它。生产了却不占为己有,培养了却不自满自得,长大了却不加以宰割,这就是最高的美德。

【新绎】

这一章是文字较为费解的一章。老子起先用反问句,共六组十二句,来说明圣人如何修身处世。反问句像"能无离乎""能婴儿乎",反过来说,其正面的意义就是肯定式的"能无离""能婴儿"。底下数句,以此类推。也因此历来各种传本常因一二字之异而生很多歧说,实在大可不必。

全章分为三段。前两大段是用反问句提问,第三大段是用肯定句说理。

第一段前三组六句,提出有关修身的三个问题,来提醒大家魂魄身心应该统一和谐。精神和形体应该柔顺纯净。

第一组"载营魄抱一"二句,说的就是魂与魄应该合而为一,不可分离,这就叫"抱一"。经文第二十二章说:"是以圣人抱一,为天下式。"抱一,就是守身,亦即守道。圣人必然知道守清静无为之大道,知事物相生相成之理。第二十二章的"曲则全,枉则直;洼则盈,敝则新;少则得,多则惑"等句,说的也是宜将曲全、枉直、盈缺、新旧、多少、得失等等正反两面,视为一体。

同样的道理,古人视生命中的魂魄,可分为二物,魂为阳为气,魄为阴为形,虽然可分为二,但它们必须合在一起才能产生作用。所以第四十二章的经文才说:"道生一,一生二,二生三,三生万物。万物负阴而抱阳,冲气以为和。"所谓"负阴而抱阳",和此章开头所说"载营魄",应该是同一个意思;而"冲气以为和",和此章所说的"抱一",应该也是同一个意思。魂魄一体,精神与形体合一,这才是老子所说的"道"。否则,魂魄相离,精神离形体而去,生命也就失去了意义。

"专气致柔"二句,是从魂魄的精气推衍出去,说人之修身当如婴儿、赤子一般。第二十章经文说:"我独泊兮其未兆,如婴儿之未孩。"意思是说:我独自守着大道,柔顺纯洁,无欲无求,就像初生的婴儿一样,连咳笑都还不会。经文第五十五章也说:"含德之厚,比于赤子。"又说赤子是"精之至""和之至"。"专气"的"专",一作"槫",当系"抟"之误。抟,有团搓而聚之的意思,当然和上面的"抱一"一样,都是指形神的合一而言。"致柔"的"柔",是和顺的意思。像初生婴儿那样纯洁天真,又那么自然和顺。也因此,老子又从婴儿纯洁天真推衍出去,把人的心灵比成清洗净尽的铜镜,希望它没有尘垢,没有污斑,只见一片空明,一点都没有瑕疵。"涤除玄览"的"玄览",指的就是用来形容心灵的铜镜。"览"一作"监",借为"鉴",即镜子。古人用铜镜照影,常须磨洗才光可照人。老子这里借镜子比喻心灵,和《六祖坛经》把心比喻为"明镜台",真有异曲同工之妙。神秀所说的:"身是菩提树,心如明镜台。时时勤拂拭,莫使有尘埃。"也正与老子所说的"能无疵"同一机杼。"玄览"的"玄",是幽暗的颜色,说它是指铜镜上的污斑固无不可,但说它是指老子常说的"玄妙",似乎更贴切。经文第一章说"玄之又玄,众妙之门",又说"故常无,欲以观其妙;常有,欲以观其徼",都可以拿来与此对照合观。老子说"道",常以"有""无"对举,它们看似相反,实则相成。从第二章以下,老子反复说明这个道理。因此,此章前面两大段六组十二句中"能无离乎"等句的"无",事实上也可以从反面的"有"去看。

第二大段自"爱民治国"以下三组六句,提出有关处世治国的三个问题。圣人处世之道,包括治国安民,在老子看来,是修身之道的衍伸,因此,像魂魄相依一样,爱护人民和治理国家是合为一体的,要治国就必须先爱人民,而且要使人民纯洁如婴儿如明镜,必须先要求自己无知无欲,不弄权术智巧。经文第六十五章有云:"古之善为道者,非以明民,将以愚之。民之难治,以其智多。"第十九章也说:"绝圣弃智,民利百倍。"说的都是这个道理。

"天门开阖"二句,承应上文"专气致柔"二句,说明天地万物的自然之道,在于致柔守雌。致柔才能克刚,守其雌才能知其雄。柔刚、雌雄也都是相反而实相成的对待词。前人注解"天门"一词,所以常解之为天然的器官,如耳目口鼻等,就是因为认定它上承"专气"讲精气、下启"玄览"讲心灵的缘故。事实上,这里的"天门",已由身心的修养推衍到治国安民的处世之道上,所以它所说的已不止是人类或动物的天然器官,而是包括天地万物的"玄牝之门"。经文第六章说:"谷神不死,是谓玄牝。玄牝之门,是谓天地之根。"老子以溪谷地穴、雌性阴部来比喻"道"之所生,即"道"的本源所在,这里又以"天门"的一开一合、一吐一纳,来说明天地万物的生生不息、玄妙运作,用意就在于说明处世治国之道,必须"专气致柔",知其雄而守其雌。经文第二十八章说:"知其雄,守其雌,为天下谿。为天下谿,常德不离,复归于婴儿。"成克巩《御定〈道德经〉注》:"知,有运用之意;守,有主宰之意。"恰好与本章所言,可以互参。

"明白四达"二句,承应上文"涤除玄览"二句,是说处世治国,必须光明通达,心灵就像净尽污斑的明镜一般,没有疵垢,这样才能参与天地万物的造化。"涤除玄览",是去污除垢,回复自然空明的功夫,"明白四达"则已是污垢净尽之后,一片光明灿烂、普照天下的景象了。

第三段总结上文,说明何谓"玄德"。德,是"道"的具体表现,老子这里列举了若干条目,和经文第二章末段所说的,如出一辙。第二章列这些条目于"圣人处无为之事,行不言之教"之下,正说明了此章"生之,畜之"以下数句所要说明的道理,就是"处无为之事,行不言之教"。无为、不言,看似容易却极难彻底做到,看似浅显却极难真正了解,可是一旦参悟了,却又妙用无穷,所以说是"玄德"。

《论老子绝句》之十:
  魂魄无离还抱一,涤除玄览似婴儿。
  爱民治国等闲事,应是天门开阖时。

第十一章

三十辐共一毂,当其无,有车之用。①
埏埴以为器,当其无,有器之用。②
凿户牖以为室,当其无,有室之用。③
故有之以为利,无之以为用。

【校注】

①以上三句——"三十辐共一毂"帛书乙本作"卅楅同一毂"。辐,车轮中连接轮圈和车毂的木柱。毂,车轮中心的圆木,中有圆孔,可以插入车轴。"有车之用",与下文"有器之用""有室之用"等句下,帛书本皆有"也"字。此乃供语气停顿之用,已见上文注中,不赘论。

②以上三句——"埏埴以为器","埏",一作"挻",或作"挺",帛书甲本作"然",帛书乙本作"燃",并于"有"下多一"埴"字。埴,黏土。埏、挻、挺皆有揉、抟之意,是揉和黏土使之成形;然(燃)、燃是指用火烧成陶器。这些动作都是陶土成器的过程。下二句,已见上注。下同。

③以上三句——帛书乙本无"以为室"三字。古代高原居民或有辟山洞而居的,所以破崖壁为门窗,称之为"凿"。

【直译】

三十根辐条共同支撑着车毂,当它中间空虚时,才有车轮的用处。

揉和黏土来做器物，当它中间空虚时，才有器物的用处。

开凿门窗来做居室，当它中间空虚时，才有居室的用处。

所以有实体时才可以有价值，无实体时才可以有用处。

【新绎】

　　此章举例说明"有"与"无"相依相成的关系以及相互为用的道理。老子举了三个实例，分别是行、食、住三方面的例子，都是古人日常生活不可或缺的事物。

　　第一个例子是车轮。古人陆上交通主要靠车子，车子的跑动主要靠车轮。古代车轮的形制，用三十根直木作辐，来连接轮圈和轴心。轴心用圆木制成，就叫作毂，外承辐木，中间有孔，可以容纳车轴插入。就因为轴心中空有孔，可以插轴，才能使车轮转动，车子也才能跑动。因此，老子借此为喻，说辐和毂是车轮的实体，光凭它们是无法行动的，必须与车轮中其他空虚无物的空间配合起来，车轮才能运转，车子才有代行的便利。这空虚无物的地方就叫"无"，它与车子的其他实体部分是相互为用的。

　　同样的道理，第二个例子，举陶土成器为例，说陶器在制成的过程中，要揉土成泥，抟土成形，要入窑火烧，然后才能制成不同形状的器皿。制成陶器后，也才能拿来装水盛物。形状尽管有所不同，但它们有一个共同点，都必然有中空的地方。中间空虚无物，所以才能用来装水盛物，杯盘瓦罐莫不如此。否则，全是实体，就容不下物了。所以从实体看，不同的器皿有不同的形制、价值和用途，但如果没有中空的部分，就失去了它的效用。

　　第三个例子，以居室为例。此章说"凿户牖"，颇能反映古人居室的概况。古人半门单扇叫户，穿壁交窗叫牖，这是一般人家居常见的设备。但这里称之为"凿"，可以想见原有实物（如崖壁之类），所以才需要凿之使空，以便装设门窗，便于出入观瞻。凿空之后，居室内外的空间和实体配合起来，也才能采光通风，有居室的用处。

最后的两句，是归纳以上三个例子，来概括说明"有"与"无"相互为用的道理。在老子的思想里，"有""无"是相生相成的（见第二章），而且经文第一章早就说过："常无，欲以观其妙；常有，欲以观其徼。"上述三个实例中的"无"，就是指车轮、器皿、居室之中空虚无物的部分，它们真的是"妙"用无穷，而其实体的部分，也就是所谓"有"，它们用什么材料制成，形制、价值、用途究竟如何，也都各有各的"徼"限。实体部分是可以看得到、摸得着的，所以可以别其形制，定其价值，知其效用。至于中空的部分，它是配合实体的部分而起作用的，假使没有实体的部分，它就没有作用；但一旦有了实体，它就能随实体的不同，而起了不同的作用，而且，它看不见，摸不着，因而妙用无穷。可是，一般人看事物，只看到"有"的实体部分的形制、效用和价值，却不了解"无"的中空部分的用处。因此老子在本章里用三个实例，来说明个中的道理。

像经文第一章谈"有""无"时一样，此章的"当其无，有车（器、室）之用"等句，有人断句为"当其无有，……"或"当其无、有，……"，虽然也讲得通，但文气不顺，故不取。至于有人说"三十辐共一毂"这种车轮形制起于战国时期，此一说法则有待作进一步的考定。不过，《老子》的著者如果真是太史儋的话，这也就不成问题了。

清代袁枚《随园诗话》有云："凡诗文妙处，全在于空。譬如一室内，人之所游焉息焉者，皆空处也。若窒而塞之，虽金玉满堂而无安放此身处，又安见富贵之乐耶？"很明显他的思想也可能受了老子此章的影响。

《论老子绝句》之十一:
> 有之为利无为用,车转都因毂有空。
> 陶土开窗作器室,当其无处有其功。

第十二章

五色令人目盲，五音令人耳聋，五味令人口爽。①
驰骋田猎，令人心发狂；难得之货，令人行妨。②
是以圣人为腹，不为目。故去彼取此。③

【校注】

①以上三句——"目盲"帛书甲本作"目明"，盲、明，皆言色彩夺目。"令"作"使"，下同。五色，青、黄、赤、白、黑。五音，宫、商、角、徵、羽。五味，酸、甜（甘）、苦、辣（辛）、咸。"五音""五味"二句，帛书本列于"令人行妨"句之后。五，原是错杂之意，重点不在五种。

②以上四句——"驰骋田猎"，"田"一作"畋"，音义俱同。"猎"帛书本作"腊"，误。行妨，行为失常。

③以上三句——"是以圣人"下，帛书本有"之治也"三字。"为腹""去彼"下，帛书乙本多"而"字。文字虽异，文义则无不同。

【直译】

五种色彩使人眼花缭乱，五种音调使人听觉受伤，五种味道使人口感失常。

策马奔竞，围猎禽兽，使人心灵放荡发狂；不可多得的金银珠宝，使人行为乖张不当。

因此圣人只关注民众能否温饱，摒弃耳目之娱。因此有所取舍。

【新绎】

　　这一章老子说明圣人"为腹，不为目"的理由。为腹，即为了果腹，填满肚子，这是最起码的内在的生活需求；为目，即为了眼前的事物，包括各种感官的刺激与满足，指外在的物质欲望。经文第三章说过"是以圣人之治：虚其心，实其腹；弱其志，强其骨"，而且又说要"使民无知无欲"，使人知道欲望无穷会伤害身心的健康，所以他才主张"不尚贤""不贵难得之货""不见可欲"。实其腹、强其骨，就等于此章的"为腹"。但求果腹强身，而对身外之物，则"无知无欲"，不动贪念，不存非分之想。经文第九章也说："持而盈之，不如其已；揣而锐之，不可长保。金玉满室，莫之能守；富贵而骄，自遗其咎。"这是告诉我们凡事适可而止，物质欲望不可太强，否则过则为殃，流弊必多。此章即在这些基础之上，进一步来说明物质享受、过则为殃的道理。有人根据此章说老子反对物质享受，那是错误的。因为老子并没有反对物质享受，例如经文第八十章他都还赞成"甘其食，美其服"，他反对的是过度。口腹之欲、声色之娱，本是人之常情，适度是不成问题的，问题在于是否过度。宋代理学家邵雍有诗云："爽口物多终作疾，快心事过必为殃。"所谓"爽口物多""快心事过"，也就是阐述老子此章"过则为殃"的道理。

　　全章分为三段：

　　第一段说口腹之欲、声色之娱，如果过度了，就有害身体。"五色""五音""五味"的"五"，指的是错杂纷乱，不一定是说恰好五种。过于斑斓的色彩，令人眼花缭乱，反而看不清楚了，有如目盲一般；过于纷繁的音乐，或者变化太大，或者震耳欲聋，使人觉得嘈杂，反而不能欣赏了；过于浓烈的味道，五味杂陈，苦甜并进，使人觉得味道变了，反而不能享受饮食的乐趣。这里的"口爽"，不等于我们今天所说的"爽口"。"爽口"是好吃，是享受，这里的"口爽"，与上文的"目盲""耳聋"并举，是口感失常之意。爽，前人注解为亡、丧、伤、病等等，都是说味道太多太强，反而败坏了口味。

以上分别从视觉、听觉、味觉的口腹之欲、声色之娱，来说明过则为殃的道理。质之人类的五官，说的是眼、耳、口，没有提到鼻和心。《庄子·天地篇》说："失性有五：一曰五色乱目，使目不明；二曰五声乱耳，使耳不聪；三曰五臭薰鼻，困惾中颡；四曰五味浊口，使口厉爽；五曰趣舍滑心，使性飞扬。此五者，皆生之害也。"说的就比《老子》此章要详细些。鼻之嗅觉，或可并入口之味觉，而趋舍之动心，使性飞扬，则与下文老子所说的"心发狂""行妨"有关。

第二段老子进一步从心灵和行为两方面，来说明田猎和宝货对人身心的伤害。古代帝王常按季节带队举行田猎活动，一则锻炼身体，一则如同举行军事演习。驱马奔驰，围猎禽兽之时的快感，是古人常加描写的，充满了刺激，令人心灵奔放，像发狂一般。金银珠宝等等"难得之货"，也是古代帝王之家所常有，老子也以为那会令人贪得无厌，伤身败德。上文的"五色""五音""五味"，说的只是对自身的伤害，这一段所说的，则已由内而及外，由己而及人，无论是策马围猎，或是收藏宝货，都难免会劳师而动众、损人而害己。对主张清静无为的老子来说，"驰骋田猎"和"难得之货"本身，就是"过则为殃"的不可为之事。

第三段是总结，点出上文所述，全是"圣人"之事。能够享受"五色""五音""五味"等等口腹之欲、声色之娱的人，非在上位者莫属；能够享受"驰骋田猎"之乐、拥有"难得之货"的人，亦非在上位者莫属。圣人是最高的在上位者，所以更要体察上述种种

"过则为殃"的道理，以身作则，实其腹，强其骨。"为腹"不只是这个意思，它还与"不为目"相对。"不为目"是说不为眼前外物所惑，指上述的"五色""五音""五味"以及"驰骋田猎""难得之货"等等外在的物质欲望，而"为腹"则指最起码的内在的生活需求。圣人之治民化物，正是要人民先满足最起码的生活需求，先求果腹强身再说其他。否则，为外界的声色荣华所惑而忘了自我身心的充实，最后吃亏的还是自己。

《论老子绝句》之十二：

五色迷人目欲盲，五音乱耳使人狂。

圣人为腹应无欲，何必酸甜论短长。

第十三章

宠辱若惊，贵大患若身。①

何谓宠辱若惊？宠为下，得之若惊，失之若惊，是谓宠辱若惊。②

何谓贵大患若身？吾所以有大患者，为吾有身。及吾无身，吾有何患？③

故贵以身为天下，若可寄天下；爱以身为天下，若可托天下。④

【校注】

①以上二句——此应为上古圣人遗言，老子借此教人。帛书甲本"宠"作"龙"，"患"作"梡"，帛书乙本"宠"作"弄"，下文亦同，疑皆音近而误。二句"若"字，义皆同"者"。惊，有惶恐、紧张之意。

②以上五句——"何谓宠辱若惊"二句，河上公本等无"若惊"二字，"宠为下"，作"辱为下"。有人疑二句有夺误，应作"何谓宠辱若惊？宠为上，辱为下"，如此方可接应下文"得之若惊，失之若惊"。

③以上五句——各本句末或有"者""也""乎"等字，其他如"吾"作"我"，"及"作"苟"，皆于义无改，不赘论。

④以上四句——各本句末或多"者""矣"等字，无关宏旨。"托"帛书甲本作"迋"，乙本作"橐"，皆音近而误。若，顺、则，"如此则"的语气。《尚书》常有这种用法。

【直译】

宠幸和侮辱都同样令人惊惶,重视大祸患就像在我们自己身上。

什么叫作宠幸和侮辱都同样令人惊惶?因为受宠是卑下的事情,得到它时会感到惊喜,失去它时会感到惊惶,这即所谓宠幸和侮辱都同样令人惊惶。

什么叫作重视大祸患就像在我们自己身上?我们之所以有大祸患缠身的感觉,是因为我们有自身荣辱的私心。等到我们忘记了自身,我们还有什么好担心?

所以愿意把自身献给天下的人,才可以把天下交给他;不顾自身来治理天下的人,才可以把天下托付给他。

【新绎】

此章一开头先标举"宠辱若惊"和"贵大患若身"两句话,然后逐句加以解释。这两句话,应该是老子以前就有的古语遗训,老子借之来说明宠辱皆忘和忘身无私的道理。老子曾任周朝守藏室的史官,他一定看过很多古代文献,所以引用古人的格言教训,来阐述道理,不足为奇。《老子》书中这样的例子不少,我个人以为这可能就是老聃旧作的部分原稿,其他的文字才是太史儋引用后加以申论的。

什么叫"宠辱若惊"?宠爱和侮辱是相反对立的词语,一般说来,得宠则喜,受辱则怒,此乃人之常情,但老子却说人得宠和受辱时,都要像马受惊骇时那样,有立即的反应。因为得宠或受辱都非常态,不是"过"就是"不及",有违老子清静无为的主张。按常理说,得宠则喜,是正常的反应,受辱则怒,也是正常的反应,但老子却以为"喜"和"怒",只是情绪上的反应,事实上,得宠和受辱的背后,都潜藏着一些危机。达不到规定和要求的标准,因而受辱，因而被处罚，因而惊怒，这是一般人可以了解的，但为什么得宠也有危机，甚至得宠还比受辱更要自我警惕呢？那是因为得宠一定是达到了或超过了规定和要求的标准，令人满意，所以被宠爱，被奖赏。如果得宠者也有意外的惊喜之感，那就是所谓宠幸了。宠幸本身就是危机，因为它非常态，等到得宠的原因一消失，它并非回到常态，跟一般人一样，而是有比一般受辱者更强烈的感觉。这一次达到了或超过了规定和要求的标准，下一次自己或别人的要求会更高，心中的负担会更重，而一旦有了闪失，不但前功尽弃，甚至会被弃若敝屣，贬得一文不值，那就不是一般的所谓受辱而已。所以老子说"宠为下"，得宠比受辱还要更严重一些。也因此，老子以为受宠有如受辱，得宠时和失宠时都要注意，得失之间，都要有顺其自然的心理准备，不必过于紧张。《庄子·逍遥游》中说宋荣子"举世而誉之而不加劝，举世而非之而不加沮"，这种宠辱皆忘、逍遥自在的境界，才是老子所标举的理想。

什么叫作"贵大患若身"？大祸患、大灾难都是人人避之唯恐不及的，何贵之有？这里的"贵"，是说要注意，要重视，就像重视我们自身一般。这有两个问题要先解决，一是何谓"大患"，一是何谓"身"。"大患"当然指大的祸患灾难，就人事而言，它指的是荣辱得失的问题；就天灾而言，它指的是生死存亡的问题。面临大的祸患灾难，不管是人祸或天灾，大家都希望不要降临在自己身上，所谓"身"，就是指自己本身。天灾难免，所谓生死有命，兴亡由天，暂且不论；对于人事上的荣辱得失，则端赖我们自己如何去看待，去处理。有人把荣辱得失看得很重，比生死存亡的问题还重，换言之，比自己的身体、自己的生命还重，所以有人可以为了荣辱得失之事，牺牲生命也在所不惜。这就使荣辱得失都成为自身大患了。老子说："吾所以有大患者，为吾有身。"道理在此。"有身"就是处处想到自己，念念不忘自己。如果能够忘记自身的利害，不去计较荣辱得失，那么，再大再严重的问题，都可以不去担心了。老子说："及吾无身，吾有何患？"其道理亦在于此。

那么，老子所说的有身则有大患，无身则有何患，究竟是主张贵身或主张忘身呢？历来却有不同的看法。有人举经文第三章的"虚其心，实其腹"等句为例，说老子主张贵身。但那些句子说的是身心，是身体，和此章所说的"身"意义不同。还有人举经文第二十六章的"奈何万乘之主，而以身轻天下"等句为例，说老子主张贵身。事实上，"奈何万乘之主，而以身轻天下"是反问句，意思正好相反，此"身"亦非彼"身"，不足为训。

经文第七章说过："是以圣人后其身而身先，外其身而身存。非以其无私邪？故能成其私。"从这些话中，可以看出老子是主张忘身无私的，和此章旨趣正好相同。上文的"及吾无身，吾有何患"，说的是无身忘己乃可宠辱皆忘，而下文的"故贵以身为天下"数句，说的是无私乃可寄托天下。

"故贵以身为天下"以下四句，分为两组，一贵一爱，互文见义，说的都是能"以身为天下"的人才值得贵重、爱惜，也才可以把天下寄托给他管理。这样的人文中虽然没有指明是谁，但读者一定知道那是老子常常提到的圣人。

《论老子绝句》之十三：
　　宠辱皆惊得失间，及吾无欲有何患？
　　此身是否托天下，端赖虚心长得闲。

第十四章

视之不见,名曰夷;听之不闻,名曰希;搏之不得,名曰微。此三者不可致诘,故混而为一。①

其上不皦,其下不昧。绳绳不可名,复归于无物。是谓无状之状,无物之象。是谓惚恍。②

迎之不见其首,随之不见其后。执古之道,以御今之有。能知古始,是谓道纪。③

【校注】

①以上八句——帛书甲本作:"视之而弗见,名之曰微;听之而弗闻,名之曰希;捪之而弗得,名之曰夷。三者不可至计,故混而为一。"帛书乙本同甲本,唯"名"作"命","混"作"绲"。夷、希、微,皆极为幽微之意,盖可互用。名与命、混与绲古代音同,可通用。捪,抚,与"搏"义近。又,"夷"传本一作"几",二字草书形近,"几"亦有"微"意。"搏",一作"抟"。

②以上七句——帛书乙本作:"一者,其上不谬,其下不物,寻寻呵不可命也,复归于无物。是谓无状之状,无物之象。是胃沕望。"多通假字,"是胃沕望",即"是谓惚恍"。不赘论。"无物之象",传本一作"无象之象"。皦,音义同"皎"。惚恍,一作"恍惚"。惚恍,可与上文"状""象"协韵。

③以上六句——帛书乙本作:"隋而不见其后,迎而不见其首。执今之道,以御今之有,以知古始,是胃道纪。"亦多通假字。胃,即"谓"。"有",或以为通"或",即"域"之古字。

【直译】

看它却看不见,就叫作"夷";听它却听不到,就叫作"希";摸它却摸不着,就叫作"微"。这三样东西不可追根究底,本来就混同而合为一体。

它的上面不明亮,它的下面不暗淡。连绵不断,不可名状,又回归到没有物象。它是一种没有形状的形状、没有物象的物象。所以把它叫作惚惚恍恍。

迎接它不见它的开头,跟随它却又不见它的背后。掌握古往的道理,来控管当今的实际。能够知晓宇宙的本始,这就可说是道的纲纪。

【新绎】

此章说明"道"的形体和作用。经文第一章说"道可道,非常道",第四章又说"道"之为体"渊乎似万物之宗""湛兮,似若存""象帝之先",第六章则说"道"之作用"绵绵若存,用之不勤"。这些主张,都可以拿来与此章合观并读。

全章可分三段:

第一段正说"道可道,非常道。名可名,非常名。"老子以为统摄天地万物的"道",是"玄之又玄",不可指实道尽的,它仿佛有形状,却视之不见;它仿佛有声音,却听之不闻;它仿佛有实体,却搏之不得。它是用感官触觉都看不见、听不到、摸不着的东西,好像是抽象的概念,可是却又仿佛具体的存在着。"夷""希""微"和"几乎"的"几"一样,都有幽微不彰、若有若无的意思。老子用它们来形容"道"的存在。它们分开说时,很难说得详尽,但是混合成为一体的时候,却可以说是"道"的化身。所谓"道生一","一"即"道",就是这个道理。也因此,"夷""希""微"这些字是可以混用的,视之不见可以叫"夷",

也可以叫"微"，以此类推。"搏之不得"的"搏"，一作"抟"，搏有拍打之意，抟有搓摸之意，也都可以互通。宋代道士陈抟，所以字"希夷"，其道理亦在于此。

第二段进一步说明"道"的形象。上一段说"道"浑然一体，幽微不彰，若有若无，这一章则以视觉为例，作进一步的描述，以概其余。"其上不皦"指阳，"其下不昧"指阴，二句互文见义，是说"道"之为体，可分阴阳，是半明半暗，幽微不彰，以呼应上文的"夷""希""微"。"绳绳不可名"二句，也同样呼应上文，"绳绳"言其若有若无，却绵绵不绝，"复归于无物"，不是真的无物，只是更为幽微不彰而已。所以又称之为"无状之状，无物（象）之象"，称之为"惚恍"，就是恍恍惚惚。"惚恍"是为了与"状""象"押韵用。第四章说的"湛兮，似若存"，第六章说的"绵绵若存"，也都与"惚恍"同其义。

老子所说的"道"之为物，是有形生于无形，与万物之物不同。《庄子·大宗师篇》说："夫道，有情有信，无为无形，可传而不可受，可得而不可见。自本自根，未有天地，自古以固存。"《韩非子·解老篇》说："道者，万物之所以成也。"《主道篇》又说："道者，万物之始""道在不可见，用在不可知"。还有《淮南子·原道篇》说的："夫道者，覆天载地""包裹天地，禀受无形"。这些理论都是承衍老子之说，认为"道"虽无形，却非无物。它是实有，而非空无。它分开讲，可分为三，即希、夷、微；合为一体，即称恍惚。《周易·系辞传》有云："形而上者谓之道，形而下者谓之器。"其是之谓乎？

第三段说明"道"的作用。第四章说的"渊乎似万物之宗""象帝之先"，第六章说的"用之不勤"，也都在这里作了进一步的发挥。"迎之不见其首"二句，再次强调"道"的无状无象，恍惚而不可究诘，因此可以瞻之在前，忽焉在后，也可以视若无物。明白这"有""无"二者的道理，也就可以明白何谓"天地之始""万物之母"。"道"似有似无，可实可虚，而时有古有今，古曾是今，今亦将成为古。"执古之道"，帛书本作"执今之道"，正是古今一体的佐证。能够明白个中的道理，即可以古御今，亦可推今知古，这也就进入"玄之又玄"的"众妙之门"，懂得老子"道"的纲纪、体系了。

《论老子绝句》之十四：
　　何谓希微何谓夷，视听又搏太神奇。
　　迎随不见前与后，象状难名即道基。

第十五章

古之善为士者,微妙玄通,深不可识。夫唯不可识,故强为之容:①

豫焉若冬涉川,犹兮若畏四邻;俨兮其若客,涣兮若冰之将释;敦兮其若朴,旷兮其若谷。混兮其若浊。②

孰能浊以澄?静之徐清;孰能安以久?动之徐生。保此道者不欲盈,夫唯不盈,故能蔽不新成。③

【校注】

①以上五句——"古之善为士者",楚简本句前有"长"字。帛书乙本、傅奕本等"士"作"道"。此"士"即指得道之人、有道之士,故此译为"道士",非指后世所谓之"道士"。"玄通",楚简本、帛书乙本等作"玄达"。或云"达"当作"造"。"故强为之容"句下,帛书本有"曰"字。

②以上七句——皆言上述有道之士深不可识之状。各本"豫"或作"与","焉"或作"兮","兮"或作"呵","冰之将释"或作"凌释","混"或作"浑",以及句中"兮""其"之有无,等等,皆多通假字,字异而义同,不赘引。《六祖坛经》第二章记述六祖惠能卖柴闻经之事,即借朴木以喻道。《景德传灯录》卷十四记有和尚问石头希迁:"什么是道?"希迁答:"木头。"此与本章及第十九章所说的"朴",颇相契合。

③以上七句——"孰能浊以澄"四句,楚简本作:"孰能浊以静者?将徐清;孰能安以往者?将徐生。"帛书乙本则作:"浊而静之徐清,女(安)以

重（动）之徐生。"王弼本原无"澄"字，或据河上公本补"止"字。傅奕本则"止"作"澄"，"清"作"靖"。"澄"意似较长，故据以补之。"保此道者不欲盈"盈字上，楚简本有"尚"（当）字。末句"蔽不新成"，各本"蔽"或作"敝"，"不"或作"而"。

【直译】

古代善于当道士的人，微言妙旨，玄览通识，深邃细密不可测知。就因为深邃不可测知，所以勉强来为他描述：

谨慎啊像冬天渡河川，戒惧啊像怕四周危险；庄严啊他像贵宾一般，放松啊像冰将融散；敦厚啊他像原木质朴，旷放啊他像深山邃谷。混同啊他像流水藏污。

谁能使污浊变得澄清？安静它心境就会慢慢变清；谁能使安定变成长久？让它逐渐萌动生机。保持此道者不想盈满，就因为不盈满，所以能够弃旧图新。

【新绎】

此章是对古代得道之士的描述，用一些具体的形象来形容他的"微妙玄通，深不可识"。言下之意，当然是希望供后世统治者参考。

全章可分三段来说明：

第一段开宗明义，说古代得道之士"微妙玄通，深不可识"。老子首先强调，以下所说，都是"古"之善为士者，故有借古讽今之意。"善为士者"的"士"，一作"道"，核对河上公注此句说："谓得道之君也。"似乎更切合本旨。但作"士"也自有其道理。因为古代的士，介乎贵族与平民之间，是替贵族来管理人民的阶级，所以这里说的"善为士者"，应该是指善于管理人民的士，或者是指善于领导士的在上位者。"善为"的"为"，本来就有当、做、处理等义。这样的人，当然是有道之士或得道之君。后世称得道之士或学道之人为"道士"或"道人"，义即本此。道教兴起之后，"道士"或"道人"的意义缩小了，有所限制，那是后来的事。也因此，笔者这里以"道士"来译解老子的"士"，希望读者不要误会。

"微妙玄通，深不可识"二句，是老子对古代得道之士的概括形容。经文第十章说的："涤除玄览，能无疵乎？爱民治国，能无知乎？天门开阖，能无雌乎？明白四达，能无为乎？"与此二句，若合符契，所说都是微言妙旨，有关玄览通达之事，也都与"爱民治国"有关。可是，说得太微妙深奥了，玄之又玄，令人不可测知，所以老子在此又作了进一步的形容描述。

第二段全是对古代得道之士的种种不同的形容描述。七句之中，前六句分为三组，"豫（与）"与"犹"，"俨"与"涣"，"敦"与"旷"，两两相对相成，第七句"混兮其若浊"，综合前六句三组，承上而启下，套用经文第十四章的用语："此三者不可致诘，故混而为一。"

"豫焉若冬涉川"与"犹兮若畏四邻"相对。"豫"与"犹"原来都是兽名，性皆多疑戒惧，因而古人因物取义，将二字合为一词，凡是行为迟疑不决的，都叫犹豫。但是，对照下面二组的"俨"与"涣"，"敦"与"旷"，似乎河上公注本"豫焉"作"与兮"，更为合适一些。"与"与"豫"虽然音同义近，都是徐行的意思，但"与"又有参预之意，它不是迟疑不前，只是前进时特别小心谨慎而已。像冬日河川结冰，渡过时要特别小心，这叫如履薄冰，重点在前进；像四周强邻环伺，要提防他们侵犯欺凌，这叫如畏强邻，重点在退守。叶梦得《岩下放言·上篇》说："先事而戒谓之豫，后事而戒谓之犹。"至少这样解释，有一前一后之相对相成，才可与下文合拍。

得道之士不仅在行为活动上，要能"与"能"犹"，知所进退，得其先后，在容仪态度上，也要能"俨"能"涣"，像当贵宾时那样庄严肃敬，又像春雪融化时那样轻松涣散；在心性修养上，更要能"敦"能"旷"，像木石原料那样的质朴厚实，又像深山邃谷那样的旷远空虚。它们都是两两相对，而又相因相成。汇合起来说，它们就像一条大河川，源自深谷，"谷神不死"，"用之又不盈"，汇众流而成河。经文第八章开头说的"上善若水"，就是这个意思。河川是混同清浊的啊，不辞细流土石，故能成其大，不辞泥沙污浊，故莫测高深。"混兮其若浊"，也就是用这样的比喻，来说明得道之士浑化包容的德性。

第三段承"混兮其若浊"一句而来。上一段用种种不同的形象，来描述得道之士的行为、容仪和心性，而以"混兮其若浊"作结，这一段则就水浊的比喻上，作更进一步的描述。

"上善若水"，水"处众人之所恶"，"利万物而不争"，所以不分清浊，俱纳其中，不舍昼夜，沾溉万物。"孰能浊以澄"四句，传本歧异颇多，最简者如帛书乙本的"浊而静之徐清，女以重之徐生"，只作二句，"女"当为"安"之误，"重"当为"动"之误；比较详细的传本，如楚简本的"孰能浊以静者？将徐清；孰能安以往者？将徐生。"如傅奕本的"孰能浊以澄？靖之而徐清；孰能安以久？动之而徐生。"对照来看，字句虽有繁简详略，但意思却是一致的。清与浊，动与静，相对相反，却又相因相成。浊者静之能清，静者动之能生，重点都在一"徐"字。徐徐缓缓，才能使相对相反者，相因相成，而浑同合为一体。不但清与浊、动与静如此，上述的"豫"与"犹"，"俨"与"涣"，"敦"与"旷"，也都如此。

最后，老子又把这些道理，用盈虚新旧的譬喻作结。经文第四章说"道冲，而用之或不盈"，不盈之道，在于中空，在于能虚。

经文第九章"持而盈之,不若其已",说的也是这个意思,说盈已包括虚。"蔽不新成",或作"能弊复成""敝而不成"。蔽、弊、敝可相通假,皆有"旧"义,与"新成"的"新"对。"旧"与"新",按老子之说,本来就相反而实相成。"成"则是上述浑化、混同,有合而为一之意。易顺鼎以为"蔽不新成",当作"蔽而新成","不"乃"而"之误。《淮南子·道应训》引《老子》云:"服此道者不欲盈,夫为不盈,是以能弊而不新成。"可见王弼本作"蔽不新成"者原就没错。更何况老子本来就常常"正言若反",我们今天说的"好不新鲜",不是也有好新鲜的意思吗?

《论老子绝句》之十五:
  善道玄通不可识,若冬涉水若冰融。
  谁能动静言其貌,浑沌从来无影踪。

第十六章

至虚,极;守静,笃。万物并作,吾以观复。①

夫物芸芸,各复归其根。归根曰静,是谓复命;复命曰常,知常曰明。不知常,妄作,凶。②

知常容,容乃公,公乃王;王乃天,天乃道,道乃久。没身不殆。③

【校注】

①以上六句——楚简本作:"至虚,恒也;守中,笃也。万物方作,居以观复也。""守中"一词,见经文第五章。中,同"盅",有空无清静之意。"守静笃"以下,帛书甲本作:"守情,表也。万物旁作,吾以观其复也。"帛书乙本"笃"作"督"。可从。傅奕本"静"作"靖","观"字下亦有"其"字。

②以上九句——"夫物"楚简本作"天道"。"芸芸",各本或作"员员""云云""耘耘"等等,皆形容众多纷繁的样子。"是谓复命",各本多作"静曰复命"。"是谓复命",虽与上下文例不合,然"是"指"归根",与"复命"对,自亦有理。

③以上七句——"容乃公"以下五句"乃"字,一作"能"。"公乃王,王乃天"的"王",有人疑为"全"之误。"全"可解作周遍,又与"天"协韵。实则"王"借为"旺",神旺则形全也。

【直译】

达到虚空的境界，是极致；守住安静的状态，要笃实。万物同时兴起成长，我借以观察往复兴亡。

那万物啊纷纷纭纭，各自又回归到它们的根本。回归根本就叫作安静，这也就叫作恢复天性；恢复天性就叫作恒常，知道恒常就叫作聪明。如果不知道恒常的道理，胡作非为，就会不吉利。

知道恒常的道理才能包容，能包容才能公正，能公正才能旺盛；能旺盛才能自然，能自然才能合道，能合道才能长远。终身至死也不危险。

【新绎】

此章所说，是得道之人一种极为虚静的境界。《庄子·天道篇》说："夫虚静恬淡、寂寞无为者，天地之平，而道德之至。"河上公注此章首句亦云："得道之人，捐情去欲，五内清净，至于虚极也。"这种虚极静笃之道，强调的是无为无欲，归根复命，恢复天性，顺应自然。

全文分为三段：

第一段先标举出来"虚""静"为命意所在，并且说这是观察万物并作、往复循环的变化过程而得。道家以为"物之生也，若骤若驰"，宇宙万物无时不在变化之中，始则由无而有，由初萌而茁壮，由极盛而渐衰，由剥落而终归于消亡；然后又剥而能复，终而复始，如此往复无穷，循环不已。此即《庄子·齐物论》所说的："方生方死，方死方生。"就因为宇宙万物既有作始，必有结束，终而复始，有其规律，因而老子主张清静无为，恬淡自得。

第二段老子说明他的观察过程。芸芸众生，从其兴起创始至其枯萎剥落，终而复始，"周行而不殆"，是循环往复的，最后可以找到一个恒常的规律。《庄子·在宥篇》说："万物云云，各复其根。各复其根而不知，浑浑沌沌，终身不离；若彼知之，乃是离之。无问其名，无窥其情，物固自生。"《庄子·秋水篇》也说："道无终始，物有死生。不恃其成，一虚一满，不位乎其形。年不可举，时不可止。消息盈虚，终则有始。是所以语大义之方，论万物之理也。"这个恒常的规律，就是"物固自生"，也就是老子此章所说的"归根""复命"，简称为"静"。能够明白这个规律，就可以"语大义之方，论万物之理"，也就是老子此章所说的"知常"，简称为"明"。这个规律，这个道理，可以推衍到一切事物上去，《韩非子·解老篇》所说的"故定理，有存亡，有死生，有盛衰"，应亦即指此而言。清人龚定庵诗云："落红不是无情物，化作春泥更护花。"亦同此意。

　　以下老子分别从正反两方面来说明他的观察所得。先从反面说，并为以上的推论作结。他说如果学道之人"不知常"，不明白上述的恒常的规律，而妄作主张、胡作非为的话，那么就会遇灾祸而逢不祥。

　　第三段承接上文的"知常"，推而广之，从"知常"的人必定能"容"能"公"说起，最后说到通天、合道。"公乃王，王乃天"二句的"王"，论者以为是"全"字之误，并且引王弼注"周普"为证，以为作"全"才讲得通，也才与下句"天"押韵。其实，"王"与上文"常""明"等俱属"阳"部，本已押韵，而其义可通假为"旺"，本来就可以讲得通的。

《论老子绝句》之十六：
　　万物芸芸如复命，致虚守静识常容。
　　没身不殆唯天道，王者岂非如稚童？

第十七章

太上，下知有之；其次，亲而誉之；其次，畏之；其次，侮之。①

信不足焉，有不信焉。②

悠兮其贵言。功成事遂，百姓皆谓我自然。③

【校注】

①以上八句——"太"一作"大"，太、大古通用。"太上"，旧注多以为指太古之时，例如三皇五帝之世，今人则多以为即"至上""最佳"之意。古人崇古卑今，所以认为时代愈古，世风愈好。"下知有之"，"下"一作"不"。"亲而誉之"，"而"一作"之"。"其次，畏之"四句，一作"其次畏之侮之"，似颇可取。

②以上二句——楚简本、帛书乙本等作："信不足，安有不信。"傅奕本作："故信不足，焉有不信。"可见上句"焉"字，有人以为当属下读，有"于是"的意思。

③以上三句——"悠"楚简本、帛书乙本作"猷"，河上公本作"犹"，一作"由"。"犹""猷""由"义同，都兼有尊尚和谨慎的意思。

【直译】

最上等的君王，下民只知道有他；其次，是亲近而且赞美他；其次，是畏惧他；再其次，是侮辱他。

诚信不够的统治者，就得不到百姓的信任。

慎重啊他应该重视言论。功业完成了，事情妥当了，百姓却都说：我们本来就是这样。

【新绎】

中国古代以农立国，人民通常观念保守，普遍有崇古卑今的观念，儒家祖述尧舜，宪章文武，道家更推而上之，认为唐虞以前，三皇五帝的时代，世风愈古愈淳。所谓淳，是指政治上无为而治，人民凿井而饮，耕田而食，日出而作，日入而息，生活上自给自足，觉得"帝力于我何有哉！"后来世风日下，时代愈晚，淳朴的风气愈差；后代的帝王愈来愈暴虐，人民的生活也就愈来愈痛苦了。上古道德淳厚的君王，无为而治，人民自给自足，不知要称颂什么；后来像西周初年，文武之治，推行德政，所以受到人民的爱戴；后来诸侯执政，多行机诈，政治败坏，世风日下，人民不堪其苦，起而反抗，所以君王及执政者就使用刑罚，人民有的害怕，不得不依照法令，有的则公开批评、辱骂。因为有这样的观念，所以古代的思想家，常常主张"复古"，而且愈古愈好。《老子》书中一再提到的"古之圣人"，究竟在什么时代，虽未明言，但有的比孔子所推崇的尧舜禹汤等等要早，则应无疑义。老子此章所要阐述的崇古尚淳的思想，也显而易见。

全文的写作观点，系对统治百姓的君王而发，可分为三段：

第一段把君王分为几等。我们所采用的王弼本子，分为四等。第一等的称为"太上"，王弼注："大人在上，居无为之事，行不言之教。"核对经文第二章"是以圣人处无为之事，行不言之教"，可以知道王弼所说的"大人"，即指"圣人"而言。"圣人"之治天下，"垂衣贵清真"，功成而弗居，这是老子理想中的最高境界。河上公注说得更明白："谓太古无名之君也。"受到王弼、河上公的影响，一直到今天，还有不少人采用这种说法。认为时代愈古，风气愈淳；时代愈晚，世风愈下。所以有人解释以下"亲而誉之""畏之""侮之"等等，都配合商周以下的时代先后次序来说。说第二等的"亲而誉之"，指西周初年的盛世；第三等的"畏之"，指春秋时代；第四等的"侮之"，则指战国时代。不过，近代以来的学者，愈来愈多人以为按时代先后为序来比附，并不切合史实，所以主张"太上"只是等级之分，无关时代的早晚，所以解之为"至上""最好"。这样的解释比较合理，也比较合乎史实。最上等的时代，最理想的统治者，"下知有之"即可。"下"指百姓，泛称人民。他们只要生活安乐，自给自足，只要知道他们的君王叫什么名号即可，是不需要多了解统治者的事情的。有的本子"下"作"不"，说百姓"不知"有其上，似乎更切合章旨。

另外，有人根据河上公注本及纪昀的说法，以为应该分为三等。"其次，亲而誉之"当作"亲之誉之"；"其次，畏之；其次，侮之"，当作"其次，畏之侮之"。这样相对为文，更为理想，也比较符合古人以"三"概括多数的习惯，录此备考。

第二段承接上文，说明百姓何以对君王"畏之""侮之"的原因，重点在一个"信"字。"信不足"是说君王有了私心，不够诚信，常用欺骗和强迫的手段来对待人民；"有不信"是说百姓为了应付君王的贪婪和暴虐，也开始不信任君王的法令措施，因而权诈机变之巧生，社会风气也就因之而日益衰败了。

第三段呼应首段所说的政治理想。治国安民，是执政者的责任，要得到百姓的亲近赞美，首先要自己先有诚信。所谓"贵言"，就是说要重视诚信。信言不美，美言不信。《论语》说的"民无信不立"，似乎也适用于此。君王所讲的话，所颁布的法令，都必须慎重其事。否则，人民就会评量是非，"畏之""侮之"。"悠兮"或作"犹兮""猷兮"，既说这道理意味深长，又有告诫慎重之意。

"功成事遂"二句，既遥应开头的"太上，下知有之"，同时也点明这是"悠兮其贵言"的重点所在。经文第二章说的"圣人处无为之事，行不言之教""生而不有，为而不恃，功成而弗居"，经文第九章说的"功遂身退，天之道"，都可移此作注。经过比对，可以看出来：所谓"贵言"的"言"，原来就是"行不言之教"的"不言"；"百姓皆谓我自然"的"自然"，原来就是"天之道"，也就是"太上，下知有之"。治国安民，功成而弗居，事遂而不言，身退而人不知，这是一种多么至高无上的境界啊。

《论老子绝句》之十七：

  功成事遂宜归去，亲誉后来畏侮随。
  信不足时将不信，空言太上令人疑。

第十八章

大道废,有仁义;慧智出,有大伪。①

六亲不和,有孝慈;国家昏乱,有忠臣。②

【校注】

①以上四句——句首楚简本、帛书本皆有"故"字。"有仁义""有大伪"二句前,楚简本、帛书本皆有"安"字,傅奕本则作"焉"。"安""焉"如属下读,则"安有仁义""焉有仁义"为疑问句。"慧智"一作"智快"或"知慧"。"智",帛书本、范应元本皆作"知"。

②以上四句——"有孝慈""有忠臣"二句前,楚简本、帛书本皆有"安"字,傅奕本则作"焉"。"安""焉"如属下读,则"安有孝慈""焉有孝慈"为疑问句。"忠臣",楚简本作"正臣",帛书本、傅奕本则作"贞臣"。六亲,一说父子兄弟夫妇,一说父母兄弟妻子。"孝慈"有人以为专指"孝子",与"忠臣"对。

【直译】

大道废弛了,才会有仁义的行为;智慧出现了,才会有种种的虚伪。

六亲之间不相和睦,才知道是谁慈孝;国家上下昏暗混乱,才看出所谓坚贞的忠臣。

【新绎】

上一章说最理想的时代，最理想的社会，是执政者无为而治，百姓安居乐业，人民对统治者既无称美，亦无批评。次等的，是执政者必须推行德政，讲求仁义，使百姓知所遵循，这样才能赢得人民的亲近和赞美。再次等的，已是德不足以服之，执政者多行诈伪，用法令来规范百姓，用刑罚来威吓人民，因此上下交攻，世风败坏，政治、伦理等等方面，都脱轨失序了。到这时候，人民畏其法之威者有之，骂其君之昏者有之，种种乱象，随之产生。仁义与虚伪、忠孝与奸逆，等等，纷纷对立起来。此章承续上一章就此做进一步的发挥。楚简本、帛书本等，章首有"故"字，足透个中消息。

此章原可不分段，但为了解说方便，仍分两段来略加说明。

第一段是原则性的理论归纳。"大道"就是老子所标举的各种主张的总称，犹如今日所说的"真理"。它与经文第一章所说的"常道"意义并不相同。"常道"的"道"，指构成宇宙万物的本体及其作用，此章"大道"的"道"，则指人世间执政者所应遵循的"无为之事""不言之教"，也就是上一章开头所说的"太上，下知有之"，那种至高无上的无为而治的政治理想。这种最高等级的政治理想一旦废弃不用了，就是"大道废"，有如由大同社会进入帝王时代，由"天下为公"降为"天下为家"，由羲皇上人变成禹汤文武，开始讲仁民爱物，讲德政义理，只希望得到百姓的认同；等而下之，等到世风日益趋下，君臣互相欺诈，上下互相攻伐，各种权谋诈伪的事情纷纷产生，例如春秋战国之世，那也就是所谓"慧智出，有大伪"的时代了。

老子以为宇宙万物都是相对待的，所谓"有无相生""高下相倾"等等，都是他常说的道理。上一章"下知有之""亲而誉之"以及"畏之""侮之"的不同等级，就是"高下相倾"的一个例证。而"大道废，有仁义""慧智出，有大伪"，也就是"有无相生"的另一番说明。因为有不仁不义来相比较，才显现出来有仁有义的可贵；就因为强调聪明才智的重要，所以有仁有义的人，可以表现智慧才干，来得到别人的称许。而不仁不义的人，则为了沽名钓誉，一样可以靠他的聪明才智，玩弄手段，欺上蒙下，表面上得到了称许，实际上却做了伤天害理的事情。楚简本、帛书甲本"慧智"作"智快"，快者，反应快速，一样是聪明有才干的意思。因此，一正必有一反，一得必有一失。如果是"太上"之世，在上位者"为无为"，垂拱而治，"不尚贤，使民不争"，在下者自给自足，"无知无欲"，那么，还需要标榜什么仁义？如果在上位者"不贵难得之货""不见可欲"，人民哪里还会卖弄聪明才智，使用欺诈手段，去做种种伤天害理的事情？

第二段讲的是同样的道理，但落实到现实生活来。"六亲不和"二句，讲的是家庭伦理；"国家昏乱"二句，讲的是政治伦理。孔子讲伦理，是正面讲，教人遵守；老子讲伦理，是反面讲，有所质疑。六亲，不论解为父子兄弟夫妇，或父母兄弟妻子，说的都是家庭中有血缘关系的亲人。这些亲人之间，如果说其中哪一个比较孝顺或慈爱，那就表示另外有人不孝顺或不慈爱。否则，何必特别标举出来？同样的，只有在诸侯邦国、卿大夫家族上下之间，发生变乱的时候，才会去分辨谁忠贞、谁叛逆。老子以上所说，都指非"太上"之世而言，而其用意，也正是希望能使大家回到那清真无为的"太上"之世。

最后，应该补充说明，本章的"慧智"，有的本子作"知慧"，有人以为在《老子》书中，知、智二字，意义不同。知，指知觉、知识；智，指智慧、智巧，用法不同。东汉许慎所编的《说文解字》，查无"智"字，可见东汉以前，知原兼知、智二义，这也可证明《老子》一书，应该经过后人不断的增删或修改。

《论老子绝句》之十八：
      智慧出焉藏大伪，国家昏乱见忠臣。
      正言若反宜何解，真作假时假亦真。

第十九章

绝圣弃智,民利百倍;绝仁弃义,民复孝慈;绝巧弃利,盗贼无有。①

此三者,以为文不足,故令有所属:见素抱朴,少私寡欲。②

【校注】

①以上六句——楚简本作:"绝智弃辩,民利百倍;绝巧弃利,盗贼亡有;绝伪弃虑,民复孝慈。"核对王弼本,楚简本显然不提仁义等字。帛书甲本"圣"作"声","智"作"知","倍"作"负","孝"作"畜"。有人以为《老子》一书谈"圣""仁"者不少,并不反对"仁""义",所以认为楚简本比较可采。这种说法,有待商榷。

②以上五句——"此三者"二句,傅奕本作"此三者,以为文而未足也"。楚简本、帛书本"三者"作"三言"。"文不足",楚简本"文"作"史"。"故令有所属"楚简本作"或命之,或呼嘱"。又,楚简本、帛书乙本将下一章首句"绝学无忧"系于此章之末,可与上文对照,似可从。

【直译】

断绝聪明,废弃智巧,人民获益会增加百倍;断绝虚仁,废弃假义,人民又会恢复孝顺慈悲;断绝机巧,废弃功利,强盗小偷才不会兴起。

以上三种巧饰之物，不足以治理天下，所以教人要心有依托：外表单纯而内心质朴，减少私心并降低欲望。

【新绎】

此章承上章而来，上一章说："大道废，有仁义；慧智出，有大伪。六亲不和，有孝慈；国家昏乱，有忠臣。"这一章说："绝圣弃智""绝仁弃义""绝巧弃利"，正是前后呼应。这里所呈现的，是老子学说中重要的部分，但因为"正言若反"，所以历来解释颇为纷歧。

这一章可分为两段来说明：

第一段包括三个分组。"绝圣弃智"的"圣""智"，指人的禀赋才性。圣者"无所不通"，智者"无所不知"，合而言之，都是指最高的聪明才智而言。有人把这里的"圣"，和《老子》一书中的"圣人"等同视之，是值得商榷的。《老子》书中，"圣人"一词，据统计，出现三十二次，都是指正面赞美称誉的对象，和此章所说的要对"圣"绝而弃之，显然不合。因此有人看到新出土的楚简本首句作"绝智弃辩"，马上采而用之，据以改订传本，认为老子所说的"圣人"没有反对"圣"的道理。事实上，所谓"圣""智"是属于知识范围，与"圣人"之属于道德修养的层次，有所差异，不应等同视之。任何事物的名义，都有其一定的限制，所以经文第一章才说："名可名，非常名。""圣"固然是指"无所不通"的聪明，但这与"圣人"具有最高的"无所不通"的聪明，却主张弃聪明而不用，反而主张"虚其心，实其腹，弱其志，强其骨""使民无知无欲"（以上见经文第二章），主张"圣人不仁，以百姓为刍狗"（见经文第五章），都可以没有抵触。这跟有财富权势的人，提出反对财富权势的主张，看似矛盾，却反而显出其人品格的高贵，是一样的道理。

《庄子·胠箧篇》说"故绝圣弃知，大盗乃止"，《庄子·在宥篇》也说"绝圣弃知，而天下大治"，可见庄子的理解，和《老子》此章章旨相合。河上公注云："绝圣制作，反初守元。五帝垂象，苍颉作书，不如三皇结绳无文。"显然他也以为所谓"绝圣弃智"等等，就是上文第十八章"大道废，有仁义"等所要阐述的道理，也可以说就是指上文第十七章所说的"太上，下知有之"的理想社会。《吕氏春秋·任数篇》说"至智弃智，至仁忘仁"，《韩非子·诡使篇》说"圣智成群，造言作辞"，说法虽有不同，道理皆亦与此相通。唯有如此理解，才能明白下面经文第八十章为什么老子要主张"使民复结绳而用之"。

至于圣人之安民治国，在"绝圣弃智"之后，为什么能使"民利百倍"呢？这与上文所述"太上"之世的无为而治有关。明主能配应天地自然，不伐其功，不私其利，使人民耕织以时，自给自足，不慕荣名，生活安乐，其利益当然千百倍于"国家昏乱"的时代。

同样的道理，在上位者不特别标举"仁""义"，人民也就不会假仁假义，沽名钓誉；一切会顺乎自然，顺乎天性而为。父慈子孝，本来就是天性，顺其自然即可。所谓"父不父，子不子"，都是因为受了外在环境的影响。"仁"与"义"属于精神方面，是行为上的规范；"巧"与"利"属于物质方面，是生活上的需求。经文第五十七章说："民多利器，国家滋昏；人多伎巧，奇物滋起；法令滋彰，盗贼多有。"可以拿来与此对照。也由此可见此处所谓"巧"与"利"，正指伎巧、利器而言。在上位者愈重视新的技术器物，人民就愈易生盗贼之心。因此明主不可尚巧崇利，经文八十章所说的"使有什伯之器而不用""虽有舟舆，无所乘之；虽有甲兵，无所陈之"，都可作如是观。有无相生，利弊也是相生的。可能只有回到那"结绳无文"的"太上"之世，绝圣弃智，绝仁弃义，绝巧弃利，一切顺乎自然，清静无为，才可以泯去一切的是是非非。

第二段紧接上文，说以上的三组言论，都可供执政者参考，借古以鉴今。上面所说的三个事项，并不是说要人彻头彻尾反对"圣""智""仁""义""巧""利"等等，而是强调具备了这些聪明才智、德行技能之后，不能唯此是尚，而应该更求而上之，追求更真淳纯朴的境界。所谓"绝""弃"，是表示原来已有，只是要断而弃之而已。

"以为文不足"二句，是说明上述三个事项所欲阐释的道理，要真正体会并不容易，以之做为礼教文饰，来教育人民，也不易达到目的，所以，老子为了教人牢牢记住，心有归宿，因此又再将上述道理，归纳为下面的"见素抱朴""少私寡欲"两句话。近二三十年来，因为帛书本、楚简本《老子》的先后出土，帛书乙本和楚简本都将下一章首句"绝学无忧"，与此章抄录在一起，因此颇有些学者以为"绝学无忧"一句，当移系此章之末。第一段所分述者有三，加上"绝学无忧"这一句，也正与"见素抱朴""少私寡欲"二句并列为三，前后相对应，似乎很有道理。

另外，朱谦之《老子校释》说：《群书治要》卷三十四引"盗贼无有"下，即接"以为文不足，见素抱扑，少私寡欲"，无"此三者"与"故令有所属"八字，疑此为旁记之言，传写者误入正文。我也以为说得很有道理，故并录于此，供读者参考。

《论老子绝句》之十九：
　　少私寡欲自无疑，见素抱真亦足师。
　　三绝如何又三弃，历来解读最分歧。

第二十章

绝学无忧。唯之与阿,相去几何?善之与恶,相去何若?人之所畏,不可不畏。①

荒兮其未央哉!众人熙熙,如享太牢,如春登台;我独泊兮其未兆,如婴儿之未孩。傫傫兮若无所归,众人皆有余,而我独若遗。②

我愚人之心也哉!沌沌兮!俗人昭昭,我独昏昏;俗人察察,我独闷闷。澹兮其若海,飂兮若无止。众人皆有以,而我独顽似鄙。我独异于人,而贵食母。③

【校注】

①以上七句——首句"绝学无忧",颇有些学者以为当系于上章之末,以承应"绝圣弃智"。此说虽颇有道理,但王弼等本子,传世已久,"绝学无忧"一句与下文亦非无关系,故仍其旧。"唯之与阿""善之与恶"二句,楚简本、帛书本皆无"之"字。"阿"一作"呵",皆与"唯"对,有诃责之意。"唯"是敬答之辞,"呵"是怒斥之声。"不可不畏",帛书乙本作"亦不可以不畏人"。

②以上九句——"荒兮"帛书乙本作"望呵"。太牢,原指用活的全牛做成的祭品,一说指用牛猪羊三牲做成的美食。"我独泊兮其未兆","泊"字河上公本、傅奕本等,或作"怕""魄"。《说文解字》:"怕,无为也。"固可采。

"魄"亦与"泊"字声训通。未兆,没有迹象、没有预兆。"孩"一作"咳",小儿笑。儽,音"蕾",疲倦貌。

③以上十二句——"沌沌"等等,帛书本亦多用"湷湷"等等通假字。不赘举。"兮"字,帛书本多作"呵"。飂,音"聊",风强大的样子。有以,有作为。"顽似鄙",傅奕本作"顽且图",帛书乙本作"顽以鄙"。"顽似鄙"之"似",应为"且""以"形近之误。食母,乳母,指生养万物之"道"。

【直译】

摒弃所谓的学问,就没有烦恼。允诺之与诃责,相差究竟多少?美善之与丑恶,相差又像什么?人家所畏惧的,也不能不畏惧。

荒远啊还没有停息吧!大家熙熙攘攘,和和乐乐,如同享用太牢做成的美食,又如同春天登上楼台去眺望景色;我却独自漂泊不知向何处去,如同婴儿那样还不会欢笑。劳累啊像是没有归宿,大家都丰盛得有盈余,而我却独自像被遗弃了一样。

我是愚拙之人的想法吧!浑浑沌沌啊!世人明明白白,我却独自昏昏沉沉;世人仔仔细细,我却独自憨憨笨笨。深远啊它就像海洋辽阔,飘渺啊就像没有尽头。大家都有所作为,而我却独自顽固而且鄙陋。我独自不同于人家,只重视寻求道的滋养。

【新绎】

此章老子以自述的口吻,叙说"道"与"学"的不同,易言之,说明"圣人"与"众人""俗人"的不同。经文第四十八章说"为学日益,为道日损",可以说就是此章所要阐明的内容旨趣所在。有人说这一章写的是老子愤世嫉俗的牢骚话,似乎是把老子看小了。

首句"绝学无忧",重点在"学"。学是学习、仿效的意思。看到人家有长处,就要仿效他;遇见不懂的地方,就应该请教别人。

求学的目的，原来是为了充实学识，学习技能，但学识广大无边，技能层出不穷，任何人都永远学不完。因此，往往学得愈多，觉得困惑愈多。有人虽然学得不多，却自贤自满，因而常常惹是生非，那更是自寻烦恼。也因此，老子认为根本解决之道，在于"绝"学。断绝了学问之道，不问不学，就不会有烦恼了。此章最后两句是结语，说"我独异于人，而贵食母"，据王弼注："食母，生（民）之本也。"河上公注："食，用也。母，道也。"事实上，《韩非子·解老篇》早就说过："母者，道也。"又说："道者，万物之所然也，万理之所稽也。"可见此章最后仍然归结到"道"上。即用"圣人"之道，重视生民之本。中间的一二十句，分为若干组，用"人"与"我"的比较，来说明"学"与"道"之间的差别。

全文可分为三段：

第一段从"绝学无忧"说起。"学"是为了充实学识，学习技能，同时也为了能取人之长，舍己之短，因此不能不分辨是非，区别善恶。一般人，像孔子等儒家所讲的"学"，都是如此。但老子以为宇宙万物是相对待的，有无相生，正反相成，因此有是即有非，有善即有恶，一旦要明辨是非、区别善恶，也就违反自然，破坏了原有的自然之道。"唯之与阿""善之与恶"，都是相对的词语，"唯"是唯唯诺诺，遵命称是。"阿"是大声诃责，怒言相斥；有人说"阿"是阿谀，刻意讨好别人。可见无论如何解释，"唯"与"阿"毕竟是不同的。"唯之与阿"的"之"，作语气停顿之用，也可以说是"唯与阿之（际）"的倒文。"善"与"恶"对，不待赘言，但核对经文第二章"天下皆知美之为美，斯恶已"等句，可知老子所说的善包含了美，恶包含了丑，而且，一旦大家都知道"美之为美"，"美"的也就反而变成"恶"的了。此章所谓"相去几何"，正说明了允诺与诃责、美善与丑恶，是一体的两面。由此推衍，当然"人之所畏"，也就"不可不畏"了。也因此，老子以为学问愈好,愈肯学习,是非就愈多,困惑也就愈多。"知识增时只益疑",老子有感于此,所以他主张"绝学无忧"。不问不学,就没有困扰。

以下两大段,老子用近乎抒情嗟叹的口气,来说明"我""愚人",也就是他自己甘于淡泊清静,与"众人""俗人"之"人",大不相同。第二段的"如享太牢""如春登台",说的是众人;"独泊兮其未兆""如婴儿之未孩",说的是自己。"未央""熙熙""皆有余",说的是众人;"未兆""未孩""若无所归",说的是自己。第三段"我愚人之心"以下,承"我独若遗"而来。"我"与"众人"对,"愚人"与"俗人"对。"俗人"好学的结果,明辨是非善恶,所以"昭昭""察察","我"则浑沌不分,所以"昏昏""闷闷"。"众人皆有以"的"以",意思是"用",即作为、作用;也可以解为"因",即原因、动机。众人讲求学问,喜欢分辨什么有用无用,什么是因是果,也因此而熙熙攘攘,纷纷扰扰;"我"则不问不学,一切顺其自然,像"顽似鄙"的"愚人"一样,心"澹兮其若海,飂兮若无止"。这跟上文所说的"我独泊兮其未兆,如婴儿之未孩"等句,是前后相呼应的。

最后的两句,是总结上文。说自己"独异于人",异于"众人""俗人"。综观《老子》此章全文,所谓众人、俗人,自指一般人民或在下位者而言,而"我"则为守拙之"愚人",指"见素抱朴""绝学无忧"的"圣人"。这是老子理想中的以德化民的统治者。"贵食母",上文已经解说过,它即表示用"圣人"之"道";亦即重视"生民之本",一切顺应自然,清静无为。"食母",与上文的"如婴儿之未孩",也是前后相应的。像初生婴儿之食母乳,连咳笑都尚未知,那真是一片纯然天机啊!

《论老子绝句》之二十：
> 唯阿善恶去何如,道似浑沌实亦虚。
> 俗众昭昭我闷闷,春台盛祭正愁予。

第二十一章

孔德之容,唯道是从。道之为物,唯恍唯惚。①

惚兮恍兮,其中有象;恍兮惚兮,其中有物。窈兮冥兮,其中有精;其精甚真,其中有信。②

自古及今,其名不去,以阅众甫。吾何以知众甫之状哉?以此。③

【校注】

①以上四句——孔,大。容,动静之貌。"道之为物",帛书本无"为"字。"唯恍唯惚",帛书甲本作"唯望唯忽",帛书乙本作"唯望唯沕",傅奕本作"惟芒惟芴"。恍、望、芒、惚、沕、芴等,皆通假字。不赘述。

②以上八句——"兮"帛书本皆作"呵"。"其中有精","精"帛书本作"请",音近而讹。《管子·内业篇》:"精,气之极也。"《庄子·德充符篇》:"夫道,有情有信,无为无形,可传而不可受,可得而不可见。"精、情古通用。

③以上五句——"自古及今"帛书本等作"自今及古"。"阅众甫",帛书本作"顺众父"。甫,同"父",根源。"吾何以知"句,帛书本"状哉"作"然也",傅奕本则作:"奚以知众甫之然哉?"文义并无不同。

【直译】

大德的行动,遵从于道。道的模样,恍惚模糊。

虽然恍惚，其中却有形象；尽管缥缈，其中却有实体。幽微冥暗啊，其中却有精气；那精气极真实，清晰而可信。

从古代到今日，它的名义不曾消失，借以观照万物的源始。我用什么来推知万物源始的情状呢？就是根据于道。

【新绎】

此章旨在说明"道"与"德"的关系。经文第一章说"道"是不可言说的，能言说的就不是恒常之道。经文第十四章又说："道"是视之不见、听之不闻、搏之不得的"无物"之物，"无状之状，无物之象。是谓恍惚"。此章则在说明："道"虽然不能言说，恍恍惚惚，但恍惚之中，却有象有物，有精有信，可谓虚中有实。虚者是"道"，实者为"德"。"德"是"道"的功用。它的运行显现，完全依"道"而行。

全章分为三段：

第一段说明孔德唯道是从。孔，是"大"的意思。孔德，就是大德。"德"是外在行为的规范，"德"古字作"悳"，从"直"从"心"，而且贵在实践力行。大德有如德经之首第三十八章所说的"上德"，它完全依"道"而行，"得"事之宜。所以"德"可通"得"。《韩非子·解老篇》就说："德者，内也；得者，外也。"又说："德者，得身也。凡德者，以无为集，以无欲成，以不思安，以不用固。"所谓无为无欲、不思不用，都是"道"的表现，因此这里说"孔德之容，唯道是从"。"容"即容貌，指外在的动作行为而言。

"道之为物"，帛书本作"道之物"，有"为"字较佳。老子以为"道"生阴阳，这一阴一阳如经文第十四章所说："其上不皦，其下不昧。绳绳不可名，复归于无物。"这里所说的"无物"，不是说真的一无所有，它指的是恍惚模糊之中，其实有实体的存在，只是不能指称出来而已。它是无状之状、无象之象，无物之物。"道之物"指的，就是无物之物。这是静态的说法。"道之为物"，则是动态的说法。"道"生阴阳，阴阳配合才生德，有德才生万物。"为"字正说明"道"起作用、德合阴阳而生万物的过程。它不但和第二段的恍惚窈冥大有关系，和第三段的"以阅众甫"等句，也互相呼应。

第二段承"唯恍唯惚"，进一步说明"道之为物"，虚中有实。"惚兮恍兮""恍兮惚兮""窈兮冥兮"等等，是形容"道"在起作用时那种恍惚模糊的形状。它虽然视之不见、听之不闻、搏之不得，可是它实际上是有影像有实体存在的；它虽然极为微小，似有似无，可是它确实是有"精"有"信"的。"精"本来就指极微小的事物，《管子·内业篇》说："精，气之极也；精也者，气之精也。"所以有人释之为"精气"。精气本极微小，又与下文"众甫"的"甫"（即"父"）相应，可以说明阴阳配合之德，因此可以采信。另外有人根据《庄子·德充符篇》的"夫道，有情有信，无为无形，可传而不可受，可得而不可见"，认为庄子所说的"有信"等于此章下文的"其中有信"，因此庄子所说的"有情"就相当于这里所说的"有精"。情、精古代通用，情有"实"之意，用今天的话来说就是"情资"。"信"就是讯息，有讯息就有凭证。"精"和"信"一样，都是极细微而具体存在的事物。"唯恍唯惚"，它也就是上文所说的"孔德之容"。小中见大，虚中见实，反过来说，大中见小，实中见虚，也可以。

第三段说明如果能知道上述道理，即可推知一切万物的因由情状。经文第十四章说："执古之道，以御今之有。能知古始，是谓道纪。"与此章末段所言，如出一辙。都是说古今一理，可以"道"一以贯之。"自古及今"，一作"自今及古"，意义全同，不劳分辨。"以阅众甫"，就是"执古之道，以御今之有"。"众甫"帛书本作"众父","甫",有"始"的意思,古通"父"。父与母对,经文第一章说:"无,名天地之始;有,名万物之母。"众甫,呼应上文的精气信息,属于虚无的"无",即指"天地之始"。它与"万物之母"的"有",正好相对相成。经文第二十五章说:"有物混成,先天地生。寂兮寥兮,独立不改,周行而不殆,可以为天下母。"既然可以独立不改,周行不殆,当然也就可以观照顺应万物的各种情态了。

《论老子绝句》之二十一:
  孔德之容道是从,其中物象影重重。
  窈冥恍惚无边际,精信可能早已溶。

第二十二章

曲则全,枉则直;洼则盈,敝则新;少则得,多则惑。是以圣人抱一,为天下式。①

不自见,故明;不自是,故彰;不自伐,故有功;不自矜,故长。②

夫唯不争,故天下莫能与之争。古之所谓"曲则全"者,岂虚言哉?诚全而归之!③

【校注】

①以上八句——"枉则直",帛书甲本"直"作"定",帛书乙本及傅奕本作"正"。"是以圣人抱一,为天下式",帛书乙本"抱"作"执","式"作"牧"。抱一,守道。牧,法。式,法则。意皆可通。

②以上八句——帛书乙本作:"不自视,故章;不自见也,故明;不自伐,故有功;弗矜,故能长。"自见、自视,皆"自现"之意。字句虽异,旨意则同。

③以上五句——最后三句或系后人评语。"所谓'曲则全'者",非只指"曲则全"一句,而应包括"曲则全"以下六句。

【直译】

委屈反能保全,弯屈反能直伸;低凹才会充盈,破旧才会更新；减少才会获得，贪多反而迷惑。因此圣人抱持一个原则，作为天下的楷模。

不自我表现，所以称贤；不自我肯定，所以成名；不自我夸奖，所以有功；不自高自大，所以能领导众人。

就因为不竞争，所以天下没有人能与他竞争。古人的所谓"曲则全"等等的格言，难道是空话吗？确实做到周全，就会回归于道！

【新绎】

此章承接经文第二章美恶、有无等等相反相成的辩证方法，来说明"曲则全"等等的道理。第二章说的是长短相形、高下相倾；此章说的是"曲则全，枉则直"等等，一样是日常生活中度量衡的问题，但前者重在破除比较的观念，后者重在说明善用物极必反的道理。第二章的结论是："是以圣人处无为之事，行不言之教。"此章的结论则是："是以圣人抱一，以为天下式。"抱一就是守道，就是"不争"，也就是无为、不言。当然，这些跟经文第七章的"圣人后其身而身先，外其身而身存"，第八章的"上善若水""夫唯不争，故无尤"，第九章的"持而盈之，不如其已""功遂身退，天之道"等等，道理也都是前后呼应、互相契合的。既然强调这是"圣人"之事，也当然与治国安民有关。

全章可以分为三段：

第一段列举了三组六个各自有辩证关系的句子，每一句都关系着物极必反、相反相成的观念。"曲则全，枉则直"是一组。曲，是弯而不圆；全，这里是"周"的意思，是圆而周，是圆满。枉，是弯而不直；直，是不弯而正。有的版本"直"作"正"，正可互训。这一组说的是曲圆弯直的道理。老子以为宇宙万物都是相对相生、相反相成的，不圆的才会变圆，不直的才会变直，假使原来就是圆的、直的，就没有变圆变直的道理，反而可能变得不圆不直了。

同样的道理，老子以为"洼则盈，敝则新"，原来是低洼的、破旧的，才可能变得充盈和更新。经文第十五章说的"保此道者不欲盈，夫唯不盈，故能蔽不新成"，是一样的道理。"蔽"同"敝"，亦足见盈缺新敝是一组。第三组是"少则得，多则惑"，这也就是"满招损，谦受益"的意思。经文第五章的"多言数穷，不如守中"，第十九章说的"见素抱朴，少私寡欲"，皆当作如是观。

老子借以上三组六句的辩证，归纳出一个原则：万物变动不居，要"全"要"直"等等，必须守住"常道"。其实，"一"可说即道。"道可道，非常道。"这"常道"是难以言宣的，也是不可说死的。"曲则全，枉则直"等等，固然说明了曲而后全、枉而后直的道理，但得"全"得"直"之后，又当如何呢？第十六章说："知常曰明。不知常，妄作，凶。"为了教人知常，老子为此提出了下面第二段的一些主张。

第二段，从上文原则性的辩证中，落实到人间世的为人处世来。"圣人"教人要从上述的辩证，体会"曲则全"等等的道理，自己要先退守到"曲"的位置，才能"全"。易言之，自己必须谦虚退让，才能得全保泰。不自见、不自是、不自伐、不自矜，都是谦退的表现。你先须如此，别人才不会嫉妒你，陷害你。否则就是"不知常，妄作，凶"。第二章说"生而不有，为而不恃。功成而弗居。夫惟弗居，是以不去"，不也就是这样的道理？

第三段归纳上文，特别强调处世之道，在于"不争"。刚才说，人须明白谦退之道，才能曲而后全、枉而后直，但得"全"得"直"之后，又当如何呢？老子告诉大家，"圣人"教人"不争"。你还是要谦虚要退让，这样才又有得"全"得"直"的机会。不争，和无为、不言一样，都是老子学说中的重要主张。下面经文第六十六章的结语"以其不争，故天下莫能与之争"，第八十一章的结语"圣人之道，为而不争"，都再三的强调。

最后的三句话，有人说可能是误收后世读者的评注之语，这是合理的推断。揆其语气，实在不像《老子》一书的原文。假设是原文，那么"古之所谓'曲则全'者"云云，就是老子引述古语了。如果是引述古语，前面已多所论列，这里又何必加上"岂虚言哉"以下这两句话呢？因此，这是一个值得商榷的问题。

校后补记：《尚书·大禹谟》云："汝唯不矜，天下莫能与汝争能；汝唯不伐，天下莫能与汝争功。"这些话与本章所言"不自伐，故有功"等四句，意义全同。视之为老子演绎《尚书》之言以为教训，并无不可。如此则末三句亦可视之为皆引古人之语了。

《论老子绝句》之二十二：
  不自矜持更守中，圣人抱一识穷通。
  曲全枉直能勘破，何翅快哉万里风。

第二十三章

希言,自然。故飘风不终朝,骤雨不终日。孰为此者?天地。天地尚不能久,而况于人乎?①

故从事于道者,道者同于道,德者同于德,失者同于失。同于道者,道亦乐得之;同于德者,德亦乐得之;同于失者,失亦乐得之。②

信不足焉,有不信焉。③

【校注】

①以上八句——傅奕本"希"作"稀"。帛书本无"故"字,"骤"作"暴"。"孰为此者"以下四句,帛书乙本作:"孰为此?天地而弗能久,又兄(况)于人乎?"其中"天地而弗能久",或可断为"天地。而弗能久"。字句虽异,文义则皆可通。

②以上十句——各种传本字句颇有歧异。帛书本作:"故从事而道者同于道,德者同于德,失者同于失。同于德者,道亦德之;同于失者,道亦失之。"傅奕本"德"皆作"得"。高亨则以为"失"者皆为"天"之讹字。

③以上二句——已见第十七章,帛书本亦无此二句,故颇有人疑为错简。以上问题,新绎中皆有说解。

【直译】

谨慎言谈，才顺乎自然。所以狂风不会刮整个早晨，暴雨不会下一整日。谁造成这种情况的？是天地。天地都还不能长久，更何况是在人间世呢？

所以寻求道的人要与道合一，寻求德的人要与德合一，失道与德的人与失合一。归同于道的，道也乐于配合他；归同于德的，德也乐于配合他；与失合一的人，道也抛弃他。

（君王）诚信不够的话，（人民）就会有不信任的啊！

【新绎】

上一章说"道"是"不争"，这一章说"道"是"自然"。这里所说的"自然"，不是指自然界，而是指自然而然的"自然"。经文第二十五章说："人法地，地法天，天法道，道法自然。"可见"自然"从字面上看起来，是比天道还要崇高的法则。就因为在一般读者心目中，"自然"似乎比"道"的地位还高，所以有些人在解释它时，说得"玄之又玄"。其实，"自然"就是"本自如此"，自然而然。它仍就自然界的现象取法而来。它其实就是道的本身，《荀子·劝学篇》说："施薪若一，火就燥也；平地若一，水就湿也。草木畴生，禽兽群居，物各从其类也。"火往干燥的地方烧，水往低湿的地方流，草木禽兽，各从其类，就是自然。这与《易经·乾卦·文言》所谓"同声相应，同气相求"，说法正契若针芥。能够体会这种道理的，就叫得道。《庄子·让王篇》说："古之得道者，穷亦乐，通亦乐。所乐非穷通也。道得于此，则穷通为寒暑风雨之序矣。"庄子所说的穷通，也正可与此章所说的"道""德（得）""失"三者相对照。有人以为"失"不宜与"道""德"并举，但《老子》经文第三十八章，即德经首章有云："故失道而后德，失德而后仁，失仁而后义，失义而后礼。"

可见老子所说的"失",是失中有得的,得失二者,相生相成。因此,"失"与"道""德"之有无,可以并举。得之于内的,叫作"道";得之于外的,叫作"德"。"德"是"道"的外在表现,有行为可以指称,例如仁义礼信等等,所以"德""得"古代可以互通。此章从"希言,自然"说起,说到道德得失之道,和第十七章所说的"悠兮其贵言。功成事遂,百姓皆谓我自然",可谓前后呼应,互可参证。

全章分为三段:

第一段重点在"希言,自然"。"希言,自然",不是说很少谈到自然,而是说要慎重言谈,才合乎自然之道。河上公注云:"希言者,谓爱言也。"这和经文第十七章所说的"贵言"意思一样,都是说要爱惜、慎重言谈。这里的"希言",不是说绝不可说,而是说话要少说,不只是要自己少说,而且也要少听别人的"多言"。经文第五章说"多言数穷",第十四章说"听之不闻,名曰希",都包含了这两层意思。多言多败,多事多患,因此老子以为言谈不能不慎重,评论是非优劣尤其不可轻忽。所以他举"飘风不终朝,骤雨不终日"来做比喻。飘风就是旋风,俗称龙卷风,它和暴疾的骤雨一样,都非风雨的常态,因此都不能持久。寒暑风雨,都是天地阴阳酝酿而生,飘风骤雨虽是其中一种失序的现象,不是常态,但毕竟还是秉承天地阴阳二气而生。老子就以此失序的现象,来说明连天地之间的一些特殊现象,都不能长久,更何况是人事上变化无常的问题呢!《列子·说符篇》说"飘风暴雨不终朝,日中不须臾",寓意正同。

这里说的"天地尚不能久"一句,和第七章的"天长地久"似乎互相矛盾,可能会使有些读者感到困惑。事实上,这里的"天地"所指的,是指上文天地之间所产生的飘风骤雨等等特殊现象。经文第五章又说:"天地不仁,以万物为刍狗;圣人不仁,以百姓为刍狗。"当天地失常失序时，会起旋风下暴雨，同样的，当"圣人"治国安民时，也难免有时候会失常失序，有违"常道"，因而有的人就失道而只能讲德，甚至失道失德而只能讲仁义礼信等等了。

第二段是承接上文，对"道""德（得）""失"三者，做进一步的比较和说明。"圣人"教人追求自然之道，有的人得之于心，"无为"而"不言"，这自然契合于"道"；有的人行之于外，功成事遂，所得有德，这自然契合于"德"；有的人则达不到"道"或"德"的境界，只能在求仁行义、守礼益智等等方面努力，所以称之为"失"。这里的"失"，与"得"相对而言，只是说达不到"道""德"的境界，而不是说一定是"非"道"非"德之人，或穷凶极恶之辈。也因此，文中的"失者同于失""同于失者，失亦乐得之"都讲得通，可谓文从而字顺。有人认为"失者"怎么可以"乐得之"？又可能觉得此段文字冗复，所以臆断删改者，不乏其人。其实都大可不必。

高亨说"失"当作"天"，形近而讹，还说老、庄特重"道""德""天"三字，故此文并举之，并引《庄子·天下篇》"以天为宗，以德为本，以道为门，兆于变化，谓之圣人"以为佐证。其说虽似有理，但《老子》此章的"失"与"得"相对，本来就讲得通，似不必多此一举。

第三段的两句话，与第十七章重出，有人疑为错简。事实上，《老子》一书，重出复见的语句不少，说是错简当然有可能，但也可以解释为：这是作者有意的安排，故意重出，使之前后呼应，以期更能增进阅读的效果。

至于这两句话的意思，说已见前，兹不赘述。但它说明治国安民、道德仁义的道理，和开头所说的"希言，自然"，都从谨言诚信着眼，则可一脉相通，殆无可疑。

《论老子绝句》之二十三：
　　　飘风骤雨不长久，大道希言顺自然。
　　　修德通真无闪失，同参天地效先贤。

第二十四章

企者不立,跨者不行。①

自见者不明,自是者不彰,自伐者无功,自矜者不长。②

其在道也,曰余食赘行。物或恶之,故有道者不处。③

【校注】

①以上二句——"企"河上公本作"跂",二字古通用,皆"举踵"之意,即跷起脚后跟。帛书本"企"作"炊",不知何义,或释为"吹嘘",未必是。"立"唐景龙本作"久"。跨,张开大腿超越前进。帛书本并无"跨者不行"句。

②以上四句——帛书本"自是者不彰"句在"自见者不明"句前。唐景龙本、御注本四句皆无"者"字。

③以上四句——余食,残羹剩饭。"赘行"之"行",通"形",指多余之肉瘤。《庄子·骈拇篇》云:"附赘悬疣,出乎形哉,而侈于性。""故有道者不处"帛书本作"故有欲者弗居"。"处""居"义同。

又,此章帛书本列于第二十一章"孔德之容"之后,在"曲则全"一章之前。

【直译】

跷起脚跟的站不稳,大跨步前进的走不顺。

自我表现的人不聪明，自我肯定的人不著名，自我夸耀的人没功劳，抬高自我的领导不了众人。

他们对于道来说啊，都可说是剩饭赘瘤。人人都讨厌他们，因此得道者不这么做。

【新绎】

此章帛书本列于王弼本第二十一章之后、第二十二章之前，主要的原因应该与文中有"自见者不明"等四句彼此旨趣相同有关。《老子》一书中重出复见的语句不少，多散见各章之中，后人为了解析老子学说，将其旨趣相同者连系在一起，自有其道理，却不必引以为据。

经文第十七章结语说："悠兮其贵言。功成事遂，百姓皆谓我自然。"贵言，就是上章所说的"希言，自然"，而功成事遂，亦即暗示"功成"之后必须"身退"，如此才能"功成而弗居。夫惟弗居，是以不去"，这也就是本章所要阐述的道理。

全章可分三段：

第一段就近取譬，说明违反自然常道的，就不能长久。跂起脚后跟来瞻望，不是常态，所以跂立时不能持久；张开双腿来跨越前进，也不是常态，所以迈步时也不能持久。对照经文第十三章等等，这两句也可能是老子引用既有的古语来开端说法，说明争强好胜，过犹不及，都违反自然的法则。上一章说"希言"，是告诫多言必失；这一章就跂立跨越不能持久，是告诫多事必败。

第二段四句所言，与第二十二章的第二段旨趣完全相同，但一从正面说，一从反面说。虽然都是概括性的说理，但显而易见，说的都已是学问人事上的是非得失。"明""彰"都是明显、显著的意思，大致指才智学识而言；"功""长"都是讲长治久安，大致指功名利禄、荣华富贵而言。经文第九章说过："金玉满室，莫之能守；富贵而骄，自遗其咎。"老子以为只有"不争"，才能"无尤"；只有"生而不有，为而不恃，功成而弗居"，才能持盈保泰。所以第九章的结语才说："功遂身退，天之道。"因此自我标榜的人容易引起别人的反感，而身受其殃。第三段即承此而来。

第三段讲的"道"，当然是天之道，自然之道。上文说天之道，在于"功遂身退"。一个人功成名遂之后，如果自己居功，不肯急流勇退，继续争强好胜，别人就会反感，就会嫉妒陷害，甚至鬼神都会厌恶他。唐诗"高明逼神恶"，意即在此。所以老子劝人要"不争"，"夫唯不争，故无尤"。在老子看来，富贵功名就好像吃不完的剩饭残羹，多出来的骈枝赘疣，得道之人都知道那是多余的累赘，弃之不可惜。

最后一句"故有道者不处"，是说得道之人，不会处于上文所谓"自见""自是""自伐""自矜"的那四种境地，所以他不会招尤遭殃。此句帛书本作"故有欲者弗居"，"处""居"义同不说，但"有欲者"则与"有道者"意义相反，揆之全文，当以传本为正。有人以为此"有欲者"之"欲"，可读为"裕"，据扬雄《方言》云："裕，道也。"则"有欲者"与"有道者"意亦可通。

其实"有欲者弗居"照字面讲，也是讲得通的。有欲者虽然不是得道之人，但他也知道不可处于"物或恶之"的"余食赘行"之中，换句话说，他也懂得上述过犹不及等等的道理。"有无相生"，真正得道的人，知道"有"中有"无"，"无"中有"有"，不会偏执一方的。

《论老子绝句》之二十四：
　　跨者不行跂者偏，赘形余食尽前愆。
　　自矜自是自遗患，莫怪他人相弃捐。

第二十五章

有物混成，先天地生。寂兮寥兮，独立不改，周行而不殆，可以为天下母。①

吾不知其名，字之曰道。强为之名曰大。大曰逝，逝曰远，远曰反。故道大，天大，地大，王亦大。②

域中有四大，而王居其一焉。人法地，地法天，天法道，道法自然。③

【校注】

①以上六句——"寂兮寥兮"，楚简本作"敚繆"，敚，"夺"之古字；繆，同"穆"。二字或作"芴穆"。庄子以"芴穆"作"无形"解，与"混成""寂寥"同义。帛书甲本作"绣呵缪呵"，乙本作"萧呵漻呵"。"兮""呵"古音相近。"周行而不殆"，楚简本、帛书本俱无此句。"周"有二义，一是周全，二是循环。周全与上文"独"对，循环与下文"反"应。"可以为天下母"，"天下"帛书本等作"天地"，似可取。

②以上十句——"逝"帛书乙本作"筮"。筮，逝也。音近而讹，下同。"反"一作"返"，呼应上文"周行"。"王亦大"，"王"傅奕本、范应元本作"人"。"道大"等句，楚简本作："天大，地大，道大，王亦大"，次序不同。

③以上六句——首句楚简本作"国中有四大焉"。"域"帛书本亦作"国"。"域""国"二字古通。

【直译】

有物浑然一体，先在天地之前产生。寂静寥阔，独自存在而不变更，循环运行而不歇停，可以当作生育天地万物的母亲。

我不知道它的名号，称呼它小名叫作"道"。后来勉强为它取名叫作"大"。"大"就是一往无际，"逝"就是遥不可及，"远"就是循环不已。所以道大，天大，地大，王也大。

宇宙间有四大，而王占了其中之一。人效法地，地效法天，天效法道，道效法自然的原貌。

【新绎】

经文第一章说："无，名天地之始；有，名万物之母。"这一章就此发挥，说明"道法自然"的道理。

全章分为三段：

第一段说明"道"先天地而生，所谓"天地之始"。起先它浑沌一片，视之不见，听之不闻，搏之不得，所以说它"混成""寂兮寥兮"。"寂兮寥兮"，帛书甲本作"绣呵缪呵"，帛书乙本作"萧呵漻呵"，当皆古音相近而讹。楚简本作"敚缪"，亦似"芴穆"一音之转。《庄子·天下篇》云："芴穆无形，变化无常。"则"芴穆"者，盖亦形容混然一体之物，无具体固定之形状也可知。这是从"无"的一面来说的。"混"有大、浊的含义，而"寂"者静而无声，"寥"者动而无形，都是用来说明"道"之为物，可有可无，可静可动，不可测量。它既可独立存在，也可周行不殆。"不改"是说它可以恒常不变，"不殆"是说它可以周而复始，生生不已。天地万物都因之而生，所以可以称之为"万物之母"。"天下母"的"天下"，包括天地万物。帛书本"天下"作"天地"，正是此意。这是从"有"的一面来说的。

第二段也和经文第一章的"名可名，非常名"有关。上述的"有物混成"，可以字之为"道"，亦可名之为"大"，甚至也可称之为"逝""远""反"。"大"当然是广大无边；"逝"是往，一去无踪迹；"远"是遥不可及；"反"同"返"，不但有返回之义，而且也有循环不已的意思。这些都和"道"有相通之处。"道"既可指人生该走的路，也可指人生该遵循的法则。这就是所谓"非常名"。名义是很难固定的，很难一成不变。古代婴孩出生三月，先字后名，用以表德尊称，把这浑沌之初称为"道"或"大"等等，也只是用以表德尊称而已，并没有固定的名义。因此，结语才会又提出"自然"一词。"无，名天地之始；有，名万物之母"，本来就可以断句为："无名，天地之始；有名，万物之母。""大""逝""远""反"等等，有了名义之后，名义虽有不同，道理却可相通。它们都是"道"的一偏。同样的，"天""地""王"，古人所谓"三才"，名义虽有不同，也都是"道"的一偏。它们都可通于"道"。"道"可"有"可"无"，亦可大可小。只要得"道"，那么既可"独立不改"，亦可"周行而不殆"。《老子》一书中，很多章节都在阐释"圣人"之道。"圣人"是人中之圣，亦即人中之王，他可以参天地而化万物。天可覆盖万物，地可承载万物，人中之王亦可化育万物，所以并立为三，都通于"道"。也因此，"道大，天大，地大，王亦大"。次序不同，没有关系，反正都大，都合乎道。"王亦大"一作"人亦大"。作"人"作"王"都没关系，反正这里指的都是人中之王，亦即老子常常提到的"圣人"。

第三段归结上文，先呼应第二段，说圣人，即人中之王，和天、地、"道"一样重要。因为有他来领导百姓，统治人民，化育万物，才可配天地而参造化。如果没有他，天地失序，"道"亦失常，都起不了作用。因此说他是宇宙之间的四大之一。然后归结到第一段的"独立不改，周行而不殆，可以为天下母"。这里主词是"人",即圣人,人中之王。他必须效法地的承载、天的覆盖、"道"的自然,这样才可以真正的"治国安民"。"国"是"范围"的意思,小可指乡里,大可指宇宙,所以"域中有四大"的"域",有的传本作"国"。同样的,"民"也不止指人民,它也可泛指万物。

"道法自然"的"自然",当然不是光指今天所谓自然界的"自然"。这里的"自"指自己,"然"是"如此",指样貌而言。所以老子的所谓"自然",是说自然而然,顺乎天地而应乎人,与"道"并行。火就燥,水就湿,固然是自然界的现象,但老子所取者不在火与水,而在于其自然而然、不得不然的趋势。也因此,在老子的学说里,"自然而然、不得不然"等于"道",甚至其作用被一般人认为还在"非常道"的"道"之上。

《论老子绝句》之二十五:
  域中四大人其一,法地法天法自然。
  大道从来知逝返,周行不殆任方圆。

第二十六章

重为轻根,静为躁君。①

是以圣人终日行,不离辎重;虽有荣观,燕处超然。②

奈何万乘之主,而以身轻天下?轻则失本,躁则失君。③

【校注】

①以上二句——此二句或为老子引述之古语。"轻",《说文解字》:"轻,轻车也。"则"重"当为重车。"静为躁君"的"君",皇侃《论语义疏》引作"本"。傅奕本"静"作"靖",帛书乙本"躁"作"趮",皆音近而讹。

②以上四句——"圣人"帛书本等作"君子"。终日行,犹言长途行旅。辎重,古代行旅队伍后面的厢车,遮以帷幕,藏放着器械粮草等等后勤物资。"荣观"帛书本作"环官",或作"荣馆",皆指荣华享受而言。"超然"帛书本作"昭若"。超、昭音同,然、若义同,但"然"可与"观"字押韵。

③以上四句——"奈何"帛书本作"若何",傅奕本作"如之何"。"失本"河上公本作"失臣",《永乐大典》本则作"失根"。本、根二字义同,臣、君二字相对。

【直译】

稳重是轻浮的根本,沉静是躁动的主宰。

所以圣人整天的长征远行,不能离开辎重后勤的供应;虽然有华丽的宫观可供游赏,却安然自处,超然不为所动。

为什么万乘之国的君王，却因为自身而忽略天下百姓？轻忽就会失去根本，躁动就会丧失主宰。

【新绎】

《老子》一书所说，多为原则性的理论，言简而意赅，因此读者体会各有不同。有的从物理上去阐发，有的从人事上去申论。像这一章，有人就以为与征战之事有关。开头"重为轻根"二句，王弼从物理上去阐发，注解的是："凡物，轻不能载重，小不能镇大。不行者使行，不动者制动。"河上公从人事上去申论，注解的是："人君不重则不尊，治身不重则失神。"而另外有人则根据《说文解字》的"轻，轻车也"，来推论此"轻"应为轻车，"重"应为重车。如此解释，下文的"辎重""万乘之主"等句，也就前后有了呼应，都与战事有关了。各有各的体会，也各有各的道理。

全文可以分为三段：

第一段，"重为轻根，静为躁君"二句，似是老子引用既有的成语，来比较重与轻、静与躁何者重要。在此之前，老子已经对美丑、善恶、有无、难易、长短、高下、音声、前后以及宠辱、曲全、枉直、敝新、多少等等相对性的概念，有所破解，说明它们看似相对相反而实相生相成。依此说法类推，那么此章的轻重、静躁，也应该重在说明相反相成才对，但老子在这里却不同以往，反而有所轩轾，做了主从优劣的比较。看起来，老子的说法似乎是前后矛盾的。这是一个值得讨论的问题。

笔者以为，如果能分别从物理和人事两方面来看，或许可以讲得通。从物理上看，轻重、静躁和美丑、善恶等等，都是互相比较然后才产生的观念，就物之理言，物体本身本来是无所谓轻重、静躁等等不同的；但从人事上看，一落实到现实的人生中，这些本来相对相反的概念，一回到事物的本体，仍然会随人的不同，而各有不同的价值判断。例如从物理上讲，五色五音五味等等，各有各的特色滋味，不必强人所同，但一落实到实际生活来，则各人必然各有自己的嗜好。经文第一章说："常无，欲以观其妙；常有，欲以观其徼。"轻重、静躁和美丑、善恶等等，这些都是属于"有"的部分，是"可名""有名"的，所以是"非常道"，也因此需要破解。破解之后，才能认识"常道"。"常道"有"有"的一面，也有"无"的一面。老子以为"有"是从"无"中产生的，所谓"无中生有"，因此"无"为"有"之本，"自然"为"道"之本。就因为有此体察，所以老子主张"无为""无欲""无私"，"不争""不盈"。懂得这个道理，也才了解老子为什么要标举"重为轻根，静为躁君"这两句话。

从"轻"字从"车"旁、本义为"轻车"来看，把"重为轻根"二句解释为：出征行列中，重车是轻车的根本，是非常贴切的。辎重是指有帷幕遮蔽的厢车，放置器械粮食等等贵重物品，所以叫重车。古代军队轻骑在前，辎重在后；将士兵马排成行列，每辆战车，车上三人，带领七十二步卒在前方攻防，而运送器械粮草的重车则押在后面，这是常制。没有后面的重车载运器械粮草做为后勤，前方的将士是难以为继的。即使是一般商旅结队成行，通常也是辎重在后。因此说"重为轻根"。"静"同"重"，指后面的重车，即后文所谓"辎重"；"躁"同"轻"，指前方的轻车，即轻骑或奔驰作战的士兵，他们行动往往失之轻忽急躁。"君"，即君主、主宰，和上句的"根"同义。

以上是从"轻"即"轻车"的本义来说的，如果不囿于征战之事，而从人事修为上去讲，那么扬雄《法言·修身篇》所说的一段话，颇可与此章互参。他说一个修身重德的人："重言、重行、重貌、重好。言重则有法，行重则有德，貌重则有威，好重则有观。"意思是说重视言论、行为、外貌、风度的人，就会有法度、品德、威严、神采。此章所谓"重""静""荣观""超然",似乎都与此有关。《韩非子·解老篇》也说:"众人之用神也躁,躁则多费。多费之谓侈。圣人之用神也静,静则少费。"从这些例子看,"重为轻根"这两句话,原来是有立论背景的:人有"圣人"和"众人"的不同,圣人"重""静",他守后持重,以静制动,而众人则"轻""躁",他们轻身躁进,听命行事。下文即从"圣人"的观点来申论。

第二段举例来正面说明圣人必然知道"重为轻根"这两句话的道理。有的传本,像帛书本等,"圣人"都作"君子",《韩非子·喻老篇》也引作"君子",因此有人以为当以"君子"为是。事实上,老子的所谓"圣人",既可同于"君子",亦可等同下文的"万乘之主",并不互相牴触。有地位有品德的"君子",可以治国、可以全身的"万乘之主",都不妨其成为"圣人"。

"终日行",是说长途跋涉。"终日"借其时间之长来说明其路途之远。就因为路途遥远,所以才需要有辎重厢车在后。古代不但征战如此,商旅结伴而行,雇请保镖者,亦复如是。重要的物品或所要保护的主人,通常就藏在后面的重车内。因此,需要终日行者,"不离辎重"。

"虽有荣观"二句,主词仍是"圣人"。"圣人"能够把握重点,以静制动,因此即使有"荣观"或宴饮之乐,他也不会迷惑。"荣观",一作"环官"或"荣馆","燕处"有人解为宴居之乐,指的不外荣华富贵之类的享受或诱惑。经文第二十章说的"众人熙熙,如享太牢,如春登台",就是指此而言。对于"圣人"来说,这些居室宴饮之乐,都不能打动他,引诱他,因为他超然物外,懂得如何自处。他是聪明无比的,所以才被称为"圣人"。

第三段从反面来说明聪明的万乘之主,不会因"轻""躁"而失本误国。"奈何",一作"若何"或"如之何",意义相同,但口气不一样。有人以为"奈何"是评注的口气,可能是后人所窜入。这个推测有其道理,却不一定可以为据。"万乘之主",是拥有一万辆兵车的国家,这在古代,已是大国。这种大国的君王,当然要懂得如何修德全身,保全自己的性命,也要懂得如何治国安民,不可因一己而误天下。换句话说,要知道把握重点,以静制动,否则,轻忽不稳重,急躁不沉静,就会失去做人的根本,也会失去主宰国家的权力。

《论老子绝句》之二十六:
  不离辎重须终日,燕处尊荣能几时。
  万乘以身轻社稷,常因静躁易根基。

第二十七章

善行,无辙迹;善言,无瑕谪;善数,不用筹策;善闭,无关楗而不可开;善结,无绳约而不可解。①

是以圣人常善救人,故无弃人;常善救物,故无弃物,是谓袭明。②

故善人者,不善人之师;不善人者,善人之资。不贵其师,不爱其资,虽智大迷,是谓要妙。③

【校注】

①以上十句——帛书本于"善行""善言""善数""善闭""善结"下,皆有"者"字,"不可开""不可解"下,皆有"也"字。辙,车印。迹,一作"迹",马或人的足印。瑕谪,瑕疵、指责。筹、策,都是古人计数时常用的竹制或木制的器具。关楗,闩门的横木和直木。约,束、结。

②以上五句——帛书本"常"作"恒","袭"作"曳"或"愧",古音同,皆有"习"义。傅奕本"无弃人"上有"人"字,"无弃物"上有"物"字。袭,因循。知常曰明。袭明,就是遵循常道。

③以上八句——"不善人之师"帛书乙本无"不"字,义亦可通。"资"帛书甲本作"赍"。末二句,帛书乙本作"虽知乎大迷,是胃眇要"。甲本"虽"作"唯","迷"作"眯",字多音近而讹。要妙,指大道、至道。

【直译】

善于行走的,没有车辙或足迹;善于言论的,没有瑕疵或指责;善于计算的,不用筹码或计策;善于关门的,不用门闩却无法打开;善于捆绑的,没有绳结却不能松解。

所以圣人善于挽救别人,从不遗弃人;善于物尽其用,也因此没有废弃不用的物品,这就是所谓遵循常道的"袭明"。

因此"善人"这种人,是"不善人"的模范;"不善人"这种人,是"善人"的借鉴。不重视那模范,不珍惜那借鉴,即使是智者也会非常迷惑,这是最奥妙的道理。

【新绎】

这一章旨在说明为人处事要了解事情的重点,把握事情的关键,不但承接上一章"重为轻根,静为躁君"所说的道理,和经文第八章所说的"上善若水"等等,也遥相呼应。

全文可分为三段:

第一段先举"善行""善言""善数""善闭""善结"这五种事例,来说明所谓"圣人"者如何善于为人处事,来做为下段立论的基础。"善行"者常以车马代步,可是他的车马奔驰过处,没有辙迹可寻;"善言"者常常发表言论,可是他的意见完美如玉,没有瑕疵可议;"善数"者工于心计,计算数量多寡时,不必用到筹码算盘之类的工具,就了然于胸;"善闭"者他一旦关了门,就再也找不到门闩之所在,无法再打开;"善结"者他一旦打了结,就再也找不到绳结之所在,无法再解开了。也就是说,一切言行作为,原来都是"有"迹可寻的,可是所谓"善"者,却可以由"有"而"无",由"有"形而变成"无"形,由"有"言而变成"无"言,由"有"为而变成"无"为。经文第二章说"圣人处无为之事,行不言之教",所谓"无为",其实是"有为",只是看似"无为"而已。所谓"不言"者,亦非不言,只是已言而似无言而已。这就是老子的所谓"善"。作为动词的"善",这里译解为"善于",是不得已的作法。"善于"一词,其实还是有迹可寻的,是落实的,是有意的,与老子"常道"所主张的虚静无为,终隔一"尘"。不过,老子所说的"常道",本来就可会之于心,而难宣之于言,所以这里也只能译解为"善于"了。经文第一章早就开宗明义说过:"名可名,非常名。"

第二段点出上文所举的五个事例,是"圣人"之事。《老子》一书常以"古之圣人"来教导今之君子,所以这里的"圣人",只是示范的作用,不必论定是古是今。所谓"袭明",其实也就是这个意思。圣人常救人救物,而无弃人弃物,符合由"有"而"无"的常道,所以称之为"善"。"善救人""善救物"的"善",如上所述,固然有"善于"之意,但实际上它更贴近于自然而然的原善。也因此,下文的"善人者""不善人者",所指并非一般所谓好人或坏人,它是有"善于"了解重点、把握关键的意义在内。

第三段归结说明"善"就是"要妙"。"要妙"即幽渺,高远难测之意。一般所谓"智"者,都知道要扬善弃恶,学习善的好的,消除恶的坏的,可是,老子告诉大家"袭明"所要遵循的常道,却是有"救"而无"弃"。对于"善人",固然要以之为模范;对于"不善人",却也要以之为借鉴。前者可供学习,后者可为警惕,所以都一样值得重视和珍惜。能够了解这一点,对于经文第二章所说的"万物作焉而不辞,生而不有,为而不恃"和第八章所说的"居善地,心善渊,与善人,言善信,政善治,事善能,动善时",也才更能进一步体会它们内在的含义。

《论老子绝句》之二十七：
    若道善行无辙迹，圣人何以圣人名。
    若言不善堪资取，善救因何称袭明？

第二十八章

知其雄,守其雌,为天下蹊。为天下蹊,常德不离,复归于婴儿。①

知其白,守其黑,为天下式。为天下式,常德不忒,复归于无极。②

知其荣,守其辱,为天下谷。为天下谷,常德乃足,复归于朴。③

朴散为器,圣人用为官长,故大制不割。④

【校注】

①以上六句——"蹊"帛书本作"谿"或"溪",音同义通。"常"帛书本作"恒"。

②以上六句——前人多疑此六句为后人窜入之语,恐非《老子》原文。式,法则、楷模。忒,差错、违失。

③以上六句——"荣"帛书乙本作"白"。此六句帛书本在"知其白,……复归于无极"六句之前。辱,有"黑"义,与"白"相对。朴,原木。"朴"一作"璞",指未经切磋琢磨的玉石。

④以上三句——"用为官长"傅奕本作"用之则为官长",义似较长。《说文解字》释"守"为"官",可见"官长"应与上文"守其雌"之"守"义近。"不割"帛书本等作"无割"。

【直译】

知道它的刚强，保留它的柔弱，愿做天下溪流源头。愿做天下溪流源头，恒常的大德不会离开，复归于纯真婴儿的状态。

知道它的洁白，保留它的污浊，愿做天下的楷模。愿做天下的楷模，恒常的大德永不失去，复归于无尽的真理。

知道它的荣耀，保留它的羞辱，愿做天下渊谷。愿做天下渊谷，恒常的大德就永远充足，复归于自然的质朴。

原始木石切割成为器物，圣人利用它们成为众人的领袖，所以完美的体制浑然如一。

【新绎】

《老子》一书，常借相对待的事物来说明道理。这一章所说的雄与雌、白与黑、荣与辱，都是相对待的词语和观念。一般人讲《老子》，往往说老子主张守雌、守黑、守辱，却忽略了老子原来是兼取两端的。严复说："今之用《老》者，只知有后一句，不知其命脉在前一句也。"这是说老子以为知雄与守雌、知白与守黑、知荣与守辱，都是相生互补的，不可偏执一端。经文第四十二章就说："万物负阴而抱阳，冲气以为和。"只有阴阳二气合和生成，才是恒常之道。

全章分为四段：

第一段以雌雄为喻。雌雄原指自然界动物的性别，这里借以形容阴柔与阳刚两种不同的现象。推而衍之，说是比喻尊卑、先后、动静等等的不同，也可以。"知"是了解，"守"《说文解字》说是即"官"的意思，有保留、确守之义。"守"以"知"为前提，必须对情况有所"知"之后，才知道是否保留或放弃，该不该"守"。因此，"守"是具体的行为表现，比较为人所知，为人所注意。经文第六十一章说"牝常以静胜牡"，第七十八章也说"天下莫柔弱于水，而攻坚强者，莫之能胜"，老子观察自然界的现象，以为雌性以静制动，以柔克刚，胜过雄性，所以在第七十八章中又说弱可胜强，柔可胜刚。或许因为如此，所以不少人认为老子只讲守雌守柔的一面。这当然是误解，老子是主张兼取两端的。这一章老子告诉大家，能"知"能"守"，才合乎常德。常德是常道的具体表现，能够不离不弃的人，才能"处众人之所恶"，才能"专气致柔，能婴儿"，"如婴儿之未孩"。

"为天下蹊"和下文的"为天下谷"，都是说明能"知"能"守""常德不离"的状况。蹊，一作"谿"或"溪"，都从"奚"，有"小"的意思。江河海洋的源头，水细路窄，可是它却是沾溉天下万物的起始。经文第八章说"上善若水，水善利万物而不争"，此正以水为喻。此"蹊"字说它的源头，经文第六章的"谷"字，说它的源头深处。第六章说："谷神不死，是谓玄牝。玄牝之门，是谓天地根。"这跟本章所要阐释的道理，盖可互相印证。

第二段以黑白为喻，历来学者不少人怀疑其中有后人窜入之语。易顺鼎的《读老札记》、马叙伦的《老子校诂》、高亨的《老子正诂》等等，都有同样的看法。最主要的理由是：一、《庄子·天下篇》和《淮南子·道应训》等等，引用此章文字，并无"守其黑，为天下式"等句；二、下文"守其辱"的"辱"，可作"黑""污"解，与"知其白"的"白"，正好相对，可合为一章。因此，连后面的"复归于无极"等句，有学者都认为系后人所伪造。这些推测颇有道理，但因为没有充分的证据，所以暂时录此备查。

第三段以荣辱为喻。"荣"帛书甲本作"曰"，乙本作"白"。"曰"应为"白"之讹。上文说过，"辱"可作"污""黑"解，正可与"白"对。而且帛书本的排列次序，此段六句在上文第二段六句之前。如此，第一段"为天下蹊"和第三段"为天下谷"，前后紧承，是比较合理的。即使第二段不是后人窜入之语，而为原书所固有，也还是比较文从字顺。

如果王弼本的字句顺序都没有讹误，也是讲得通的。经文第六章说：化育天地万物的根本，叫"玄牝之门"，而所谓"玄牝"，是"谷神不死"。"谷神不死"的深渊之中，"渊兮，似万物之宗"，它与上文的"婴儿"，下文的"朴"，都有"初""始"之意。"朴"一作"璞"，都是指树木和玉石的原材而言。它们在山谷溪涧之中受到水的滋润，水木玉石，无不清华天成。经文第十五章又说："古之善为士者"，"敦兮其若朴，旷兮其若谷，混兮其若浊"。"若朴"与下段应，"若谷"与此段应，"若浊"与上章应。谷是水停蓄之处，谿是水始流之地，江河海洋则是水的汇流归宿之所。水流有大有小，故有雄雌；水性有清有浊，故有白黑；水光有明有暗，故有荣辱。荣者，雄也，白也；辱者，雌也，黑也。二者相对，却不离不忒，合乎道，所以"常德乃足"。

第四段承"朴"而言，说明"大制不割""常德不离"的道理。不论是原木的"朴"或美石的"璞"，它们都是未经琢磨切割的原材，质地坚实美好，所以可以切割制成各种不同形状的器物。朴切之以为器具，璞琢之而成美玉，各有各的用途。一般人对于器用的了解，也只是如此而已。但老子以为"散为器"是可惜的，"大制"不宜分割。"大制"就是大的重要的形制，核对上文来说，就是要懂得"知其雄，守其雌""知其白，守其黑""知其荣，守其辱"三者的道理，这样才可以保持纯真，用之无限。这话什么意思呢？看"圣人用为官长"一句即可明白。以上所说本来就是在阐释圣人之道。圣人自然懂得这些归朴返真的道理，所以他不会把这些坚实美好的原材散为器用，他会"知其雄，守其雌"，把它们用到最完整最适合的地方。

《老子》一书在形式结构上，字句虽然参差不齐，但它们之间却常协韵，因而诵读时非常谐畅，予人行云流水之感。例如本章之内，雌、蹊、离、儿等字，原来是押韵的；黑、式、忒、极等字，辱、谷、足、朴等字，原来也都是押韵的。可惜古今音韵产生变化，很多现代人已经不懂这些字的古音了，所以也无从体会了。不只本章如此，其他各章也多如此，真是非常可惜。

《论老子绝句》之二十八：
　　守辱知荣天下谿，不离常德复孩提。
　　朴成玺印如官长，权比侯王岂等齐。

第二十九章

将欲取天下而为之，吾见其不得已。天下神器，不可为也。为者败之，执者失之。①

故物或行或随，或歔或吹，或强或羸，或挫或隳。②

是以圣人去甚，去奢，去泰。③

【校注】

①以上六句——首句"为之"之下，傅奕本等有"者"字，气较足。"天下神器"句前，帛书乙本、傅奕本等有"夫"字。

②以上四句——"故"字傅奕本作"凡"，似较"故"为宜。"挫"河上公本作"载"。"或歔或吹"以下三句，傅奕本作："或噤或吹，或强或剉，或培或堕。"词皆二者相对相反，颇可参考。

③以上三句——"去奢"，帛书本在"去泰"后，"泰"一作"太"。《韩非子·外储说左下》则引作"故君子去泰去甚。"甚、奢、泰，皆太过之义。

【直译】

想治理天下而任意作为，我看那是不可能得到的了。天下是神圣的东西，不可以强力去求取啊。任意作为必然失败，想要把持必定会失去它。

因此世间众生有的前行，有的随后；有的虚缓，有的急骤；有的强壮，有的羸弱；有的挫伤，有的坠落。

所以圣人不会过度，不会奢侈，不会过分。

【新绎】

经文第二章说"圣人处无为之事，行不言之教。万物作焉而不辞，生而不有，为而不恃，功成而弗居"，这一章上承这些主张，下启第四十八章的"取天下，常以无事；及其有事，不足以取天下"，以及第六十四章的"为者败之，执者失之。是以圣人无为，故无败；无执，故无失"，说的都是圣人无为而治的道理。

全章可分三段：

第一段，一开头就说想要取得天下而为所欲为，占为己有，那是不可能之事。这自然是对想统治天下者来说的道理，所以底下马上接着说："天下神器，不可为也。"天下万物，以人为灵，《尚书·泰誓上》："惟人，万物之灵。"河上公注说："人，乃天下之神物也。神物好安静，不可以有为治。"因此，想要统治天下的人，不能不注意到万物各有其特性，只能顺其自然，而不可有意"为之""执之"。

上一章曾借雌雄、白黑、荣辱的相对相成，说明"常德不离""复归于朴"的道理，最后还说："朴散为器，圣人用为官长。"所谓"官长"，即"守长"之意，"官"即"守"，一则呼应"守其雌""守其辱"等句，一则落实到现实政治，指官长所持用的玺印图章之类。它是官长的信物、表德。他必须守其本分，不可有亏职守。也因此，这里称"天下"为"神器"。天下万物各有其特性，各有其作用，统治者是无法以一己之力来强制处置的。如果想要据为己有，那就必败无疑。

第二段是从天下万物各有其特性、各有其作用，举例来概括说明。"故"一作"夫"，"故"有因果关系，下文所述，与上文的因果关系不明确，因此以"夫"来做为发语词，似乎较妥。下面四组文字中,"行""随",一前一后,同指行动而言;"歔""吹",一缓一急,同指气息而言;"强""羸",一强一弱,同指体力而言;"挫""隳",一伤一亡,同指失败而言。其中,"歔""吹",有人解释为暖寒之异,有人解释为闭口、吹气之不同;"挫""隳",有人以为"挫"当作"载"或"培",这样才能与"隳"相对,都有其道理。尤其是"挫"字,与"隳"属于同义词,真的可能是后人传抄错误了。它与"隳"应该是分指成败才对。笔者曾怀疑此"挫"字为"坐"之误。坐是安坐,隳是掉落。二者是大不同的。

第三段点出统治者须以圣人为师。圣人"处无为之事,行不言之教",无为无执,明白天下万物或行或随的道理,因物之性,得物之用,因此能无败无失。河上公注:"甚,谓贪淫声色;奢,谓服饰饮食;泰,谓宫室台榭。"其实,"甚""奢""泰"都是过度、过分的意思,并不一定哪一个字专指哪一个事物而言。不过,河上公所说的那些物质生活的享受,却真的是最容易使人沉迷的。河上公又说:"去此三者,处中和,行无为,则天下自化。"斯言得之!

《论老子绝句》之二十九:

　　无为无败更无失,不问是非问有无。
　　去甚去奢还去泰,岂非羸弱岂非愚?

第三十章

以道佐人主者，不以兵强天下。其事好还：师之所处，荆棘生焉；大军之后，必有凶年。①

善有果而已，不敢以取强。果而勿矜，果而勿伐，果而勿骄，果而不得已，果而勿强。②

物壮则老。谓之非道，非道早已。③

【校注】

①以上七句——前两句，景龙本"佐"作"作"，帛书本无"者"字，楚简本"不"后有"欲"字。字虽有异，文义则同，类此者不具引。"其事好还"句，楚简本在全章之末。还，回报、报应。师，军队。"大军之后，必有凶年"，唯王弼本、河上公本、傅奕本有此二句，楚简本、帛书本等俱无之。凶年，终岁收成不佳，指战争残害人民，荒废田亩。

②以上七句——"善有果而已"，楚简本、帛书本、傅奕本等俱作"善者，果而已"，傅奕本句前有"故"字。"不敢以"，楚简本、帛书本作"不以""毋以"。"果而勿矜"以下三句次序，各本或有差异，然而文义固无不同。"果而勿强"帛书本句前有"居是"二字，傅奕本句前有"是"字。

③以上三句——帛书本"则老"作"而老"，"谓之"前有"是"字。傅奕本"不道"作"非道"，义无不同。已，止。

【直译】

用大道来辅佐人君的人，不会用兵马压制天下百姓。那种事都会有报应：军队所经过的地方，荆棘杂草就会丛生；大军侵掠以后，一定会有荒年坏收成。

善战者有成果就算了，不敢借此来逞强称胜。有成果却不炫耀，有成果却不夸大，有成果却不骄傲，有成果也是不得已，有成果也不逞强。

事物壮大了就会衰老。这都可说它不合乎道，不合乎道就会加速死亡。

【新绎】

此章说明用兵之道，并借此申论"物壮则老""物极必反"的道理。读这一章，如果同时合读第三十六、四十、五十七、六十八、六十九等章，对老子所说的用兵之道，会有比较完整的认识。这些观点，是否来自太史儋的儿子，即曾任魏将的李宗，是否和他有关系，很值得研究者做进一步的探讨。

全文可分为三段：

第一段说以强兵坚甲来压制其他国家人民，不合乎圣人的常道。第一句"以道佐人主者"，一作"以道作人主者"，有的传本没有"者"字。"佐"是说臣子以道来辅佐人主，"作"是说人主以道来自我要求。文字虽有不同，道理却可相通。最值得注意的是，不止王弼本、河上公本作"佐"，连楚简本、帛书本也都如是，这说明了《老子》书中的"善为道者"，即所谓"圣人"，不一定都是人主，而人主也未必都是善为道的圣人。老子所说的治国安民之道，通常讲的是引述"古之圣人"所说的道理，来教导当世的执政者或各种不同的领导人。

"不以兵强天下"，是说不以强凌弱，不妄动干戈，发动战争。

有人据此说老子"反战",那是有点言之太过。老子是说强兵坚甲有其需要,但不应是用来侵略,而是为了防备。即使兵马强盛也不可以用来压迫别人,但万一别人来犯则亦不可不战。所以他下文才说"以兵强天下"者,"其事好还",常会遭到报应:军队过处人多死伤,田多荒废,必定民不聊生。"还"有"报应"之意。

第二段承接"其事好还",说善用兵者只要有成果即可,例如敌军来犯,予以击退,略加薄惩即可,不必乘胜追击,借机侵掠,否则,就会损人害己,伤及无辜。"善有果而已",一本作"善者,果而已",意思更为简明。有战果就可以了,不可"取强",过求"兵强天下"。"果而勿矜"以下数句,各本次序不一,但文义却无不同,都是说善用兵者不可骄傲自大,都是不得已而用之。"果而勿强",呼应上文的"不敢以取强",应该是此段的结语。

第三段说"物壮则老","壮"指上文的"强",兵强有果之后,如果不知节制,骄矜自伐,必定招致"荆棘生"的"凶年"之灾,于人于己,都是有害。"物壮则老"也可能是老子引用古语,来说明天地万物相生相成、物极必反的道理。兵力发展到非常强盛的地步,往往也就是盛极而衰的时候,这种情况是不合常道的。既然不合常道,那么就不可能长久。"早已"有两层意思:一是说不合常道就会加速灭亡;一是说既知不合常道,就应该早日停止。

《论老子绝句》之三十:
  经乱千村荆棘生,出门百里没鸡鸣。
  侯王不肯谈因果,四海何时见太平。

第三十一章

夫佳兵者，不祥之器。物或恶之，故有道者不处。君子居则贵左，用兵则贵右。兵者，不祥之器，非君子之器，不得已而用之，恬淡为上。①

胜而不美，而美之者，是乐杀人。夫乐杀人者，则不可以得志于天下矣。②

吉事尚左，凶事尚右。偏将军居左，上将军居右，言以丧礼处之；杀人之众，以哀悲泣之；战胜，以丧礼处之。③

【校注】

①以上十一句——首句帛书本等无"佳"字，傅奕本则作"夫美兵者"。或疑"佳"为"唯"字之误。"故有道者"一句，帛书甲本"道"作"欲"。有人以为"欲"通"裕"，一样是有道的意思。"君子居则贵左"以下，与楚简本丙书大同而小异。"物或恶之"二句，已见第二十四章。或疑其为错简，复出于此。"恬淡"楚简本、帛书甲本作"铦袭"。铦，锐利。袭，指轻装突袭。铦袭，意与恬淡似相反，而实相成。盖战争时或攻或守，或动或静，不可一成不变。

②以上五句——"胜而不美"，楚简本作"弗美也"，帛书本作"勿美也"。所美者，应指兵器而言。

③以上九句——"吉事尚左"及"偏将军居左"二句前，楚简本、帛书本、傅奕本等，皆有"故"或"是以"。古人平时尚左，左主吉事；战时尚右，右主凶事。"杀人之众，以哀悲泣之"二句，楚简本作"故杀人众，则以

悲哀莅之",傅奕本作"杀人众多,则以悲哀泣之"。"泣"应作"莅"。文字虽有不同,义则无别。

【直译】

那所谓好兵器,是不吉祥的东西。所有人都厌弃它,所以有道之人不用它。君子平时就重视"左",作战时就重视"右"。兵器是不吉祥的东西,不是君子使用的器物,不得已才会用到它,应当淡然处之。

即使胜利也不要得意,如果得意的话,就是喜欢杀人。那些喜欢杀人的人,就不能够得到天下人民的心了。

吉祥的事崇尚左,凶险的事崇尚右。因此偏将军在左,上将军在右,这是表示用丧礼来处置它;战争杀人这么多,要用悲哀的心情来面对它;战胜的时候,也要用丧礼的方式来处置它。

【新绎】

这一章旨在说明兵者乃不祥之器,不得已而用之。所谓"兵",一则指兵器,古代的兵器有五种,包括戈、矛、殳、戟、弓矢等;一则指军队、武力。此章前二段所说,大致以兵器为主,后面说的才是有关战争的军队武力之事。

全章可分为三段:

第一段专就"兵者不祥之器"言之。第三、四两句"物或恶之,故有道者不处",已见经文第二十四章,而第五、六两句"君子居则贵左,用兵则贵右",也与下文有重复之嫌。如果删去这些复见重出的句子,开头二句即紧接"非君子之器"以下文字,反而文义相同而辞气更为紧凑。

楼宇烈《老子王弼注校释》说:

《道藏集注》本于本章末引王弼注说:"疑此非老子之作也。"宋晁说之题王弼注《道德经》也说:"弼知'佳兵者不祥之器'至于'战胜以丧礼处之',非老子之言。"又,据马叙伦《老子校诂》引李慈铭、陶学绍说,均以为此章文字有以王弼注文混为经文者,并作详细订正。

按:今据长沙马王堆三号汉墓出土帛书《老子》甲乙本考之,均有此章文字,并无王弼注文混入。

不仅帛书本如此,后来出土的楚简本,也可证明"并无王弼注文混入",只是若干文句次序不同。所以,尽管此章前后文字与其他章节或有重出复见之处,读者也不宜妄自增删。

第一句"夫佳兵者",历来歧见很多。有人以为"佳兵"不成词,"佳"当为"唯"之讹字,"夫""唯"同为发语词。傅奕本此句作"夫美兵者",可见"佳兵"即"美兵",就是"好武器"的意思。先说兵器锋利,武器"佳",再说它"不祥",一正一反,这是《老子》一书惯用的表现手法,一点也不足为奇。

戈矛之类的兵器,是古代战争中不可或缺的器物。它们愈是锋利,愈能杀敌致胜,可是杀人愈多,也就愈引人反感;即使胜利了,势必留下不少的祸患。战争之所以令人厌恶,道理在此。也因此,有地位有品德的君子,即"有道者",认为"兵者,不祥之器,非君子之器",不愿常带在身旁。古人分别左右的属性,认为左属阳,阳主生;右属阴,阴主死。战争既为生死存亡之斗,自然贵右。君子平时贵左,到了战时,面临生死存亡,才不得不贵右,用此不祥之凶器,来杀敌制胜。这就叫作"不得已而用之"。也因为是"不得已而用之",所以不喜欢兵器太锋利,杀伤太多,主张一切以"恬淡为上"。

"恬淡",原意是恬静平淡,用在这里,是说兵器不要锋利,杀伤不要太重。有的传本作"铦袭",铦,音"先",锋利的意思。那是说用锋利的武器去偷袭敌人。偷袭是为了出奇制胜,不是迎面攻杀,既是出奇制胜,伤亡可能减少许多。这与老子反对杀伤太多、攻杀太重的主张,是契合的。与老子有无相生、正反相成的思想,也是契合的。

第二段说的,仍以兵器本身为主。"胜而不美"传本多作"故不美"或"弗美""勿美"。所谓"胜",说的应是就兵器的锋利而言。兵器愈锋利,杀人愈多,因此不应该赞美它。执政者或统治者,如果赞美它锋利,那就是乐于借它去攻杀别人。这样的"美兵""佳兵",一定得不到天下人民的拥护。即使能像上一章所说的那样"以兵强天下",用武力来压制威胁天下百姓,也得不到人民的心。

第三段承接上文"君子居则贵左,用兵则贵右",进一步说明用兵乃不得已之事。左主生,朝觐祭祀等吉事属之,平日如此;可是一旦到了打仗用兵之时,就有如办理丧礼一般,为抗敌得胜计,只好以右为上,表示不怕凶险,有必死之志。"偏将军居左,上将军居右",就是举例说明这个事实。真正用兵作战时,虽知是凶事,却不能不前进攻杀,手持佳兵利器,难免有所杀伤。如果杀人多了,不能不悲悯哀泣;如果战胜了,也必须像参加丧礼,带着吊祭的心情。"泣之",固然是为它哀泣的意思,但与"处之"相对,"泣"应是"莅"的借字,有"面对"之意。因为这真的是不祥之事啊!

《论老子绝句》之三十一:

左右吉凶难与期,将军得意爱兴师。

固知兵者不祥器,奈何圣人亦用之。

第三十二章

道常无名。朴虽小,天下莫能臣也。侯王若能守之,万物将自宾。天地相合,以降甘露;人莫之令而自均。①

始制有名,名亦既有,夫亦将知止。②

知止可以不殆,譬道在天下,犹川谷之于江海。③

【校注】

①以上八句——"常"楚简本、帛书本作"恒"。恒、常义同。朴,指未经雕凿的原木,指道的本体。请参阅第十五章。"天下莫能臣也",楚简本作"天地弗敢臣",傅奕本亦无"也"字。能、敢古义相通。自宾,自动归附。楚简本自"天地相合"起,另立一章。"人莫之令而自均",与"天地相合,以降甘露"相应。"自均"楚简本"均"作"安",帛书本、傅奕本等句下皆有"焉"字。

②以上三句——"制"楚简本作"折"。"夫亦将知止","夫"河上公本作"天","止"河上公本作"之"。止、之二字古体形近。楚简本连前三句并下文为一章。

③以上三句——"知止可以不殆","知止"河上公本作"知之";"可以",楚简本、帛书本、傅奕本等俱作"所以",义较长。末二句,楚简本、傅奕本等"道"下有"之"字,"江海"下有"也"字。帛书乙本"川谷"作"小谷","之于"作"之与"。文字或有差异,文义则同。

【直译】

大道永远没有名称。原本的朴质虽然微小，天下却没有谁能支配。王侯如果能够守住它，万物将会自动归附。天地阴阳互相配合，就会降下甘美的雨露；人们不需要谁下令，就会自然平均分布。

万物开始创造时，就各自有了名称，名称既然确定有了，那也就应该知道各有限度。

知道各有限度，就能避免危险发生，就好像大道对于天下万物，如同河川溪谷之对于江海。

【新绎】

此章旨在说明"道"的源始功用，及其与"名"之间的关系。经文第一章早已说过："道可道，非常道。名可名，非常名。"这一章开头说"道常无名"，即由此衍生而来。常道浑沌，先天地而生，既然"不可道"，所以只能勉强替它取个名称。经文第二十五章说"吾不知其名，字之曰道。强为之名曰大"，"大""道"，就是老子为它所取的名称。但是，经文第一章又说："无，名天地之始；有，名万物之母。"第二十五章也说："寂兮寥兮，独立不改，周行而不殆，可以为天地母。"所谓"寂兮寥兮"，等于"无"，与"有"相对，亦即与"有物混成"相对。既然"道"为"天地母"，能创生万物，而天地万物又各有其名，它们各自的名称，代表它们各自的形制和功用，因此又称之为名分或名器。一旦万物有了不同的名分，也就表示各自的器用已经确定了，同时具有了它们各自不同的道理。万物这种各自具有的道理，虽然也可称为道，但在名分上它只是万分之一的小道，与可以统摄天地万物的"大道"，看起来差别很大。或许有人对于"道"的大小，对于"名"的有无，生了疑义，因此，老子在此又就"道"与"名"的关系，再作进一步的申述。

全章可分三段：

第一段首句就标示全章重点，这是《老子》一书常见的表现手法。也有可能是老子在说明道理之前，先引述古语或古代圣人说过的格言。

标示全章重点之后，老子举三个例子，分别从三个层次来说明"道"虽无名却有用，也就是经文第一章所说的，可以"观其妙""观其徼"。

"朴虽小，天下莫能臣也"，这是小大之辨，说明"道"之为体，无所谓大小。只要合乎"常道"，大道小道都是道。因为小道也必然顺乎大道的原则。朴，是原木之质，它虽微小却坚固，可以"散为器"（第二十八章），制成各种形制不同的器具，只要坚固耐用，裁为玺印之类的小东西，一样有其大用。"圣人用为官长"，用了它，就代表着尊贵和权力。因此，"天下莫能臣也"。天下，比喻"大"，与朴之"小"对。可见大如天下，也未必能把小朴比下去。"莫能臣"一作"弗敢臣"，"能"和"敢"古义相通，有人说"敢"有其心，"能"有其力，所言颇有道理，但若据此而论二者必有多大不同，则是求之过深了。

同样的道理，底下的两个层次，"侯王"与"万物"，"天地"与"人"，都是交互为喻，说明"侯王"与"人"名位虽有高下，"天地"与"万物"品类虽有大小，但只要合乎"常道"，则一切都是顺乎自然，自然而然。"自宾""相合""自均"，说的都是这个道理。

第二段以"始制有名"来与此章首句"道常无名"相对应。老子说过，"有无相生"，经文第一章的："无，名天地之始；有，名万物之母。"有人断为："无名，天地之始；有名，万物之母。"上文已经说过，二者都讲得通，而且二者是互文见义。天地万物在没有各自的名称之前，天地万物浑沌一片，那是"大""道"；有了各自的名称之后，天称之为天，地称之为地，万物也各自有其名称形制功用，那是小道。小道虽然"道"的本质不变，但有其一定的限度，所以要"知止"，要自己知道适可而止，千万不可自夸自大。这就有如上文所说人民之对于侯王、万物之对于天地。

　　第三段再度强调"知止"的重要。第二段是从"始制有名"说"道"，由源始而说其功用，这一段则是从"知止""不殆"说"道"，由功用而说到源始。"知止可以不殆"，一作"知止所以不殆"，"所以"是推论因果关系，更切合推其源始的本义。最后的两句，是譬喻，说"道"对天地万物或天下百姓而言，就好像河川谿谷之对于江海。江海虽大，可是它们却源始自小的河川溪谷；万物虽多，可是它们却源始自那看不见、听不到、摸不着的，无形无名的"道"。"道"本来就是无形无名的，所以此章首句才说："道常无名。"

《论老子绝句》之三十二：
　　谁言朴小莫能臣，万物几时肯自宾？
　　始制有名未知止，侯车鼎镬对生民。

第三十三章

知人者智，自知者明。胜人者有力，自胜者强。①

知足者富，强行者有志。②

不失其所者久，死而不亡者寿。③

【校注】

①以上四句——帛书本、傅奕本每句句末都有"也"字。《颜氏家训·书证篇》云："也、是、语、已及助字之辞，文籍备有之矣，河北经传悉略此字。"

②以上二句——强，这里是"勉强"之意，即今之所谓"勤奋""努力"。

③以上二句——"亡"帛书本作"忘"。"忘"指不为人遗忘，义较长。

【直译】

了解别人的人机智，自我了解的人高明。战胜别人叫有力量，战胜自我是坚强。

知道满足的人才富裕，努力实践的人有志气。

不失去根基的人持久，死后不被忘记的人长寿。

【新绎】

此章承继上章的"知止"之说，进一步用人为修养来说明常道。依照老子"有无相生,难易相成"的主张,任何事物都应该叩其两端,而不可偏执一方。这一章就以"知""行"两方面的日常行事,来说明守柔知常的重要。

文章虽然不长,但仍可分为三段说明:

第一段四句两个层次。前两句说"知",后两句说"行"。就"知"而言,不但要"知人",而且要"自知"。了解别人的优劣得失,需要客观的判断,那得靠智慧;这比起了解自己,要容易得多。因为人多蔽于自见,受到感情的影响,容易主观,肯定自己的优点,而忽略自己的短处。经文第二十二章说的"不自见(见,同"现"),故明",那是称赞不会只看到自己的优点,第二十四章说的"自见不明",那是告诫要看到自己的短处。一正一反,一有一无,往而能返,这才合乎"常道"。所以第十六章也才说"复命曰常,知常曰明"。

就"行"而言,"胜人者"强调是"有力","自胜者"强调是"强",可见所说的"胜",与行为有关,而非指知识而言。胜过别人,靠力气大,就可以办到,但要克制自己的欲望、改变自己的决定,那就需要强大的意志力。

第二段的两句话,分别呼应前面的"知""行"两个层次。"知足者"呼应"知人者"二句。能"知人",又能"自知",这种人才容易知足常乐,而不会有淫逸侈泰之失,不管是物质或精神,才会满足快乐。这也才是真正的富足。"强行者"呼应"胜人者"二句。能"胜人",又能"自胜",这种人才是真正有志气的强者。经文第五十二章说:"见小曰明,守柔曰强。"真正的高明和坚强,都建立在能叩道的两端上。

第三段引而申之,以人间世众所企求的荣名长寿为喻。得失和生死是人生的大事,一般而论,人皆乐得而恶失,乐生而恶死;反用老子之言,无不生而有之、为而恃之,功成而居之,因而一般人皆往往患得患失，贪生怕死。老子为了破除这种想法，所以他提出"有无相生"的主张，认为得失、生死都是人生必然经历的常事。经文第二十五章说过"大曰逝，逝曰远，远曰反"，大道是周而复始的，所谓"独立而不改，周行而不殆"。所以，有得有失之后更能明白生命的意义，明白自己所要追求和坚持的是什么东西。同样的道理，能够明白生命的意义，明白自己所要追求或坚持的，如果合乎圣人之道，那么"王乃天，天乃道，道乃久，没身不殆"，即使身死人亡了，精神声名还是可以地久天长的。

《论老子绝句》之三十三：

  点检身心何所求，知行知止贵无尤，

  胜人自胜求长寿，长寿得来不自由。

第三十四章

大道泛兮，其可左右。万物恃之而生，而不辞，功成不名有。①

衣养万物而不为主，常无欲，可名于小；万物归焉而不为主，可名为大。②

以其终不自为大，故能成其大。③

【校注】

①以上五句——"左右"下，帛书本有"也"字。"万物恃之而生，而不辞"，或断为"万物恃之，而生而不辞"，似不妥。"功成不名有"，帛书本残缺，合读之似作："成功遂事而弗名有也。"有人以为"名""有"二字，古体形近，"名"或为衍文。

②以上五句——各种传本字句歧异颇多，不赘引，此仅举其要而已。"衣养万物而不为主"，帛书乙本作："万物归焉而弗为主。""衣养"，衣被养育之意，傅奕本即作"衣被"。"常无欲"帛书本作"则恒无欲也"。对照前后，下文"可名为大"前，似原有"常无欲"一句。

③以上二句——二句之前，帛书本、傅奕本有"是以圣人之能成（其）大也"一句，似应补入。

【直译】

大道真广泛啊，它可以左来右往。万物依靠它而生长，大道却不说什么，功业完成了也不求取美名。

保护养育万物，却不作为主宰，常常没有欲望，可以称为微小；万物归附于此，却不作为主宰，可以称为伟大。

因为他始终不自以为伟大，所以才能成就他的伟大。

【新绎】

此章说明"道"的作用，并说"道"在名义上，虽有大小之分，但其本体则无差异，仍是广泛博大。

全章可分三段：

第一段开头"大道泛兮"二句，是用水的泛滥来比喻大道的无所不在。经文第四章说"道冲，而用之或不盈"，第八章说"上善若水。水善利万物而不争"等等，都是明显的例子。第二十五章说"道"是浑沌之物，先天地万物而生，为天地万物之母。意思是说天地万物都是由于"道"的作用而生成，可是"道"却不居功，不据为己有，不去主宰天地万物，所以"道"又可称"大"。此章开头的"大道"，就是由此而来。以前只称"道"，此章却称"大道"，是因为此章论及"道"的大小，故先标识出来。

"其可左右"的"左右"，在这里有几层意思：一是主宰，有宰制万物之意；二是左通"佐"，右通"佑"，皆有养育万物之意；三是左右通行，以应上句的"泛"字。泛是广泛流行，这里的左右，是左来右往，正好前后呼应。开头的这两句话，也正是本章的旨要所在。

"万物恃之而生，而不辞"，应该是"万物恃之而生，生而不辞"的省文或脱文。万物恃之而生的"之"，指"大道"而言。万物是因"道"的作用而生成的，各得其所，所以称之为"得"为"恃"。可是，仔细看，"万物恃之而生"的主词是"万物"，但底下的"而不辞"，其主词应是"大道"，只是这里省略了，所以造成很多读者的误会。这"而不辞"的主词应该连下句一起看,意思是:"大道"创始了生成了万物,可是它作而不为辞,功成而不居。我们核对经文第二章的"是以圣人处无为之事,行不言之教。万物作焉而不辞,生而不有,为而不恃,功成而弗居",即可明白:"万物"在这里其实是被动词,作而不辞、生而不有、为而不恃、功成而弗居的主词其实是"圣人",是"大道"。历来不少误解文义,可以说都是断句错误所造成的。

第二段说道在名义上有大有小,可是道之为体本来就浑沌一片,"寂兮寥兮",可大可小,也可以非大非小,亦大亦小。可以小如朴,也可以大如洪水,如天下。当"道"创造万物之后,万物各有其名,各有其用,也可以说各有其道。"四时行焉,百物生焉",四时和百物各有四时、百物的"道",如果扩大来讲,是一年和万物,那么一年和万物也各有其道。分而言之,这些品类万殊的"道",可称之为"小"道,也仿佛真的是比较不重要的小道。它跟总而言之统摄万物、创始天地的"道",好像不一样。统摄万物、创始天地,先天地而生,为万物之母的那个"道",层次似乎较高较大,所以称之为"大"道。这一段所说的"可名于小""可名为大",就是这个意思。

"衣养万物"和"万物归焉"意思一样,帛书本"衣养万物"亦作"万物归焉"可证。但"衣养"是大道去衣被、覆育万物,"归焉"是万物来归附、归化,寓有一往一返合乎道之意。"不为主"就是上文的生而不辞、功成不有,也就是"常无欲"。"道"虽然创造了万物,却没有主宰的欲望,一切顺其自然。因而,这创生万物、统摄天地的"道",和那被衣养、被覆育的万物之"道",虽然一样是"道",但为了在名义上加以区别,只好前者称为"大",后者称为"小"。然而,老子以为就"道"的本质来说,"道"就是"道"。大道是"道",小道也是"道"。如果要说宝贵重要，它们都同样宝贵重要，"强为之名"，只好统称为"大"。"道"并无大小之分，所以第三十二章才说："道常无名。朴虽小，天下莫能臣也。"原木玉石的朴璞，为体虽小，但一旦雕为印章，琢为玉玺，做为帝王官长的表记，其功用就大得不得了。"常无名"和"常无欲"的"常"，是"常道""常名"的"常"；"无名""无欲"则是圣人之道，所谓不言之教、无为之事。这是以上很多章节已经一再阐述过的道理。

第三段归结第二段所言，说明"道"所以也称"大"，乃在于它的无名无欲，不分大小，不自以为大。帛书本、傅奕本等等，在"以其终不自为大"二句之前，另有"是以圣人之能成（其）大也"一句，核对其他章节，似乎可使语句文气都更为完整，似宜补入。

《论老子绝句》之三十四：
  大道岂能分左右，功成名有是非多。
  无欲从来不为主，天下即闻击壤歌。

第三十五章

执大象，天下往；往而不害，安平太。①

乐与饵，过客止。②

道之出口，淡乎其无味。视之不足见，听之不足闻，用之不足既。③

【校注】

①以上四句——"执大象"句后，傅奕本有"者"字，语意更清楚。大象，即大道，专就大道所呈现的迹象而言。"太"，楚简本、帛书本俱作"大"，傅奕本作"泰"。大、太、泰，古可通用。

②以上二句——"过客止"帛书本作"过格止"，有人以为"格"是"客"的讹字，但也有人以为"格"训为"至"，是说"至此而止"。

③以上五句——"道之出口"，楚简本、帛书本等句前有"故"字，"口"作"言"。"淡乎"之"乎"，楚简本、帛书本皆作"呵"。

【直译】

谁奉行了大道，天下人民就会来归附；归附又不受伤害，就会安于和平祥泰。

动听的音乐和美味的食物，能使路过的客人停下脚步。

大道言论出口的时候，平淡没有味道。看它，不能够看见；听它，不能够听到；用它，不能够用完。

【新绎】

上一章是谈"道"的作用,说明"道"所以为"大"的道理,这一章则是谈"道"的功能,以及执守"道"的原则在于平淡,在于把握"大象"。经文第四十一章说"大音希声,大象无形,道隐无名",可见"大象"是说形象无法形容,几乎大到没有形象可言。一般而言,世人都喜欢声色之娱、口体之欲,只相信看得见、听得到、摸得着的东西,很难去体会那"寂兮寥兮"、虚无缥缈的"大道"。而所谓"大道",往往不能像摆在人们面前的事物,给人具体的感受,反而潜藏在事物的背后。它可大可小,其大有如洪水泛滥、天地广漠,其小则有如原木之朴、美石之璞。因此,大道的存在,只能从事物的功能上去判断。所谓"大象无形",也就是这个意思。

此章首段从"执大象"说起,所言已全落实到治国安民等人事修为上面。"大"固然是"广大",但也有"重要"的意思。一个执政者或统治者,如果能够把握宇宙间古往今来历史演进的规则,了解自然界阴晴风雨天地变化的现象,那么,他就能把握要点,得到天下人民的拥戴。举例来说,他能从"古之圣人"那儿学到许多格言教训,身体力行,懂得如何清静无为,或者说他能从物象变异中预知天气和物种的未来变化等等,这些对于一般人民而言,都可以使他们信任而起向往归向之情。如果远悦近服、纷来归附之后,人民还能安居乐业,不受天灾人祸的荼毒,那么国家的长治久安也就自然而然可以完成。"安平太"三字义通,把它们分开为三,解作平安、太平、安泰,也很好。

第二段只有两句话,很可能是老子引用古人或既有的谚语,用来和下文"道之出口,淡乎其无味"等句相对照。乐,指动听的音乐;饵,指美味的食品。它们可以使路过的行人不由停下脚步,可是所谓"乐与饵"只是外在的可听可吃之物,只是暂时性的东西,而所谓"过客",表示他另有目的地,心另有所属,因此音乐再如何动听,食品再如何美味,他也只是暂时止步而已,不会长久的。

第三段以"道"的淡然无味,来对照"乐与饵"。音乐、美味固然吸引过客,但它们只是暂时性的诱惑而已,那不是"大象"。音乐再如何动听,总有听厌的时候;食品再如何美味,总有吃腻的时候。在这音乐美味的表象背后,过客的心仍然在别的地方。所谓"大象"不在表象的有无大小,而在于"心"之归向,在于"道"如何把握。老子说真正的"大道",视之不见、听之不闻、用之不穷,所以"道可道"的"道","五味令人口爽",真正恒常的味道也应该是平淡无味的才对。

当然,无庸置疑,如果"乐与饵"能够持久,"过客"当然也愿意安家落户,就此长住。

《论老子绝句》之三十五:
  往而不害安平泰,日月象形即道途。
  淫乐珍馐唯过客,须从平淡识真吾。

第三十六章

将欲翕之,必固张之;将欲弱之,必固强之;将欲废之,必固兴之;将欲夺之,必固与之,是谓微明。①

柔弱胜刚强。②

鱼不可脱于渊,国之利器,不可以示人。③

【校注】

①以上九句——"翕",帛书甲本作"拾",乙本作"擒",其他传本或作"噏""歙"等等,皆有收敛、闭合之意。与"张"对。"固"帛书本皆作"古",或以为通假为"故"。固,原有的意思;故,已然。姑,姑且。"将欲废之"以下四句,帛书本"废"作"去","兴"作"与","与"作"予",似较可取。

②"柔弱胜刚强",帛书甲本作"友弱胜强",傅奕本作"柔之胜刚,弱之胜强"。文气似不足。刚、强押韵,故王弼本较可取。

③以上三句——此"渊"字盖指水的源头,意即有水可游的池渊。"国"帛书本、傅奕本作"邦",当避汉高祖名讳所改。

【直译】

想要收敛它,必先扩张它;想要削弱它,必先增强它;想要废除它,必先推举它;想要夺取它,必先给与它,这就叫隐微的明察。

柔弱胜过刚强。

鱼不可脱离于池渊水源，邦国的利器，不可拿出来给人家看。

【新绎】

此章说明"微明"的道理。微与明，正如柔与刚、弱与强，虽似对立，却可相互为用。相互为用时，则以微为主，明为副；以柔为主，刚为副；以弱为主，强为副。简而言之，系以"无"为主，以"有"为副。二者"同出而异名"，二者合而后道生。此章所言，《韩非子·说林上篇》也曾引用，并称"周书曰"，可见这也可能是老子引用古人之言。至于《战国策·魏策》中的"将欲败之，必姑辅之；将欲取之，必姑与之"，《吕氏春秋·行论》的"将欲毁之，必重累之；将欲踣之，必高举之"，是否受到《老子》的影响，也是值得注意的课题。

老子的学说之中，"物极必反"是重要的主张之一。他认为事情发展到极点，就会由"逝"而"远"，到达相反的方向，然后再由"远"而"返"，回到原点。如此循环而不已。此章所说的"翕"与"张"、"弱"与"强"、"废"与"兴"、"夺"与"与"，都是对立的极点，也是相互转化的极端。要处理这一端就必须先注意另一端，这样才能左右平衡，把握事情的关键。这样说来仿佛老子也讲权变之术了。

"将欲翕之，必固张之"以下四组的文字，句式完全相同，都是说：将欲"翕""弱""废""夺"，就必固"张""强""兴""与"。这有两点值得注意：一、以上所举的"翕""弱""张""强"等等，都是两句相间成韵的，"兴"应作"举"或"予"，才可与"与"成韵。因此有人说"兴"当作"举"，是可取的；二、"将欲"，是准备想要如何的意思，而"必固"则是一定要先如何的意思。"必固"，是固有、已然，"将欲"，是未有、将然，这正是事情的两个极端。做任何事情，能先从反方向作全面的思考，更能知己知彼，达到目的。这也就是老子所说的"微明"。微是隐微,明是显著,二者也相对立,那么老子要说的究竟是"将欲微之,必固明之",或者是"将欲明之,必固微之"呢?

如果光是各自站在"微"与"明"的两个极端来思考,那就有如争论上文的"翕"与"张"、"弱"与"强"等等究竟能不能颠倒掉转过来一样,那都只是偏执一端而未顾及全面。经文第二章早就说过"有无相生,难易相成"等等的道理,所以"微"与"明"、"翕"与"张"、"弱"与"强"等等,其实也都是一体的两面。没有"微"就没有所谓"明",反之亦然。这也就是书的开头开宗明义所要说的"常道"。"常道"是难以言宣的,也难以尽言,第五章说得好——"多言数穷",所以老子原先只讲到这里为止。其他一切都得靠读者自己去善体会之。

不过,就道的本体及其作用来说,虽然有如上述,一切事物本就相因相生,相对相成,循环不已,周而复始,但在它由"逝"而"远"、由"远"而"返"的过程中,毕竟还是应该有个原立足点,至少有个形迹可寻。或者这样说,"道"本来是视之不见、听之不闻、搏之不着的东西,但在它由"无"而"有",或由"有"而"无"的过程中,毕竟还是应该有个起始点。经文第一章说:"无,名天地之始;有,名万物之母。"第二十五章又说:"有物混成,先天地生。"可见道近于"无",几无形状可言,而万物则近于"有",各有形制可名。天地生于"无",而万物生于"有"。也因此,上文第三十五章所说的"大象",就是指大道所呈现的表象,既有表象,就是"有",它即使说是"预兆"也可以。特别是把"大道"落实到人间世的治国安民、道德修为等等上面,想要教化人民时,没有具体的表象可以称述是难以达到教化目标的。也因此,《老子》一书说到有关人间世的治国安民、道德修为等等,不得不"道可道""名可名",不得不在有无、微明等等之间,说何者为始,何者为主。老子既以"无"为始,"有"因"无"而生,那么,以"无"为主,以"静"为主,以"翕""弱"等等为主,也就可以思过半矣。

"柔弱胜刚强",也是老子不得已才说的话。它总结上文,也有可能是老子引述前人之言来强调自己的主张。上文说"将欲弱之,必固强之",寻绎其意,"弱之"是目的,"强之"只是手段。这样说来,老子似乎不只教人要见微知著,而且要通权达变。水是柔的,却能滋养万物,也能摧毁万物;雌是弱的,却能取悦雄性,也能控制雄性。经文第二十八章说的"知其雄,守其雌"等等,就是这种思想主张的另一番说辞。以静制动,以柔克刚,从宇宙的生成到政治的教化,老子的思想是一以贯之的。

最后,老子又举二例来重复说明"柔弱胜刚强"的道理。鱼不可缺水,没有水,鱼就不能活。一般而言,鱼是活动跳脱的,水是渊深静止的。这里的"渊",指水源所在,只要能供鱼在水中活动,如池渊之类都可以。如果鱼脱离了水,易言之,就是"动"离开了"静",那么,鱼必死无疑,"大象"的"象"必然消失。由此引申,一个邦国的执政者或领导人,如果把他治理国家的"利器",即所谓"秘密武器"——例如人才、谋略之类,随便出示给别人知道,即是极为危险的行为。因为有利器而不出示人,是"守静""守柔",虽然好像是示弱,但也只有这样才容易以静制动,以柔弱胜刚强。

了解以上所说的道理,即可知道老子的所谓"微明"不只是说明幽微、显著二者的对立或并列,而且还同时告诉我们要见微知著,懂得从反面思考,以静制动,以柔弱胜刚强。

《论老子绝句》之三十六:
　　莫言柔弱胜刚强,柔弱何尝不善良。
　　欲歙故张必多诈,刚强柔弱尽遭殃。

第三十七章

道常无为，而无不为。侯王若能守之，万物将自化。①
化而欲作，吾将镇之以无名之朴。②
无名之朴，夫亦将无欲。不欲以静，天下将自定。③

【校注】

①以上四句——"道常无为"二句，楚简本作"道恒亡为也"，帛书本作"道恒无名"，皆缺"而无不为"一句。河上公本、傅奕本等，同王弼本。

②以上二句——化，承上文"万物将自化"而言。作，与"无为"对，有"变"之意。朴，指未经刀斧砍断的原木，老子常借之喻"道"。"吾将"句，楚简本无"吾"字。

③以上四句——帛书乙本作："阗之以无名之朴，夫将不辱。不辱以静，天地将自正。"楚简本"夫亦将无欲"作"夫亦将知足"。阗、镇，古通假字。"无欲""不辱""知足"三者，文义相通。盖无欲则知足，知足则不辱。有人以为"无名之朴"一句，涉上文而衍，恐非是。

【直译】

大道常常没有作为，但却是没有不作为。诸侯君王如果能遵守它，万物将会自然化育成长。

化育成长会产生贪欲，我将用质朴的道来镇服。

没有名称的质朴大道，也将是没有贪欲的代词。不生贪欲就能清静，天下万物将会自然安定。

【新绎】

《老子》道经共三十七章，此为道经最后一章。在形式技巧上，这一章有些句子使用顶真格；在内容思想上，不但与第一章首尾相应，同样讲"常道"，讲概念上的"有""无"相生相成，而且也承接第三十二章、第三十五章和第三十六章等等所说的道理，对人间世的治国安民之道作进一步的阐发。

全章可分三段：

第一段和经文第三十二章所说的"道常无名。朴虽小，天下莫能臣也。侯王若能守之，万物将自宾"可以合看。"侯王若能守之，万物将自宾"和此章第三、四两句几乎字句全同，都是就侯王之治国安民而言。"朴虽小，天下莫能臣也"二句则与此章下文密切有关，此暂不论，下文再说。比较值得讨论的是"道常无名"和此章的"道常无为，而无不为"究竟有何关系。

"道常无为，而无不为"二句，因为有人误解为：大道总是"无所作为"，却"无所不为"；加上帛书本这两句只作"道恒无名"，因此颇有些学者推测此非《老子》原貌，甚至断言这是后世从事黄老道术者所妄改。此论言之凿凿，似乎很有道理，但详究之，则不无商榷余地。第一，查楚简本此章开头作"道恒亡为也"，"恒"通"常"，"亡"同"无"，虽缺第二句"而无不为"，但作"亡为"是无可疑的；第二，"道常无为，而无不为"的原义应是：常道是"有""无"相生相成的，道的本体是"无"，所以"寂兮寥兮"，浑沌一片，而其功用则是"有"，所以阴阳相配，才化生万物。朱谦之《老子校释》引用《庄子·天下篇》所述的关尹、老聃之"道"：

> 在己无居，形物自着。其动若水，其静若镜，其应若响。

说这就是"无为也，而无不为也"。前二句是讲"无为"，后三句是讲"无不为"。可以看出来，它们其实都是有动静有反应的。冯友兰《中国哲学史新编》说："就其生万物说，'道'是'无不为'；就其无目的、无意识说，'道'是'无为'。"张岱年《中国哲学大纲》说："道是自然的，故常无为。道生成一切，故又无不为。"二人也都是这个意思。这跟《老子》一书的前后章节所论并无抵触。有些学者所以有误会，应该是把"无不为"误解为"无所不为"了。

"无不为"其实就是"有为"，这是承接上句的"无为"来说的。"无为"是"没有作为"，这是老子的重要主张，尽人皆知，但《老子》一书的著者担心有些读者死看文字，以为"无为"就是什么都不必做，可以毫无作为，所以针对这个问题告诉大家："无为"和"无不为"即"无为"和"有为"，是一体的两面。二者合才可以称为"道"，也才是"常道"。有人把"无为"解作"无所作为"，把"无不为"解作"无所不为"，那真是差之一字而谬以千里了。"无所作为"和"无所不为"都是愚人、奸人的行为，怎么可以和聪明睿智的"圣人"相提并论呢！

因此旧注并没有错，"无为而无不为"其实说的是：虽有作为却不是故意作为，一切顺乎自然而已。执政者或领导人能够如此，自然会得到人民的拥戴。

第二段承接上文而作一转折，说执政者或领导人能够顺乎常道，"无为而无不为"，得到人民的拥戴，纷来归顺，固然是好事，但万一有人心生异想，"欲作"就是想要有所作为，亦即起了贪念之意，那么，"吾"，《老子》书中的所谓"圣人"或"君子"，就必须用"无名之朴"来镇压这些人，安定这些人。这也就是"无为而无不为"的具体表现。否则有人"无所作为"，有人"无所不为",岂不天下大乱?

那么,什么是"无名之朴"呢?"无名",和上文的"无为"、下文的"无欲",都是说明"无"的本质,像未经刀斧砍断的原木一样,看起来弱小,任人宰割砍伐,但当它配合其形制,发挥其功用,"有""无"相生相成时,就可以如第十一章所说的:"三十辐共一毂,当其无,有车之用;埏埴以为器,当其无,有器之用;凿户牖以为室,当其无,有室之用。"甚至像第二十八章所说的:"朴散为器,圣人用为官长。"如果它适合雕刻成为玺印之类,那么它的效用就大不可当了。所以第三十二章才说:"朴虽小,天下莫能臣也。"它代表是统治者其大无比的权力。"无名"本来就是无法形容、难以称呼的意思。

因此,所谓"吾将镇之以无名之朴",说的是"有为",是"无不为"。

最后一段和第二段一样用顶真的手法,让上句末尾和下句开头用同样的字眼蝉连而下,形成一种复沓重叠的韵味。"无名之朴"代表是"常道"的本质,它不是"可道""可名"的东西。它可有可无,可大可小,它一切顺乎自然,"常无为而无不为",因此它从"无"的方面看,是无为、无名、无欲,从"有"的方面看,是第三十五章的"执大象,天下往;往而不害,安平太",是第三十六章的"柔弱胜刚强"。一言以蔽之,曰:因为虚静自然,所以"天下将自定"。

《论老子绝句》之三十七:

　　道恒无象又名朴,端在无为无不为。
　　若要众生参造化,须从此地立根基。

第三十八章

上德不德,是以有德;下德不失德,是以无德。上德无为而无以为,下德为之而有以为。①

上仁为之而无以为,上义为之而有以为;上礼为之而莫之应,则攘臂而扔之。故失道而后德,失德而后仁,失仁而后义,失义而后礼。②

夫礼者,忠信之薄,而乱之首。前识者,道之华,而愚之始。是以大丈夫处其厚,不处其薄,居其实,不居其华。故去彼取此。③

【校注】

①以上六句——"上德无为而无以为",帛书乙本、河上公本、傅奕本"无以为"俱作"无不为"。"下德为之而有以为",帛书本无此句,傅奕本"有以为"则作"无以为"。字虽不同,文义则通。"以",此指原因、目的。

②以上八句——各种传本俱同,唯句末或多"也"字。《韩非子·解老篇》所引,四句"而后"之后,则皆有"失"字。义亦可通。

③以上十一句——"前识者",指前所标识之仁义等等。有人译解为"先知""预设",盖指智巧而言。"华"即"花",此取贬义,以花之易落比喻虚荣。"大丈夫"以下之"处""居"字,帛书本皆作"居",傅奕本皆作"处"。处、居义同。

【直译】

　　上德的人不自居有德，所以拥有德；下德的人拘守于德，所以没有德。上德的人没做而且没目的做，下德的人做了而且有目的做。

　　上仁的人做了却没有目的做，上义的人做了却是有目的做；上礼的人做了却没人对他响应，于是就伸出手臂来拉扯别人。因此失去了道，然后才有德；失去了德，然后才有仁；失去了仁，然后才有义；失去了义，然后才有礼。

　　谈到礼这个行为，是忠信衰薄的体现，是祸乱的源头。前面所标举的仁义等等，是道之皮毛，是愚笨的源头。所以得道的大丈夫，立身于敦厚之道的境地，不立身于那浇薄与虚华，存心于朴实，不存心于那浮华。因此舍弃那个，采取这个。

【新绎】

　　此为老子《道德经》德经的首章。德，是道的具体表现。道是本体，无形，德则是功用，有象。因为德有象，所以才可以从它具体的形象中，去区分上德下德，及其与仁、义、礼等等的关系。《庄子·天地篇》说："泰初有无，无有无名。一之所起，有一而未形。物得以生，谓之德。"这是说天地之初，先有"无"，却没名称，后来有了"一"，万物才依次得以产生，此即所谓"德"。可见"德"与"一"的关系。此章言"德"，下章言"一"。这一章开宗明义，先从德分上下及其与"无为""有为"的关系说起，再通过比较分析说明仁、义、礼等等都是道德丧失之后的产物。因此想要治国安民的君子，必须抛弃浮华的仁义礼制而崇尚厚实的大道玄德，这样才能长治久安。

　　全章可分三段：

　　第一段先说明上德和下德的不同。学道的人，真的所学有得，才可以说是得道。因此，古人认为"德""得"相通。《释名》云："德，得也。得事宜也。"一个得道的人，得之于内，形之于外，用经文第十九章的话来讲，他的内心修养，一定"见素抱朴，少私寡欲"，外在表现一定符合行为规范，这样才可以说是达到道德的起码标准，这就是所谓"下德"。"下德"不是没有德性，只是不如上德那样高尚而已。假使能进而上之，在行为表现上，"绝圣弃智""绝仁弃义"，那就叫作"上德"。

"上德不德"是说上德之人不自得，不会满口道德仁义。就因为他不自说德，"生而不有，为而不恃，功成而弗居"，所以别人归德于他，使他拥有了德的名声。相对的，下德之人虽然"不失德"，念念不忘德，不敢违背德，但"多言数穷"，"自遗其咎"，结果引起别人的嫉妒反感，不肯归德于他，因此他虽亦有德，却犹如无德。经文第二十三章说："故从事于道者，道者同于道，德者同于德，失者同于失。"拿来与本章合看，更能明白上德、下德与失德三者的不同。上德者同于道，下德者犹"不失德"，至于失德者，那就等而下之，不必多说了。

由此我们亦可体会到道经与德经的不同。道经所重者，在本体论，在宇宙论；德经所重者，在功用论，在道德论。二者虽然同样主张虚静无为，处无为之事，行不言之教，同样重视理论的探讨，原则的归纳，前者重在说明宇宙间天地万物的消长存亡之理，一切事物都是相因相生、相反相成的，因此有无相生，难易相成，长短相形，高下相倾等等；而后者则重在探究人世间政治教化的推行因应之道，一切事物都必须明其是非，别其高下，论其得失，定其有无，因此，上德下德要区分，无为有为要辨别，至于仁义礼制等等，都更要论其先后高下了。

在老子看来，上德之人同于道，是无为的，这里的无为包括无名、无私、无欲等等。他不是毫无作为，但他不会故意去做些什么。说他"无为",不是说他什么都不做,而是说他一切顺其自然,顺乎天而应乎人。他所做的事都是大家正想要做的事,因而他做了就如同和大家一起做了一样,大家并不觉得他有什么特别,所以才说他"无为"。"无以为"的"以",可以解释为"因"或"用"。"无以为"就是说:没有什么原因或目的需要刻意去做。这三个字有的传本作"无不为",是说没有什么动机故意不去做什么。一正一反,说的是一样的道理。同样的,"下德为之而有以为",有的本子"有以为"作"无以为",也是一从正面、一从反面在说明:下德之人是强调有为的,要有作为,他明白什么该做什么不该做,所以他的一切作为都有个目的或动机。例如下文所标举的仁义礼制之事都是他刻意要去做的,所以说他"为之而有以为";而违反仁义礼制之事都是他刻意不做的,所以说他"为之而无以为"。历来有的读者一看到版本不同,文字不同,就大惊小怪,实在大可不必。

第二段谈仁义礼等等,都是道德丧失之后依次发生的产物。经文第十八章说"大道废,有仁义;慧智出,有大伪",又说"六亲不和,有孝慈;国家昏乱,有忠臣",孝慈忠臣等等,说的正是有关礼制丧失后之事。这是说大道沦亡之后,仁义礼教才产生。第十九章又说"绝圣弃智,民利百倍;绝仁弃义,民复孝慈",也都是认为圣智仁义等等,有违大道。可是我们从老子的这些话里可以看出,他对人世间所讲的道理仍然难免要谈到"民利百倍""民复孝慈"等等,可见一旦落实到政治人事、道德修为等等现实人生,他也不得不分高下,论先后。也因此,德有上德下德之分,而仁、义、礼等等也都要冠以"上仁""上义""上礼"了。

"上仁"等三事的"上"有"崇尚"之意,但也用以标识仁、义、礼三者与德一样都有上下之分。有人根据帛书本没有"下德为之而有以为"这一句,就推论此句必为后人所增,甚至认为与上下文句不相谐调。笔者不以为然。笔者以为"下德为之而有以为"以上六句，皆论上德下德之事，自成一个段落，缺此一句，反而文气不全。而且，有此一句与"上德"者对，下面的"上仁""上义""上礼"三者后面，我们也才可以推测原可有"下仁""下义""下礼"三个相对的句子，只是作者为了化繁为简而省略去了。"上仁"近于德，"下仁"才流于义；"上义"近于仁，"下义"才流于"礼"；"上礼"还近于义，"下礼"则不堪言矣。这样的理解，也才可以和下文的"失德而后仁，失仁而后义"等等，互相承应。

显而易见，老子是把"上仁"和"上义"比照"上德"与"下德"，把它们与"无为""有为"的关系视为一组来讨论的。"上仁"和"上义"都已不是虚静"无为"的了，它们都是"有为"有作为的，不同在于："上仁"者为之却非出于故意，是无心，不是为了沽名钓誉，而"上义"者为之则已自认合理，是有心，认为自己在伸张正义。老子以为：无心为之比有心为之，境界层次要高。至于礼，不管说是礼法、礼制或礼教，它指的都是外在行为的规范。既称规范，是要求别人，不止要求自己，必然有其限制性、强制性，与仁义的出于自动自发，境界层次又自不同。也因此，老子用"莫之应，则攘臂而扔之"来形容。别人不响应、不服从，就卷起长袖露出手臂来拉扯别人就范。这样的形容含有强烈的限制性，与老子一向的主张虚静无为相差太远了。

"故失道而后德"以下四句，有的本子在每句的"而后"之后，都还有个"失"字。例如"失道而后德"作"失道而后失德"。多不多这个"失"字，其实于文义无损，说的都是借道、德、仁、义、礼的层次高下不同，来说明世俗人心、社会风气的厚薄好坏。

第三段所论，与第二段相对。第二段由道德的沦丧，说到仁、义、礼的产生是世风愈下的结果；第三段则由礼是社会的乱源说起，说"大丈夫"也就是想要力行大道的执政者，为了治国安民必须"逝"而能"返"，认识经由仁义而返回大道大德的道理。

"夫礼者，忠信之薄，而乱之首"，是说世人所标榜的忠信等等，已是礼之薄，换句话说，已是"下礼"，更趋薄弱的表现。因为人为的因素多了，自然的因素少了，大家逐渐不讲内在的修养，而只讲外在的规范。一旦社会有人标榜忠信，以礼为法，那么这个社会的日渐趋于衰乱不问而可知。同样的，前面所标识的仁义相对于虚静无为的大道大德而言，也不过像那些虽美丽却易凋落的花朵而已。虽开了花却没有结成果实，这就好比仁义之言说得好听，却未必于人有益。"处其厚"的"厚"，"居其实"的"实"，与前面的"薄""华"相对，要敦厚不要轻薄，要果实不要虚华，换言之，要治国安民，光讲仁义还不够，还要更求推而上之，以期达到大德进而大道的境界。

"前识者"，有人译解为"先知"，说是有先见之明的人。这样讲也不成问题。因为先知有先见之明，表示有过人的智慧，而智巧是老子常拿来和仁义相提并论的，例如第十八章说的"大道废，有仁义；慧智出，有大伪"，第十九章说的"绝圣弃智""绝仁弃义""绝巧弃利"等等都是。因此说智慧为"愚之始"是言之有据的。不过对照上文来看，把"前识者"解释为"前面所标举的"，似乎比解释为"先知"要更为恰当。

最后应该补充说明德经和道经孰先孰后的问题。《老子》早期的传本，应该是德经在前的。因为西汉以前，对于上下先后的顺序，和后来的人观念不一样。有学者说：西汉以前，称上下为下上，称先后为后先，总把下的后的摆在前面。就像甲骨文上下二字连刻时，也作"下上"；就像《周易》的乾卦：先乾下而后乾上，先下卦而后上卦。卦由六爻组成，也是由下往上看。因此，《老子》一书，德经虽是下篇，道经虽是上篇，但按照西汉以前由下而上起读的习惯，自然把德经排在前面，道经排在后面，而总称则仍为"道德经"。秦汉之际，文化起了大变动，西汉初年以后，有人守旧，有人趋新，因而老子《道德经》的早期传本，道经、德经的先后次序没有固定，是可以理解的。到了唐玄宗开元年间，才下诏统一，道经在前，德经在后，一直沿用至今。

《论老子绝句》之三十八：
  上德无为无以为，失仁后义启人思。
  不凭忠信奠基石，试问礼从何处移。

第三十九章

昔之得一者：天得一以清，地得一以宁，神得一以灵，谷得一以盈，万物得一以生，侯王得一以为天下贞。①

其致之，天无以清，将恐裂；地无以宁，将恐发；神无以灵，将恐歇；谷无以盈，将恐竭；万物无以生，将恐灭；侯王无以贵高，将恐蹶。②

故贵以贱为本，高以下为基。是以侯王自谓孤、寡、不穀。此非以贱为本邪？非乎？故致数舆无舆。不欲琭琭如玉，珞珞如石。③

【校注】

①以上七句——得一，犹言得道。帛书本无"万物得一以生"句，下句"贞"则作"正"。《吕氏春秋·执一篇》："执一为天下正。"贞、正皆"祯"之音转。祯，板筑的工具，作准绳之用，犹言模范，引申有君长之意。

②以上十三句——其实也可以说是七句。帛书本无"万物无以生，将恐灭"句，"无以"作"毋已"。帛书甲本"天""地""神""谷""侯王"前，并有"谓"字。"其致之"帛书乙本作"其至也"。傅奕本"其致之"下有"一也"二字，"侯王无以贵高"作"王侯无以为贞而贵高"。字句或异，文义则同。"发"，爆发、涨开，与"裂"同义。

③以上八句——帛书本文字颇有不同，不具引。不穀，河上公注："喻

不能如车毂为众辐所凑。"有自谦之意。"故致数舆无舆"，帛书甲本"舆"作"与"，河上公本"舆"作"车"，傅奕本则作"誉"，或谓"数舆无舆"即"至誉无誉"之意。"琭""珞"二字，帛书本作"禄""硌"，傅奕本作"碌""落"。皆同音相假可通。

【直译】

从前这些得到一贯之道的：天得到一贯之道因而清明，地得到一贯之道因而安宁，神得到一贯之道因而灵妙，溪谷得到一贯之道因而充盈，万物得到一贯之道因而生成，侯王得到一贯之道因而成为天下的准绳。

就其极端的情况来说，天不得清明，就会怕分裂；地不得安宁，就会怕崩解；神不得灵妙，就会怕休歇；谷不得充盈，就会怕枯竭；万物不得生成，就会怕消灭；侯王不得高贵，就会怕颠跌。

因此贵以贱为根本，高以低为基础。所以侯王自称"孤""寡""不穀"，这不就是以贱为根本吗？不是吗？因此推论：分为几个部分的车子，就不是车子了。所以有道之士不想琭琭多彩像美玉，宁愿磊磊落落像坚石。

【新绎】

此章说明"一"的重要性，及其与"道"之间的关系。天、地、神、谷、万物、侯王等等，都因为有"一"才能发挥作用，反之则趋于消亡。可见这个"一"字在老子学说中的重要性。有人把它视同"道"，以为"一"就是"道"，虽然没错，但不完全正确，可以说这是还有待商榷的说法。上一章解说"德"的来历时曾引用《庄子·天地篇》的话，说德是有了"一"才由无而有。道无形，德有象。"一"就是由无而有的作用。因此经文第四十二章也才说："道生一，一生二，二生三，三生万物。"既然说"道生一"，"一"是由"道"而生，即可证明"一"不完全等于"道"。

笔者以为"一"是"道"的一面，而非全部。从第一章开始，"道"在老子学说中一直是创生天地万物的浑沌之物，它兼有"有""无"二者相生相成的特性，难以名之，只好"字之曰道"，并且"强为之名曰大"（见第二十五章），"道"和"大"都是勉强提出的名称，但它同时具有"阴""阳"的两面，或者说是具有"有""无"的两面，则是读《老子》书的人无法否认的事实。有人认为它就是道家所说的元气，天地万物都是由此元气生成的。第一章说："无，名天地之始；有，名万物之母。"早已说明了"无""有"二者的相生相成，才创生了天地万物。从"无"的一面说，虽然它不是我们今天所说的"没有"，而只是指"有"还没有出现前的虚空状态，我们或可称之为"虚无"。既是"虚无"，自然视之不见，听之不闻，搏之不得，没有任何色相形体可言。在这种情况下，要由"无"来说"道"，真是"微妙玄通"不"可道"。相反的，从"有"的一面说，因为有色相形体可言，所以可"执大象"，把握具体的形象而得其大体。所谓有无、阴阳，都还是抽象的概念，但所谓天、地、神、谷、万物、侯王等等，相对而言，则已是有色相形体可言的事物，至少已有迹可求了。

以上所说的阴阳，有人称为两仪。天地就是两仪的具体存在的现象。天在上，地在下。上有天文星象，下有地理山川。天文星象，包括云雨雷电的变化，所以又称之为神；地理山川，包括陵谷天渊的起伏，所以又称之为谷。谷与神对，皆灵验之谓，第六章说"谷神不死"，足可为证。在这天地之间，则有万物，万物的"万"，极言其多。而其中的人，则为万物之灵；万物之灵中的最高统治者，老子称之为侯王，亦可简称为"王"。因此，人王与天地相配而为三才。三才都是禀承"道"而生的。所以经文第二十五章又说："故道大，天大，地大，王亦大。"王弼的注即曾这样解释：

> 道法自然，天故资焉。天法于道，地故则焉。地法于天，人故象焉。王所以为王，其主之者，一也。

这是说天、地、人王秉"道"先后而生，"其主之者"有一样东西，那就是所谓"道"，所谓"自然"，也就是此章所说的"一"。这样说，如果忽略了"其主之者"这句话，就会使人误会"一"就是"道"，"道"就是"一"。"其主之者"，是说天法道、地法天、人法天地的过程中，都有一样东西在主导着，贯乎其间。简而言之，"一"就是把"道"贯注到天、地、人王的元气。孔子曾说"吾道一以贯之"，移以论此，可谓极为贴切。可能很多人一提到"一贯之道"或"一以贯之"的话，就联想到孔子，所以不愿意把这类的话用到老子身上。事实上，任何学说，只要有中心思想，任何理论，只要有系统思维，都是可以"一以贯之"，有其"一贯之道"。因此，笔者以"一贯之道"来解释此章"得一"的"一"。

那么，老子为什么要以"一"来说明其一贯之道呢？关于这个问题，王弼在经文第四十二章"道生一，一生二，二生三，三生万物"等句的注文里，有一段话很值得我们注意。他说：

> 万物万形，其归"一"也。何由致"一"？由于"无"也。由"无"乃"一"，"一"可谓"无"？已谓之"一"，岂得"无"言乎？"有"言有"一"，非"二"如何？有"一"有"二"，遂生乎"三"。
>
> 从"无"之"有"，数尽于斯，过此以往，非道之流。故万物之生，吾知其主，虽有万形，冲气"一"也。百姓有心，异国殊风，而得"一"者，王侯主焉。以"一"为主，"一"

何可舍？

从王弼的这些话中，可以看出"一"只是"道"的一面或一部分，而且偏重在"道"从"无"到"有"的过程中，"一以贯之"的功用上面，因此后人把"一"解释为"道"，究而言之，实在大有商榷余地。

王弼的解释，是从数目字的"一"来推衍的，应该很切合《老子》第二十五章、第四十二章等章的旨意。笔者在信服之余，却想从王弼解释"从无之有"即从"无"到"有"的话中，另外从"一"字的字体，为"一"试作一新解。

就文字的构成来说，任何文字都始于一点一笔一画，数目字如此，其他一切亦莫不如是。在还没有一点一笔一画之前，一切是虚无的，莫测高深，此即"无"，但开始有了一点或一笔一画之后，就可以纵横方圆，千变万化，此即"有"。论其始，固然于一点一笔一画之有无；论其终，任何千变万化的字体分解来看，也莫不是由于一点一笔一画的增减有无。因此，老子以"一"来喻"道"，真可谓得"道"之正。

这一章是老子德经的第二章。上一章说明"德"是"道"的具体表现，可以分为上德、下德、仁、义、礼等等，这一章则从"道"之创生化育天地万物的过程中，说明天、地、神、谷、万物乃至侯王等等，能够获得"道"的一以贯之的法则，才能兴盛，否则必然衰亡。他所说的天地万物等等，都有形有象，所说的侯王贵贱，也都与"德"之有无相关。这些也就是落实到现实的人生中，老子所殷切关心的话题。

全章可分三段：

第一段和第二段都是谈一贯之道的重要。先从正面说，再从反面说。"昔"应指从古以来而言。老子要教导、劝谕当世的执政者或领导人，畅言效法古之圣人，因此常常借古以讽今。第十四章说的"执古之道，以御今之有"，就是这个意思。老子以为"道法自然"，"自然"是自然而然，该怎样就怎样，这也就是宇宙万物运行的法则。天地万物都必须遵守这个法则，才能发挥"清""宁"等等良好的作用，否则就会产生"裂""发"等等反面的效果。第一段说的是前者，第二段说的是后者，层次非常分明。

在这两段文字之中，有一些词语需要略作补充说明。先从第一段的"神""谷"说起。"神""谷"安插在"天""地"与"万物""侯王"之间，是有其特别意义的。经文第六章说："谷神不死，是谓玄牝。玄牝之门，是谓天地根。"可见谷神为天地的根源。这在第六章中已有所说明，那时候已经说过，"谷神"可为一事，指谷之神灵，但也说可指二事，即谷与神各有所指。笔者以为此章的"神""谷"，即分指天地的神灵而言。第六章河上公注"谷"为"养"，帛书本"谷"作"浴"，亦有滋养沾溉之意可证。天有神灵，才会有云雨雷电的变化；地有神灵，才会有陵谷天渊的起伏。此犹后人所说的天神地祇，只是可能老子之时还没有"地祇"这种说法。这样讲，可以解决两个问题：一、"天""地"各有其"神""谷"之灵，与下文所说的人王为万物之灵，正好相对称；二、帛书本没有"万物得一以生"这一句，可见"得一"者，重在得天地万物之"灵"，侯王是万物之灵中的主宰者，所以可以做为"天下贞"。"天下"，《老子》书中常用来指天地之间的一切事物，自然包括"万物"，所以重复言说。

其次说第二段的"致"和"发"。这里的"致"是推其极致的意思，"发"是地面爆裂的意思。《老子》一书，大多数的章节都有押韵，所以朗朗可诵。此章第一段的"清""宁""灵""盈""生""贞"，都用平声"耕"部韵，第二段的"裂""发""歇""竭""灭""蹶"，都用入声"祭"韵，在诵读时，由清扬而转急促，正好与内容的正面反面相呼应。

最后一段，把"得一"的道理，落实到人间世来说。老子的一贯之道，在虚静无为，在守柔处下，所以这里说"贵以贱为本，高以下为基"，统治百姓的侯王要"自谓孤、寡、不穀"。孤、寡、不穀，都是自谦的意思。自我谦虚，才会以静制动，以柔克刚，不会违背一贯之道；看待问题也才会看全面，不会偏执一端，像上面很多章节所说的那样。"数舆无舆"，河上公本"舆"作"车"，与上文"不穀"的"穀"，都与车子有关。车舆是古人生活必备的交通工具，老子借此喻道，最易开悟读者。人看车子，如果不就全面全体观之，而把车子分为辐、轮、毂、衡、舆等等很多部分，单独论其功用，则目无全车，车子就不成其为车子了。这就好比侯王不把百姓视为一体，处处分其贵贱，论其高下，侯王自居尊贵而目无百姓，也就不成其为侯王了。进一步说，侯王如果能够守贱处下，不自贵自高，就好像说自己不是车子重要部分的毂，那么要治国安民就容易得多。有的本子"舆"作"与"或"誉"，有人说"数舆无舆"就是《庄子·至乐篇》所说的"至誉无誉"，那也是说不要自有自恃、自己居功的意思。

末尾二句是再以常见的璞石为喻，说玉是灿美多彩的，常为人所贵，石是磊落坚实的，常为人所贱，君子不要分开来看，因为它们的形状光泽虽然不一样，可是玉也是来自美石，它们本来就是一体。换言之，君子论道，不希望有贵贱之分。

《论老子绝句》之三十九：
　　见说一为天地根，神人灵正总难论。
　　自称孤寡侯王事，无誉始归众妙门。

第四十章

反者,道之动;弱者,道之用。①
天下万物生于有,有生于无。②

【校注】

①以上四句——楚简本、帛书本在"反""弱""动""用"字下,皆有"也"。作语气停顿舒缓之用,此古代楚人楚语之特色。文义固无不同。

②以上二句——"天下万物",楚简本、帛书本作"天下之物",严遵本等作"天地之物"。末句"有生于无",楚简本作"生于无",无"有"字。盖谓天下万物生于有,亦生于无。

【直译】

道的运行是反复的;道的作用是柔弱的。
天下万物都产生于"有"之中,而"有"产生于"无"之中。

【新绎】

此章有的传本(如严遵本等),是与上章相连的,而楚简本、帛书本等,则系于下一章之后。而且,末句楚简本没有句首的"有"字,这一字之差,使"天下万物"从何而生的问题,引起了一些争论。为了讨论的方便,我们还是从头谈起。

这一章虽然篇幅不多,但所谈的都是《老子》一书中重要的课题，有些地方，上文已一再讨论过。"反者，道之动"的"反"，有两层意义：一是正反的"反"；一同"返"，是往返的"返"。从正反的"反"来说，从第一章所谈的"无""有"，第二章所谈的"天下皆知美之为美，斯恶已"开始，老子就常借天地万物之中原就存在矛盾对立的事物来说明"物极必反"中的正反相对、"独立而不改"的道理。从往返的"返"来说，强调的是正反之间的转化过程。经文第二十五章说"大曰逝，逝曰远，远曰反"，说的就是"物极必反"中逝而能返、"周行而不殆"的道理。前者如宠辱，后者如盛衰。二者虽有不同，但就其运行转动而言，实则为一。"反"是"正"的对立面，用现代的数学观念来说，是一百八十度的逆转，而"返"则是由"正"而"反"，再由"反"而"正"的过程，亦即上文所谓"大""逝""远""反"，是三百六十度的回转，又回到原始的起点。如此周而复始，循环不已。因此，这里所说的"反"，实兼有"反""返"二义。这就是所谓相反相成，也是《老子》书中一再阐释的道理。

同样的，"弱者，道之用"这个命题，"弱"也兼有"弱"与"强"对，以及"弱"为"强"之本的两层意义。经文第三十六章说"将欲弱之，必固强之"，又说"柔弱胜刚强"，可见"弱"与"强"是对立面，但最后"强"仍归于"弱"所有。以动、植物为例，始生之时都是柔弱的，后来逐渐茁长而趋于强壮，强壮与柔弱大不相同，但强壮之后又势必趋于衰微，终至于消亡。

观察以上所说的这些过程，归纳起来，老子以为必然有一个自然的规律贯乎其间，他称之为"道"，而把由"无"而"有"，再由"有"而"无"的过程，称为"道之用"。

这一章最后说的"天下万物生于有，有生于无"，就是从上述推论中得来的。"天下万物"，有的本子作"天地万物"，有的作"天下之物"。天下，就是指天地之间。物是概称，万物是极言其多，上述几种异文,本来亦可相通。有人于此大作文章,似可不必。另外,有的本子末句没有"有"字,如此,最后两句的意思就变成了天下万物既"生于有",也"生于无"。这样说似乎与原来的"生于有,有生于无"意义不同。前者是说"有""无"可以同时相生相成,而后者则说所生有先后次序的不同。实际上,老子论"道",从第一章开始就说了"道可道,非常道",有些恒常之"道"是难以言说的。所谓"无,名天地之始;有,名万物之母",有、无二者本来就是抽象的概念,一般人实在不易了解,所以老子才会说"同谓之玄""玄之又玄",然后又于第二章中说"有无相生,难易相成"等等,来说明"有""无"二者是相因相生、相对相成的。笔者也因此以为"无,名天地之始;有,名万物之母",应当视为互文见义,意即"无"与"有"二者配合,即天地万物之根源。配合得宜,即生其功用,合乎"道",所谓"有之以为利,无之以为用"(第十一章);配合得不好,则"轻则失本,躁则失君"(第二十六章),会出现"天无以清将恐裂,地无以宁将恐发",乃至"万物无以生将恐灭,侯王无以贵高将恐蹶"(第三十九章)的状况。所以,说天下万物"生于有,有生于无"也好,"生于有,生于无"也好,不过都是呼应上文,说"有""无"之互动、互相为用,因而才产生了天地万物。有人根据帛书本"有生于无"作"生于无",而大做文章,过于推崇帛书本的价值,而忽略了《老子》书中"有无相生"的涵义,是有待商榷的。经文第十六章说:"万物并作,吾以观复。夫物芸芸,各复归其根。归根曰静,是谓复命。复命曰常,知常曰明。"读此章时,不妨三复斯言。

《论老子绝句》之四十:

  此强彼弱乱纷纷,有自无生岂可分。
  实腹虚心非大道,正言若反是虚文。

第四十一章

上士闻道，勤而行之；中士闻道，若存若亡；下士闻道，大笑之，不笑不足以为道。①

故建言有之：明道若昧，进道若退，夷道若颣；上德若谷，大白若辱，广德若不足；建德若偷，质真若渝，大方无隅；大器晚成，大音希声，大象无形。②

道隐无名。夫唯道，善贷且成。③

【校注】

①以上七句——"勤而行之"，楚简本作"勤能行于其中"，帛书乙本作"堇能行之"。傅奕本作"而勤行之"。"不笑不足以为道"，是说下士自作聪明，怕不嘲笑大道，会被当成不识大道。

②以上十三句——"建言有之"句下，帛书乙本等有"曰"字。建言，即立言，指古人之格言教训。"明道若昧"以下句中"若"字，帛书本等多作"如"。夷，平。颣，丝有结。楚简本此句作"迟道如㩆"。迟，徐行。㩆，通"㥏"，颓败之意。建，同"健"。偷，苟且。质真，即实德。"德"古作"悳"，与"真"形近。"大器晚成"，"晚"楚简本作"慢"，帛书本作"免"。"慢""晚"义同。"免成"则有"无成"之意。

③以上三句——"善贷且成"，帛书本作"善始且善成"。敦煌本"贷"亦作"始"。贷，借而有还，此喻始于借而终于成。

【直译】

上士听了大道,尽力实践它;中士听了大道,像记得又像忘掉;下士听了大道,大大地嘲笑它,不嘲笑就不足以成为大道。

所以从前有人说过:光明的大道像是昏昧,前进的大道像是后退,平坦的大道像是打结;最高的品德像是谿壑,最大的洁白像是污垢,最广的品德像是不足够;健全的品德像是怠惰,实在的纯真像是混浊,最大的方形没有边角;最大的器物最晚完成,最大的音乐很少音声,最大的形象没有踪迹。

大道幽隐,没有名称。只有大道,善于创始而且能够完成。

【新绎】

此章说明"道"的本质,"唯恍唯惚",浑沌一片,所以不同的人,对它会有不同的观感。文中用了十二个成语,来说明"道""德""大"等等,都有"恍兮惚兮"的两面,贵在读者能善自体会。这十二个成语称为"建言",当然是指出诸别人,并非著者自己的创见。老子担任周典藏史,这些话和其他章节的"故圣人云""古之所谓""用兵者言"等等一样,最有可能的,当然是出自古人古书古语。不仅可能是太史儋引述老子之言,也可能是老子引述古人之格言教训。

全章可分三段:

第一段呼应第二十一章的"道之为物,唯恍唯惚"等句,说明"道"的本质虽然是一个,但因它恍惚浑沌,因而上士、中士、下士三种不同的阶层,体会也就各有不同。为什么特别提到"士"这个阶层呢,可能与周朝的政治制度和社会风气有关。士这个阶层,在周朝是社会的中坚,他们效忠国家,服侍贵族,帮助侯王卿大夫来带领百姓,管理人民。《论语》一书所记载的,几乎都是孔子教学生如何才能做好士人的工作,因此他与书中大多数人物的对话,几乎都环绕着士人如何学习、如何为人处世的话题。《老子》一书则不同,大致是对执政者而发,往往借古之圣人的格言教训,告诉统治者如何因应人民,而不是针对士人这个阶层来开说立论。此章开头讲阶层不同的士人对所听闻的"道"有不同的反应,也是居高临下,告诉执政高层如何借此鉴别士人的不同。

孔子曾说:中人以下,不可以语上。老子也有这样的看法。同样听"道",上士能铭记在心,勤行其言;中士则心不在焉,似存似忘;至于下士更是自作聪明,以为所听的道理只是空口大话,因而加以嘲笑。此章即从这里谈起,暗示"道之为物,唯恍唯惚"、"玄之又玄"的结果,很容易引起一些人的误会。所以下文马上提出十二个例证,来说明"道"的一体两面。

第二段列举了十二个例子,并且说这是古代立言者曾经说过的话语。在这十二句十二个例子中,有下列几个现象值得注意:第一,每一句之中,都已经有正反两面的字眼相对。例如"明道若昧"的"明"与"昧"对,"进道若退"的"进"与"退"对,等等。第二,句中谈到"道"和"德"的各有三句,谈到"大"的有五句,如果把"质真"的"真",当成"德"(悳)的古字,那么言"德"者有四句。第三,前八句的第三个字皆作"若",后面的四句,第三个字分别是"无(隅)""晚(成)""希(声)""无(形)"。基本上,它们也都是"无"的意思。"晚成"的"晚",帛书本作"免";"免成"意即"无成"。即使是原句的"大器晚成",也隐含有最迟而难以完成之意。"希声"的"希",第十四章早就说过"听之不闻,名曰希",可见"希"亦含有"无"意。第四,这十二句一如以上各章,依古音每几句押一韵。"昧""退""纇"一韵;"谷""辱""足""偷""渝""隅"一韵,"成""声""形"一韵。读起来清切可诵。第五,这十二句的次序,看起来似有舛错。例如"大白若辱"一句,敦煌本列在"上德"句前,"大白"句亦指"道",如此则言"道""德""大"者各四句。今人亦有径移之于"质真"句之后的。主要的原因,是这一句插在"上德"与"广德""建德"三"德"之间,令人总觉得有些不搭调。就句首"大"字言,亦似宜置于后文"大方""大器"等四"大"前后才对。不过,这只是一种合理的推测而已。

以上所说的这十二个例子,据第二十五章,我们知道"大"是"道"的别名,它有时候会"逝"会"远";据第三十八章,"德"是"道"的外现,它有时候会华而不实,可以说都具有"道"的正反两面。因此,就"道"而言,它若明显若暗昧,若前进若后退,若平坦若打结;就"德"而言,它若高上若低下,若广大若不足,若健全若苟且,若纯真若混浊;就"大"而言,若洁白若污黑,方形可无边角,器物尚未完成,音乐可以无声,形象可以无形。这一切,都是因为"道之为物,唯恍唯惚"的缘故。

第三段作结,只有三句。"道隐无名"承接第一段的"不笑不足以为道",说"道"因幽隐而难以形容,不为中下之士所知,但对于真正知"道"的上士来说,"道"其实是借给别人、帮助别人,最后又会回到自己身上的东西。"贷"就是这个意思。就像借钱给别人,帮助别人买了要买的东西,最后他还是还给你钱,你没有损失,却又帮助了别人。王弼注云:"贷之非唯供其乏而已,一贷之则足以永终其德,故曰善贷也。"旨哉斯言!

有人认为"道隐无名"一句,应属上读。这固然是另一种读法,但未必好。因为放在这里,事实上更有总结上文、呼应以上各章的作用。

《论老子绝句》之四十一:
　　　五音乱耳只虚声,大器晚成更不能。
　　　论士且分上中下,如何侈口说无名。

第四十二章

道生一,一生二,二生三,三生万物。万物负阴而抱阳,冲气以为和。①

人之所恶,唯孤、寡、不穀,而王公以为称。故物或损之而益,或益之而损。②

人之所教,我亦教之:强梁者不得其死,吾将以为教父。③

【校注】

①以上六句——句中一、二、三等数目字,盖以数目之由少而多,说明大道衍生万物的过程。后人解一为太极,二为两仪,三为三才,自亦有其道理。

②以上五句——"人"字帛书甲本作"天下"。"以为称"帛书本作"以自名也"。不穀,一作"不穀",意同,都是自谦不完善之词。

③以上四句——前二句傅奕本作"人之所以教我,亦我之所以教人"。"强梁者不得其死"帛书本作"故强良者不得死"。"教父"帛书本作"学父"。古人说教者学之半,"学"本来亦有"教"的意思。

【直译】

大道生成一团元气,一团元气生成阴阳天地的两仪,两仪生成天地人的三才,三才生成千千万万的物体。万物背负阴气而迎抱阳气,激荡阴阳二气而达成和谐。

人所厌恶的事物,就是孤、寡、不穀,但王公却拿来做称呼。因此事物有时减损它却反而使它得到增益了,有时增益它却反而使它受到减损。

前人所教导的,我也教导人学习:强横的人不能得到他的好死,我将以此作为教学的主体。

【新绎】

此章借大道衍生万物的过程,来说明"冲气以为和"的重要性。从天道说到人事,本来就是《老子》一书的立意所在,尤其是德经的部分,更是如此。

全章可分三段:

第一段说"道"由"一"衍生为"万物"的过程。前面第三十九章曾经说过"昔之得一者,天得一以清,地得一以宁",一直推衍到"万物得一以生,侯王得一以为天下贞"的正反两面。"一"是指天道浑沌未开,尚未化生天地万物之前的原始状态,有人称之为元气,也有人称之为太极,天地万物都必须得此一贯之气才能化生;"得一"的"得",则强调在获得此一以贯之的元气作用上。"一"和"得一"二者的意义是不同的,第三十九章说的是"得一",此章说"一",一二三的"一",二者在理论上自有差异。

此章开头所说的"道生一,一生二,二生三,三生万物",古代读者的理解,通常把"一""二""三"视为太极、两仪、三才的代称。太极是一团浑沌恍惚的元气,两仪是阴阳天地分开的形态,三才是天地判分之后,阴阳互相冲和而造成人的存在。如此衍化生成,然后才有所谓万物产生。它们都是先后参赞造化而生。所谓参赞造化,也就是上文第三十九章的所谓"得一"。《列子·天瑞篇》说:"一者,形变之始也。清轻者上为天,浊重者下为地,冲和气者为人。故天地含精,万物化生。"这样的理解有其道理。《周易·系辞上》说的"易有太极,是生两仪",《庄子·田子方篇》引述的"至阴肃肃,至阳赫赫。肃肃出乎天,赫赫发乎地。两者交通成和而物生焉",《吕氏春秋·大乐篇》的"太一出两仪,两仪出阴阳。阴阳变化,一上一下,合而成章",《淮南子·天文训》的"道曰规,始于一。一而不生,故分而为阴阳。阴阳合而万物生",以上这些文字背后所蕴含的思想,前后相承,有一定的发展脉络,读者不应一笔抹杀。至少它们和楚简《太一生水》篇一样,保存了秦汉以前中国古人对宇宙万物生成的观念。

近代的学者颇有些人不采用上述的说法。他们认为"道生一"以下几句的数目字,只是说明由简而繁的过程而已。事实上,他们也是有所本的。《庄子·齐物论》有云:"天地与我并生,而万物与我为一。既已为一也,且得有言乎?既已谓之一矣,且得无言乎?一与言为二,二与一为三。自此以往,巧历不能得,而况其凡乎?故自无适有,以至于三,而况自有适有乎?"这也就是王弼注所谓"有一有二,遂生乎三。从无之有,数尽乎斯,过此以往,非道之流"等等立论的依据。王弼注已具引于上文第三十九章"新绎"的解说里,此不赘言。

这里的说法,强调数目字就是数目字,代表由简而繁,由少而多。万物的"万",即衍生累积而得。表面上看起来,此与前一种说法有所不同,至少在理论上是如此。但仔细深入去想,二者却又没有实质上的差异。数目字一、二、三的背后,仍然有所指称才对,古代传统的太极、两仪、三才之说,不过是冠以名称,所谓"名可名"而已。对所起的名称可以反对,但名称的背后毕竟是有实体存在的。因此笔者以为旧说仍有可取之处。

"万物负阴而抱阳,冲气以为和"二句,上文已再三解说过,万物是阴阳二气相互激荡磨合而生,《荀子·天论篇》也说:"万物各得其和以生。"作为万物之灵的人,更是如此。"和"可以有两种解释：一是指阴阳二气的激荡和合，二是指阴阳二气和合之后所产生的和气。第二种解释，把第一种解释所说的作用包括在内，比较适合此章的旨趣。《庄子·知北游篇》说"人之生，气之聚也""故万物一也""通天下一气耳"，这些话都可以拿来与本章合读。

第二段把上面所说的理论，落实到现实世界来。"人之所恶"的"人"，帛书甲本作"天下"，那是说天下万物大都不喜欢孤独、寡弱、不美善。"不穀"一作"不穀"，都是不美好、不重要的意思。"人"与"万物"对，"王公"又与"人"对。"人"与"万物"的不同，在于"人"类更会思想，而"王公"与一般"人"的不同，更在于"王公"能善于体会"冲气以为和"的道理。冲和之气，不会偏颇，而其所以能够如此，又在于"负阴而抱阳"，守柔处下，不与人争。《尚书·大禹谟》有云："满招损，谦受益。"意思是说自满自得的人夸耀自己的长处，惹人厌恶，反而破坏他的名誉；自谦自贬的人谦称自己的弱点，令人同情，反而称扬他的优点。这就是"或损之而益，或益之而损"二句所要阐释的道理。

最后一段以"强梁者不得其死"一语作结。这句话据《说苑·敬慎篇》及《孔子家语》等书的记载，原是周庙金人铭文，可见这应该也是老子引用古人说过的话语，来教导后学。所以他才说"人之所教，我亦教之"。这句话和第三十六章所说的"柔弱胜刚强"，道理自可相通，但它特别强调：过于强横的人必然不得其死。过于强横的人，取强用矜，难免招来横祸，而死于非命。这当然与上文互为呼应，也是劝人"冲气以为和"，一切以"和"为贵，不可骄矜的意思。

"强梁者不得其死"这一句，帛书甲本作"故强良者不得死"。有人译作："故意强称贤良的人，不会有结果。"可备一说。

《论老子绝句》之四十二：

  坚持一气莫仓皇，万物负阴更抱阳。
  但守良心行正道，管他地狱与天堂。

第四十三章

天下之至柔,驰骋天下之至坚。①

无有,入无间。吾是以知无为之有益。②

不言之教,无为之益,天下希及之。③

【校注】

①以上二句——至柔之物,如水;至坚之物,如金石。驰骋,犹言奔逐、驾驭。

②以上二句——"无有,入无间",帛书甲本作"无有,入于无间",傅奕本作"出于无有,入于无间"。无有之"有",无间之"间",皆为名词,"有"指有形之体,"间"指空隙。

③以上三句——傅奕本"希"作"稀"。"希"有希望与稀少二义,在此句中都讲得通。

【直译】

天下最柔弱的东西,能够驾驭天下最坚硬的东西。

无形的力量穿透没有间隙的物体。我因此知道无为是有益的。

不待言说的教化,无所作为的好处,天下很少人能够达到。

【新绎】

此章重复上文说过的道理，特别强调柔能克刚、"无有"入乎"无间"，以及"无为""不言"的好处。老子《道德经》中，前后重复的地方不少，有的是文句重出，有的是意思近似。有些学者面对这种情况，比对版本之余往往臆断增删，特别是在帛书本、楚简本先后出土之后，更多的人据以改订旧传本，其臆断妄改的情形比以前更为严重。笔者以为《老子》的章节之间本来就多协韵，重章叠句，前后复沓，以增韵味，此固韵文常见之形式，不足为怪。《诗经》如此，《楚辞》如此，《老子》亦理当如此。也因此，笔者悉依旧本，一以王弼注本为据，不敢臆断增删，希望读者注意。

"天下之至柔"二句，马上令我们回想到第八章的"上善若水"。水是天下万物之中最为柔弱的东西，可是它却能无坚不摧。"驰骋天下之至坚"的"驰骋"，借马的奔驰，来形容出入的自如和行动的快速。再举个例子，石头是至为坚硬的东西，可是柔弱无比的小草幼苗却能从石头缝隙间生长出来，试想想，这是什么神秘的力量！

所以，老子接着提出"无有入无间"的想法。"无有"，不是指"无"与"有"，而是说无"有"，没有形体的意思。水，原是没有形体的东西，草木的幼苗也一样是原来没有形体可言的。然而它们却能穿过或窜出没有间隙可言的石头，这就叫作"无有，入无间"。《庄子·养生主》所说的"无厚入有间"与此比较起来，意虽近似而实则差别不小。庄子说的还合乎一般人常识的判断，老子所言则"玄之又玄"，可是仔细体会却又令人觉得妙不可言，或者说不可尽言。

"无有，入无间"，有的传本作"出于无有，入于无间"，说某些事物出乎无，入乎有，也很有道理。实际上，"出于无有"就是"无有"，二者都符合老子学说的旨趣，但从下文"吾是以知无为之有益"来看，似乎"无有，入无间"更近于自然，不必又"出"又"入"。无为，是说自己无所作为，没有什么特别的动机或目的，一切顺乎自然，而不是说自己什么都不做。水向低处流，那是自然的趋势，不可以不让它流；芽苗向外伸，那是自然的成长，不可以不让它长。至于水为什么生来就往低处流，芽苗为什么生来就有向外伸的力气，那是"道"的作用。"道"有时可道，有时不可道，或者说，"道"本来就道不尽的。

也因此，老子把第二章经文的"圣人处无为之事，行不言之教"的话，又重新阐述一番。一则强调"不言""无为"是至妙无上的道理，一则说明这是古今"圣人"应当恪守的教训。"天下希及之"的"天下"，河上公注云："天下，谓人主也。"统治天下的人主，以古代的"圣人"为师。"希及之"，河上公注"希能有及道"，也就是希望赶得上他的意思。另外，傅奕本"希"作"稀"，是从反面说，感叹后代人主能够行不言之教、处无为之事的，已经很少了。

《论老子绝句》之四十三：
　　欲入有间须无厚，岂能无有入无间？
　　至坚摧弱寻常事，何必反言惹谤讪？

第四十四章

名与身孰亲？身与货孰多？得与亡孰病？①

是故甚爱必大费，多藏必厚亡。②

知足不辱，知止不殆，可以长久。③

【校注】

①以上三句——楚简本、帛书甲本全同。多，犹"重"，有珍重的意思。"得与亡"，王弼以为是指得名利与亡其身。病，危害。

②以上二句——楚简本、帛书本无句首"是故"二字。"多藏必厚亡"楚简本作"厚藏必多亡"。"甚爱"与"多藏"对，"大费"与"厚亡"对，不仅句中自相为对而已。王弼注云"甚爱，不与物通；多藏，不与物散"，皆有吝惜之意。

③以上三句——首句前，楚简本、帛书甲本等有"故"字。知止，与"知足"同义。止，古通"足"，指脚步。成语中的"适可而止""知所进退"，移以论此，是最恰当的解释。

【直译】

名声与生命，哪一个更重要？生命与财物，哪一个更珍贵？获得名利与失去名利，哪一个更有害？

因此过分的珍贵，一定导致重大的耗费；太多的珍藏，一定导致严重的损失。

知道满足就不会受辱，知所进退就不会危险，这样就可以长治久安。

【新绎】

此章从日常事理来分析人生的利害得失，并且劝人要知足寡欲。

全章可分三段：

第一段用提问的方式来问读者三个问题：名誉和生命、生命和财富、得与失，这三者彼此之间，哪一个值得重视。答案是什么，老子在这里并没有正式具体的回答。不过，从《老子》书中的其他章节，我们仍然可以得其梗概。像第二章说过"功成而弗居"，第三章说过"不尚贤""不贵难得之货""不见可欲"，第九章说过"金玉满室，莫之能守；富贵而骄，自遗其咎"等等。这些话中，我们可以知道老子不重视功名、财富。因此，历来不少人解释此章，专就此一方面去发挥，认为老子鄙弃功名和财富。

另外，又有人从"名与身孰亲"等三个问题中，认为老子既然不重视功名和财富，那么反过来，老子一定是贵"身"无疑，因此说他"贵己""为我"等等。

事实上，这两种推论都值得商榷。仔细看此三句原文，老子只是提出问题而已，并无正式具体的答案。有人以为底下两句是老子的答案，其实也有问题。

底下的两句"是故甚爱必大费，多藏必厚亡"，也就是第二段的文字含意，其实也是不具体的。"甚爱"与"多藏"对，"大费"与"厚亡"对。它们所指的对象究竟是名或身、身或货，是无法确定的。有人可以为名而饿死在首阳山，有人可以为财而饿死在东陵上，或为名，或为利，各从所好，未必人人都以生命为重。"得与亡孰病"一句，王弼注文中说"得"是"得名利"，"亡"是"亡其身"，显然是认为承上二句而言。既然问"孰病"，那也表示原可没有一定的答案。

回头去看前面所引的例子，"功成而弗居"只是说功成名就以后，自己不要居功而已，并没有教人鄙弃功名；"不尚贤""不贵难得之货""不见可欲"，只是教人不尚、不贵、不见而已，要加强自己的人格修养，并没有贬斥贤者、难得之货等等的意思。而所谓"金玉满室""富贵而骄"，也仍然没有离开上述名与利的范围。倒是经文第十九章所说的"绝圣弃智""绝仁弃义""绝巧弃利"以及"见素抱朴，少私寡欲"等等，与此章颇似有相契合处。不过，第十九章说的重在统治天下者如何管理百姓，使社会进步，人民安乐；此章所言则重在自我的修养、人格的陶冶。二者似应分别论之，其分际还有讨论商榷的余地。

笔者以为老子是不偏执一端的，过犹不及绝对不是他的主张。"甚爱必大费"二句的"甚""大""多""厚"，这里都有过分之意，所以他表示不赞成。第二章所说的"皆知善之为善，斯不善已"，特别是第十三章所说的"宠辱若惊""得之若惊，失之若惊""吾所以有大患者，为吾有身"，更让我们了解到：老子主张"宠辱若惊"，主张人之所以有大患，正在于"为吾有身"。因此，历来很多人把第一段所提的三个问题，认定老子重"身"而轻"名"轻"货"，未必是正确的说法。

明白上述所说的道理，自然晓得第三段所说的"知足""知止"才是老子学说中的真正主张。知足，是表示已经得到了，已经满足了，不再过分要求。例如第二章所说的"功成而弗居。夫惟弗居，是以不去"，重点在于"不去"。因为"弗居"，所以才能"不去"，也才能不因贪得无厌，为人所憎，而自取其辱。知止，是表示知所进退，知道适可而止，所以才能进退得宜，才能不为名利所围而陷身于危险之地。

《论老子绝句》之四十四：
> 莫辨身名孰与亲,达生何必问前因。
> 荣华恩爱有时尽,转眼今人成古人。

第四十五章

大成若缺,其用不弊;大盈若冲,其用不穷。①
大直若屈,大巧若拙,大辩若讷。②
躁胜寒,静胜热,清静以为天下正。③

【校注】

①以上四句——"大盈若冲"傅奕本作"大满若盅"。楚简本、帛书甲本"冲"作"盅"。冲,同"盅",中空的盛水器具,已见第四章。

②以上三句——楚简本作:"大巧若拙,大成若诎,大直若屈。"次序不同。帛书甲本、傅奕本"屈"亦作"诎"。屈,同"诎"。讷,木讷、口吃(音"急")。

③以上三句——楚简本作:"噪胜苍,青胜燃,清清为天下定。"帛书甲本作:"趮胜寒,靓胜炅,请靓可以为天下正。"傅奕本末句作:"知清靖以为天下正"。苍,通"沧",冰寒之意。噪、趮、燥、躁皆通假字。炅,古"热"字。请、靖等为"清"之讹字。

【直译】

大完满像有欠缺,它的作用却不会衰竭;大充实好像空虚,它的作用却不会穷尽。

最正直的像是弯曲,最智巧的像是愚痴,最善辩的像是口吃。

运动能抵御寒冷,安静能制服炎热,清静可以作为天下万物的准则。

【新绎】

此章用辩证的方法，来说明某些事物看似矛盾而实则统一的道理。从最后一句"清静以为天下正"来看，可以知道此章立论的重点在于"清静"，而且是对天下统治者而发。

全章可以分为三段：

第一段先以"大成"与"大盈"为例，说它们都有虚空的地方，因此才能发挥神妙的作用。朱谦之《老子校释》说"大盈"与"大成"相对成文，"成"即"盛"的省文。"盛"与"盈"都从"皿"，可见古代原指食用的器具。事实上，不仅"成"与"盈"原指器皿而言，"若缺"的"缺"从"缶"，意为"器破"；"若冲"的"冲"一作"盅"，从"皿"部，也都原指盛饮食的器具，而且，它们的形制，都有中间虚空的部分。因此，就像第四章所说的那样："用之或不盈。"后来这些字的词义才由名词而转为动词或形容词用。"大成""大盈"的"大"，固然是形体的形容，但就像第二十五章所说的那样，"道"也可叫作"大"，所以此章所说的"大"，都含有合乎大道的意思。"成"与"缺"，"盈"与"冲"，都是相反的词义，但老子以为它们在矛盾对立中，却又有统一的意义。

第二段说的"大直""大巧""大辩"等句，"直"与"屈"，"巧"与"拙"、"辩"与"讷"，都是相反词，和上文的"大成""大盈"等句一样，也都在矛盾对立之中，又有统一的意义。形制完整的器皿，因为中间有空缺或虚空的部分，所以使用起来才妙用无穷。同样的道理，正直的要让人觉得歪而不正；智巧的要让人觉得行动笨拙；善辩的要让人觉得木讷口吃，这样才不会引人注意。不会引人注意，也才能发挥意想不到的作用。上文说的是器物，这一段说的已是人间世的品格、智慧、口才等问题。对照上文，这"大直""大巧""大辩"三句的后面，应该也有"其用不弊""其用不穷"之类的句子才对。像《韩诗外传》卷九引用这三句，虽然顺序不同，但后面就有"用之不屈"四字。《韩诗外传》的依据，不知道是什么，但比较合理，则应无疑义。

最后的三句，各种传本之间字句歧异很多。尤其是对于"躁胜寒，静胜热"二句，更有种种不同的推测。准以上文，有人以为此二句应作"静胜躁，寒胜热"才对。这种说法，看起来合理，却未必然。因为上文都是用词义相反的东西，从矛盾对立中说明二者实则相反相成的道理。老子是不主张偏执一端的。"躁"通"燥"，说它胜"寒"，"静"通"瀞"，意即清水，而说它胜"热"，这样的说法似乎都未必合乎一般人知识的判断。事实上，老子正要从这矛盾之中进一步说明它们之间的关系。谁也不能否认现实人生中果然也有下列的事实：生火取暖，躁急生热，这些都是可以战胜寒气的；而清水可以除热，安静可以消暑，这些也都是很多人曾经有过的生活经验。王弼注文说"躁罢然后胜寒，静无为以胜热"，他就是这样解释的。你可以说上述的例子似乎有可反驳处，但你不觉得此章上文所说的"大成若缺"以至"大辩若讷"等等，不就是从矛盾中说其"玄之又玄"的道理吗？

所以，老子再次下结论："清静"是统治天下的君王必须了解的事情。第二十六章说的"静为躁君"，在此再次得到了印证，而第五十七章说的"以正治国"，也从此章结语"清静以为天下正"中找到了源头。

《论老子绝句》之四十五：

　　大成若缺用无穷，直屈盈冲相始终。
　　清静乃为天下正，至中唯恐两头空。

第四十六章

天下有道，却走马以粪；天下无道，戎马生于郊。①

（罪莫大于可欲，）祸莫大于不知足，咎莫大于欲得。故知足之足，常足。②

【校注】

①以上四句——"却走马以粪"，傅奕本"粪"作"播"，二字古通用。却，即"退"。走，即"跑"。是说天下无事，马不用奔驰于战场，反而帮助农人拉车载粪，到田里施肥播种。戎马，战马。

②以上四句——四句前，楚简本另有"罪莫厚乎甚欲，咎莫憯乎欲得"，帛书本与河上公本、傅奕本等，另有"罪莫大于可欲"一句。《韩非子·解老篇》则引作"祸莫大于可欲"。足证王弼本缺此句，应补入。"咎莫大于欲得"，《韩非子·解老篇》"大"作"憯"，"得"作"利"。憯，甚也，此与"大"同义。得、利二字于此皆从"多欲"取义，故可相通。

【直译】

天下政治上轨道时，撤退奔跑的战马来载粪施肥；天下政治不上轨道时，战马兴起于郊野。

（没有比多欲更大的罪过，）没有比不知足更惨的灾祸，没有比多欲贪得更大的祸患。所以知道满足的满足，是长久的满足。

【新绎】

此章再次强调多欲的灾祸和知足的重要。从"天下无道，戎马生于郊"等句来看，立论的重点在于劝诫统治天下的君王要知足寡欲。清代魏源《老子本义》说：有人以为上章末三句"躁胜寒，静胜热，清静以为天下正"，应与本章相连接，同属一章才对，因为同言"清静治天下之效也"。这个意见是值得我们注意的。

文章的开头，先以古人生活中惯见常用的马，来做天下有道无道的对比。同样是马，在政治上轨道、天下无事时，马不必驰驱于战场之上，它的主要活动，只是替农人拉着车子，载运粪肥到田里去。古代农家在耕种过程中，常以粪为肥料，载肥的通常是牛、马之类。用从战场撤退下来的马，来帮助农人载粪填肥，说明天下清平，这是生动贴切的描述。用一个简单的景象，就突显了所要表达的主题。相反的，政治不安定、天下有事时，马终日奔驰于郊野之外、战场之上，不但不能好好休息，而且有时候连母马生产小马时，都不是在厩房之内，而是在荒郊野外，表示连孕马也要上战场。这样的对比，真的非常鲜明生动。

下文就是从"天下无道，戎马生于郊"二句引发出来的。戎马所以生子于郊的原因，是由于天下无道，政事昏乱，所以统治天下者不能辞其咎。老子以为推究其原因，莫非由于统治者贪欲之心太强，不知道要清静知足。根据帛书本、傅奕本等等，以及《韩非子·解老篇》的引述，我们知道王弼本应是少了"罪莫大于可欲"一句。这一句与"咎莫大于欲得"意稍犯重，是否因为如此才被删掉，不得而知，但"咎莫大于欲得"一句，据《韩非子·解老篇》的引述，"大"作"憯"，"得"作"利"。"憯"有"甚"义，与"大"通；"欲得"与"欲利"，自亦同义。这两三句都是说明政事之衰、战争之起，莫不由于在上位者之贪得无厌。因为贪得无厌，所以不知足，也因此上下交相争利。如此而岂有天下不乱之理？

最后的两句再次强调知足常乐的道理，也印证了第三章"是以圣人之治""常使民无知无欲"，"使民不争""使民不为盗""使民心不乱"的重要性。

《论老子绝句》之四十六：
　　祸因欲得不知止，马或生郊或粪田。
　　若道谦卑即无事，为何高足尽争先。

第四十七章

不出户,知天下;不窥牖,见天道。①

其出弥远,其知弥少。②

是以圣人不行而知,不见而名,不为而成。③

【校注】

①以上四句——帛书本作:"不出于户,以知天下;不规于牖,以知天道。"傅奕本作:"不出户,可以知天下;不窥牖,可以知天道。"语气稍异,文义则同。

②以上二句——"其知弥少",景龙本"少"作"近"。近者,浅之意,与"少"可通。傅奕本"少"作"尠"。"尠"为"少"之俗字。"其知"之"知",应指上文"天道"而言。

③以上三句——"不见而名"之"名",《韩非子·喻老篇》引作"明"。第二十二章:"不自见,故明。"

【直译】

不走出门户,就知道天下的事情;不张望窗外,就知道自然的规律。

他出门越远,所知道的就越少。

所以圣人不用去做就能知道,不用去看就能明了,不用作为就能达到。

【新绎】

此章说明圣人了解天下事物及天道运行在于善察事体，而不用事必躬亲。此章与下一章配合来看，似乎思想脉络更清楚。

篇幅虽然不长，但揆其语气，仍应分成三段：

第一段说明有人可以不出门即知天下事，不窥窗即知天之道。这样的说法玄之又玄，一般人不容易明白，也不容易接受，但无疑的会引起读者的注意。

同样的，第二段又从反面来说，说出门越远知道的越少，或者说看得越多认识越浅。这样的说法更玄之又玄，与一般人的常识认知及经验法则相去更远。

"其出弥远，其知弥少"的人，和第一段所说的"不出户，知天下；不窥牖，知天道"的人，当然是对立的两端，彼此好像有所矛盾。

可是老子却又在第三段中，告诉我们以上的说法都没错，因为圣人可以"不行而知，不见而名，不为而成"。

这是什么道理呢？

《韩诗外传》卷三有一段话是这样说的：

> 昔者不出户而知天下，不窥牖而知道，非目能视乎千里之前，非耳能听乎千里之外，以己之情量之也。
>
> 己恶饥寒焉，则知天下之欲衣食也；己恶劳苦焉，则知天下之欲安佚也；己恶衰乏焉，则知天下之欲富足也。知此三者，圣人之所以不降席而匡天下。

有些道理是天下的恒道常理，不论道家、儒家或其他的思想流派都一样遵行。上引《韩诗外传》的这些话，即可用之于《老子》此章之中。"以己之情量之也"这句话是重点。一个人如果有同情心，对别人的遭遇能够感同身受，那么即使自己身在上位，没有亲身遭受什么痛苦，也会为人设身处地着想，抱着人饥己饥、人溺己溺的精神。如果统治天下者能够如此，那么民胞物与、治国安民都不会成为问题。古代相传曾经有官员到民间摇着木铎采集歌谣，献给太师，比其音律，然后演奏给天子听，就是希望天子从中观风俗，知得失，了解民间的疾苦，不窥牖户而尽知天下所苦，不下堂而知四方。相传《诗经·国风》中的作品也就是这样产生的。因此，真正聪明睿智的统治者，他足不出户就能知千里之外的事情，眼不窥窗也能测知天道运行的法则。他只要把握原则就可以了，不必事事躬亲。《淮南子·主术训》说："人主者，以天下之目视，以天下之耳听，以天下之智虑，以天下之力争。"他不必日行千里，夜观星象，自然有人提供正确的讯息给他，因此他可以"清静为天下正"。王弼的注文所说的"事有宗而物有主，途虽殊而其归同也，虑虽百而其致一也。道有大常，理有大致。执古之道，可以御今。虽处于今，可以知古始。故不出户、窥牖而可知也"，也就是这个道理。王弼说得好，但过于典雅精简，所以下面试用另一种方式来说明相同的道理。

一般而言，从知识论的观点来说，人类所获得的知识大致有两种：一是具体事物的认识，一是抽象原理的认识。前者来自具体事物的接触，后者则是从众多的具体接触中，归纳分析，作总结性的思考。譬如说，天下虽大，品类虽多，但归纳之，分析之，不外是人情物理而已；同样的，天道虽隐，天象虽微，但归纳分析起来，也不外是阴阳变化而已。所谓人情物理、阴阳变化，归结成抽象的原理之后，它们必然都有一定的轨道可循，都会照自然的规律运行，只要把握这些轨道规律，就可以把握事情的关键。而且人同此心，心同此理，只要像第十章所说的"涤除玄览"，使心镜通明，"明白四达"，那么"以己之情量之"，好好反思推衍，一定可以像

第十四章所说的那样"执古之道，以御今之有"。执古以御今，推己以及人，真的"明白四达"。如此天下之事皆可推得而知，天道之妙亦可推得而明。否则，即使出了门，远行千里之外，也未必对沿途和周遭的事物能有真正的认识；即使夜观星象，也未必对满天星斗和风雨寒暑能看出什么预兆。说不定走得越远、看得越多，反而越糊涂、越纷乱呢！

有人说，此章乃后人羼入之伪作，非老子原文。恐非是。

《论老子绝句》之四十七：

  疑惑岂因知识增，户牖不出更无凭。

  不为而就终虚话，多闻能行方足矜。

第四十八章

为学日益,为道日损。损之又损,以至于无为,无为无不为。①

取天下,常以无事;及其有事,不足以取天下。②

【校注】

①以上五句——"学""道"二字后,楚简本、帛书本、傅奕本皆有"者"字。"无为无不为",楚简本作"而无不为",严遵本作"而无以为",傅奕本作"无为则无不为"。有"者""而""则"等字,语气较舒缓,文义更清楚。

②以上四句——傅奕本作:"将欲取天下者,常以无事,及其有事,又不足以取天下矣。"帛书本"常"作"恒"。俞樾则以为"常"乃"当"字之误。

【直译】

治学是一天一天增加知识,修道是一天一天减少知识。减少又减少,一直到无为的地步,清静无为就没有成不了的事情。

取得天下,要常用无所事事的方法;等到有所事事,就不能靠它来取得天下了。

【新绎】

　　此章说明为道者之取天下，在于无为而无不为。配合上章来看，是说治国安民的圣人，所以能够"不出户，知天下；不窥牖，见天道"，所以能够"不行而知，不见而名，不为而成"，其原因即在于他的无为无事，因此才能德与道配，化育天下。德经部分，有些章句前后紧相承应，似宜合为一章，像此章与上章即为一例。

　　全章可分二段说明：

　　第一段先从"为学"与"为道"二者的不同说起，其实重点在于"为道日损"这一句。一般而言，为学者在于追求学识的充实和技能的增进，要不断的仿效，学习别人的优点，目的就是在于"尚贤"，希望自己也能成为贤人。这种人勤于学习，欲望很强，知识技能当然会一天比一天增进，但是，如果他没有崇高的理想，不是真心向道，目的只是要比别人贤能，而只在礼教文饰上下功夫，那么，他学得越多，可能情欲、困惑反而越多。经文第三章所以说"不尚贤"，第二十章所以说"绝学无忧"，即皆为了戒除这些弊端而说。

　　相对于"为学日益"，学识技能日益增加，欲望和困惑也日益增加，老子认为求"道"的人，应与一般人有所不同。求"道"者所求不是"日益"，而是"日损"，要一天比一天减少。减少礼教文饰，也就是减少妄念，减少欲望困惑。第三十八章说"故失道而后德，失德而后仁，失仁而后义，失义而后礼"，这里的"失"和此章所说的"日损"，正可作反方向的思考。一天比一天减少的，起先是"礼"，后来依序是"义""仁""德"，最后回复到"道"或"上德"的境地。此章下文说的"损之又损，以至于无为，无为无不为"，即为得"道"者或所谓"上德"者的境界。上面第三十八章已经说过"上德无为而无不为"，"无为"是不刻意去做什么，而不是说什么都不做；"无不为"一作"无以为"，是说没有特别的动机或目的去做什么或不去做什么，都不是真的"无所不为"。这些都是上德合道者才能达到的境界。

第二段承上文的"无为"而来，说以"道"取得天下人心的圣人，当以"无为""无事"得之。"无为"者，无为，无不为，换句话说，就是"无事"。这里说的"无事"，至少有以下两层意义：一是不要多事，例如政令趋于繁苛等等；二是不管小事，掌握重大方向即可，层层负责，不必事事躬亲。能够如此，就能"清静以为天下正"。否则，在上位者自己事必躬亲，好管闲事，那就不是治国安民，而是乱政扰民了。

《论老子绝句》之四十八：
  道因无事取天下，无不为之有以为。
  及至有为无不为，损之又损克其私。

第四十九章

圣人无常心,以百姓心为心。①

善者,吾善之;不善者,吾亦善之。德善。信者,吾信之;不信者,吾亦信之。德信。②

圣人在天下,怵怵;为天下,浑其心。(百姓皆注其耳目,)圣人皆孩之。③

【校注】

①以上二句——"无常心"帛书乙本作"恒无心"。比照老子无为、无欲等等主张,作"恒无心"似较"无常心"为佳。但"无常心"与下文"以百姓心为心"相合,皆谓圣人之心非一成不变,故亦可通。

②以上十句——"善者""信者"下,帛书本俱无"吾"字。"德善""德信"下,帛书本皆有"也"字。"德"傅奕本皆作"得"。德、得相通。

③以上六句——"怵怵"帛书本、傅奕本作"歙歙焉"。歙,闭合的样子。"浑其心"帛书本无"其"字,傅奕本则作"浑浑焉"。"百姓皆注其耳目"一句,王弼本缺,据帛书本、傅奕本补入。有此句而下句文气始足。"注"帛书本作"属","孩"傅奕本作"咳",音义皆同。

【直译】

圣人没有恒常不变的心态,以百姓的心态当心态。

善良的,我善待他;不善良的,我也善待他。德行才善良。诚信的，我信任他；不诚信的，我也信任他。德行才诚信。

圣人面对天下百姓，要戒惧谨慎；为了天下百姓，要先让他们的心归于浑朴。（百姓都关注着他的耳聪目明，）圣人都像对婴孩一样抚爱他们。

【新绎】

此章再为"圣人"下一注脚。老子书中所说的"圣人"，是他理想中最完善的统治者，他耳聪目明，本性信善，关心百姓，照顾人民。老子也常以此自许。文中以"圣人"与百姓相对照，以善者与不善者、信者与不信者相对照，都使他所要阐述的道理，说得更明白易懂。

全章可分三段：

开头的两句，应该独立为一段。因为这是全文立论的依据，很像是早已有之的格言教训，下文都是为此所作的铺陈解释。"圣人"以百姓之心为心，那是表示他无私己之心。古代的所谓百姓，多为君王亲近的家族或部属，帮助君王来管理人民，因此他们理当是君王的亲信，与君王同心。老子却从聪明睿智的"圣人"观点来说，表示最高统治者自己应该没有私心，而以大家的意见为意见。这是对百姓表示善意和信任，也是"圣人"所以成为"圣人"的原因。

"无常心"，就是说"圣人"没有固定不变的心态，一切以百姓意见为依归。《庄子·天下篇》说："关尹、老聃乎！古之博大真人哉！笏漠无形，变化无常。"笏漠无形，是形容其道的广漠无边；变化无常，应当就是指此章"无常心"一类的话而言。有人根据帛书本"无常心"作"恒无心"，认为原文应是"恒无心"才对，说"无常心"不对。其实，"恒无心"与老子其他的"无为""无欲"等等主张，固然相契合，但"无常心"也一样讲得通，似不必为了推崇帛书本的价值，就刻意贬低了原有传本。

第二段是就首二句所作的推衍之辞，说"圣人"以百姓之心为心，善待百姓。老子是以"圣人"自许的，经文第二十章他就曾说过"我独异于人，而贵食母"，又说"我独泊兮其未兆，如婴儿之未孩"，可见他自称保持着像婴儿一般纯真的心态。"德善"和"德信"二者，就是这种纯真心态的具体反应。百姓不论是善或不善，信或不信，他都能一视同仁，善待他们，信任他们。他所秉持的，就是像婴儿那样纯真的心态。"吾善之""吾信之"等句中的"吾"，是老子自谓，也是老子代"圣人"的立言之辞。

第三段同样是为开头二句作进一步的说明。"圣人"面对天下百姓、统治天下人民时，他怵怵焉，戒惧小心，发言谨慎；他浑浑焉，像个"愚人"，内心就像第二十章所说的那样"昏昏""闷闷"。唯有这样子，才可以真的"以百姓心为心"，也唯有这样子，才能够真的得到百姓的拥护和人民的欢心。通常大家都把注意力专注在君王一人身上，而此章所说的君王却爱民如子，视百姓如婴儿，加以抚育保护。这样的君王，能够不称为"圣人"吗？

《论老子绝句》之四十九：

  试问谁知百姓心，何须博古又通今。
  但凭一点灵光在，识得希声即大音。

第五十章

　　出生入死。生之徒，十有三；死之徒，十有三；人之生，动之死地，亦十有三。夫何故？以其生生之厚。①

　　盖闻善摄生者，陆行不遇兕虎，入军不被甲兵；兕无所投其角，虎无所措其爪，兵无所容其刃。夫何故？以其无死地。②

【校注】

　　①以上十句——"十有三"，帛书乙本"有"作"又"。"人之生，动之死地"，傅奕本作"而民之生，生而动，动皆之死地"。"之死地"的"之"，往的意思。死地，死所，即死亡。有人解为《孙子·九地篇》之"死地"，恐非是。"十有三"，王弼等人解作"十分有三分"，即今所谓十分之三；韩非子和河上公则解作"四肢九窍"，四肢（双手双脚）加九窍（耳目鼻口及大小便处）共十三个生理器官。"生生之厚"，上"生"字作动词用，有爱惜、保全之意。厚，重视。

　　②以上八句——"摄"帛书乙本作"执"，摄、执皆有保养之意。"遇"帛书乙本作"辟"，同"避"。"被"，同"披"。"被"，披戴、具备之意。颇有些人把"不被甲兵"解释为"不为甲兵所加"或"不受甲兵杀伤"等等，有待商榷。

【直译】

（情欲）出来就活着，（情欲）进去就死了。活着的人进出的生理器官十又三个，死了的人进出的生理器官十又三个；人们之中活着却正在自往死地的，生理器官也是十又三个。这是什么缘故？因为他们对保全性命太重视了。

记得听说过善于保全生命的人，陆上行走不会遇见犀牛猛虎，进入军阵不会佩戴盔甲兵器；犀牛没有机会投出它的角，猛虎没有对象伸出它的爪，兵器没有地方容纳它的锋刃。这是什么缘故？因为他们身上没有致死之处。

【新绎】

此章解释何谓"出生入死"，并说明摄生之道。

《老子》一书常常在各章的开头，就用一二句前人说过的格言教训做为立论的依据，然后从正面或反面加以推衍。此章也不例外。

首先，老子揭橥"出生入死"一语。这句话应该在老子之前早已有之，所以老子引之作为话头。但此章的这一句话并不是我们今天所谓"出生入死"，用来形容奋不顾身、勇于牺牲的意思，而是指人的自然生死而言。《庄子·大宗师篇》说"古之真人，不知说生，不知恶死"，意思是说不知乐生畏死，该生则生，该死则死，一切顺乎自然。《韩非子·解老篇》说："人始于生而卒于死。始之谓出，卒之谓入。故曰出生入死。"庶几近之。河上公则说："出生，谓情欲出于五内，魂定魄静，故生。入死，谓情欲入于胸臆，精劳神惑，故死。"显然和养生摄生之事有关。

"生之徒，十有三"以下几句，有人以"十有三"为断，分为三种不同的情况来说明。第一种是"生之徒"，第二种是"死之徒"，第三种是"人之生，动之死地"者。他们各占十分之三。"十有三"，是说十分中有三分，亦即十分之三。第一种是指正常生存的人，第二种是指不正常（例如夭折）而死亡的人，第三种是指原为生之徒，却因为过于躁动，因而自蹈死地，不能终享天年。"人之生，动之死地"这二句，傅奕本作"而民之生生而动动皆之死地"，句意不明确，可以断成"而民之生，生而动，动皆之死地"，这表示王弼本在"动之死地"前少了"生而动"三字；也可以断成"而民之生生而动动，皆之死地"，或"而民之生生而动，动皆之死地"，这是表示王弼本的"人之生"，应作"人（民）之生生"才对。"生生"是说重视生命的存在，把活着当成非常重要的事情。这样可与下文的"以其生生之厚"相呼应。所以有不少学者采用了"生生"此一说法。但有些学者认为"而动动"不好解释，因此有的主动删去"而动"二字，但这就又犯了改字解经的毛病。其实，以上的两三种说法都大抵相同，并无差异。意思都是说：一般人在生活工作中，四肢无日不劳动，生理器官无时不受情欲的刺激，因而日月逝于上，体貌衰于下，自然趋向于死亡。"动动"和"生生"一样，皆可成词，上字作动词用，下字作名词用，都是说这种人太重视性命、太好活动了，和上述的"生之徒""死之徒"固有所不同。老子说，这种人也占了十分之三。

以上的说法，是把"十有三"解作"十分之三"，这是王弼以来很多学者采取的说法。有人依据这种说法，认为上述三种不同的情况各占十分之三，合共占了十分之九，剩下来的十分之一是少数，系指下文所说的"善摄生者"。这样的解释好像很合乎逻辑，但也因为说得太明确了，反而令人怀疑为什么会有这些明确的数字依据。所谓"死之徒，十有三"，古代即使医疗条件差，死亡率高，也不至于如此吧？

笔者以为"十有三"其实早已有另一种说法，是大家可以重新考虑接受的，不必一笔抹杀。像《韩非子·解老篇》和河上公的注，都不把"十有三"解作十分之三，而是解释为"十又三个"，指人的"四肢"加上"九窍"等十三个生理器官。《韩非子·解老篇》是这样说的：

> 人始于生而卒于死。始之谓出，卒之谓入。故曰出生入死。人之身三百六十节，四肢、九窍，其大具也。四肢与九窍，十有三。十有三者之动静，尽属于生焉。属之谓徒也。故曰：生之徒也，十有三者。至其死也，十有三具者，皆还而属之于死，死之徒亦十有三。故曰：生之徒十有三，死之徒十有三。
>
> 凡民之生生，而生者固动，动尽则损也。而动不止，是损而不止也。损而不止则生尽，生尽之谓死。则十有三具者，皆为死死地也。……
>
> 是以圣人爱精神，而贵处静。

可见韩非子把"十有三"解作四肢九窍，而其动静有无，关系着人的生死存亡。这和《周礼·天官·医疾》中所说的九窍之说是一致的。河上公的注也这样说：

> 言生、死之类，各有十三，谓九窍、四关也。其生也，目不妄视，耳不妄听，鼻不妄嗅，口不妄言味，手不妄持，足不妄行，精不妄施。其死也，反是也。

意思是：耳目鼻口等九个窍穴和手脚等四个关节，此乃人精神性命之所系，视听嗅闻饮食活动等等，包括新陈代谢的功用，一切都要靠这十三个生理器官。所以人从出生到死亡，无不珍惜这十三个重要的生理器官，不让它们受到损伤。如果不能善加保养，像

《黄帝内经·素问》说的"食饮有节,起居有常,不妄作劳",知道固精行气,养神处静,保持其自然正常的进出活动,那么人就不会有死亡的危险。河上公所言的"妄视""妄听"等等的"妄",都有过犹不及之意。过度躁动,或轻于摄护,贪恋物欲,沉湎酒色,或过于养生,乱投药物,服食求神仙,为药饵所误,那都是有损精神,自蹈死地。显然他所说的和韩非子如出一辙。这种说法自有其道理。朱谦之斥为"附会",其实未必。像严遵的《老子指归》,说生之徒,指的是虚、无、清、静、微、寡、柔、弱、卑、损、时、和、啬等,死之徒指的是实、有、浊、扰、显、众、刚、强、高、满、过、泰、费等,虽然有穿凿附会之嫌,但他接下来所说的:"圣人之道,动有所因,静有所应。四肢九窍,凡此十三,死生之外具也;虚实之事,刚柔之变,死生之内数也。故以十三言诸!"仍有一定的道理,与《老子》前后各章所说,并无抵触而可互相发明。

"生生之厚",从字面上看,是说重视性命的宝贵,那为什么老子要以之说明这是"动之死地"的原因呢?这个道理,上文刚刚说过,问题不在于重视保全性命,摄生养生,而在于"妄",在于"太""过度"。过犹不及,例如过度躁动,急于名利,或乱服药石以求长生等等,这些都等于自戕,自蹈死地了。佛家说众生常有贪、嗔、痴的三种障碍,它们都是由眼耳鼻口等器官进入体内而迷惑身心的。

因此,下文老子特别标出善于摄养性命的,是"无死地"的人。参照以上各章,这应该是所谓"圣人",也就是上引《韩非子·解老篇》所说的"爱精神,而贵处静"的圣人。圣人保全精神,处静制动,能入能出,不会入而不出,自蹈死地。他可以享受声色之娱、饮食之乐,却不会沉迷其中。他根本不会去陷身于危险之地。因此,他不会去行于陵陆遇见兕牛猛虎,自然能逃避其害;

他不会去佩戴盔甲执兵器深入军阵作战，自然能避免伤亡；他根本不让猛兽凶器有伤身害命的机会。为什么能够如此？这是因为他懂得"出生入死"自然而然的道理，因而具备了下面第五十二章、第五十六章等章所要阐说的道德。

有人因为此章中出现两次"死地"，就附会《孙子·九地篇》中"投之亡地然后存，陷入死地然后生"的"死地"之说，把本章解释为讲军事战略战术方面的问题，变成和下面几章没有什么关联，似不可取。

校后补记：《庄子·秋水篇》有云："知道者，必达于理；达于理者，必明于权；明于权者，不以物害己。"又说："至德者，火弗能热，水弗能溺，寒暑弗能害，禽兽弗能贼，非谓其薄之也，言察乎安危，宁于祸福，谨于去就，莫之能害也。"说的道理和本章第二段所说的"无死地"如出一辙，可供读者参考。

《论老子绝句》之五十：

何谓生死十有三，三三宜自互包含。

若言九窍连四体，莫许轻狂作笑谈。

第五十一章

道生之,德畜之;物形之,势成之。是以万物莫不尊道而贵德。①

道之尊,德之贵,夫莫之命而常自然。故道生之,德畜之,长之育之,亭之毒之,养之覆之。②

生而不有,为而不恃,长而不宰,是谓玄德。③

【校注】

①以上五句——帛书本"形"作"刑","势"作"器",无"莫不"二字。御注本"万物"作"圣人"。形,同"刑",俱有形制之意。势,指因物之形而成之;器,指器用,都是指物体定型之后的使用而言。

②以上八句——"莫之命",傅奕本"命"作"爵"。命即赐命,爵为封爵,二字义同。"亭之毒之",河上公、景龙、御注等本作"成之熟之"。朱谦之以为亭与成、毒与熟,声义皆相近。《广雅》:"亭,凝结也。"《释名》:"亭,停也。"《说文解字》:"毒,厚也。"《广雅》:"毒,安也。"故亭、毒皆有成熟之意。

③以上四句——已见第十章。

【直译】

道产生了它,德养育了它;物体形成了它,环境成就了它。所以万物无不尊崇道而珍视德。

道的尊崇，德的贵重，这不是谁给它加封，而是永远自然而然。因此道产生了它，德养育了它，成长它培育它，调停它成熟它，保养它照顾它。

产生了却不占有，执行了却不自得，成长了却不控制，这就是所谓玄德。

【新绎】

此章再度说明道德生养万物的历程及其自然的本质。经文第三十八章说"上德不德，是以有德"，又说"上德无为而无以为"，正可与本章所说的"玄德"相参照。

全章可分三段：

第一段说明万物所以尊道而贵德的原因，在于道与德对万物有生畜形成之功。万物当然包括人类在内，而且主要说的就是人类。上文已再三说过，道是化生万物的本体，它本来浑沌一片，而德则是道的外在具体的表现。万物之中的任何一物，各有其德，这个德也就是此一物的本性或本质。万物都必须保有自己的本性，才能证明自己的存在，表示与他物不同。这就是所谓"道生之，德畜之"。等到有了自己的本性，有了存在的价值，它的形体才会逐渐形成固定的型态。此即所谓"器"。最后，这些固定型态的器物，还会受到外在环境的限制和影响，才能发挥它的功能和作用。这就是所谓"物形之，势成之"。在这些历程中，万物没有道就无从产生，没有德就失去本性，所以道尊而德贵。例如朴、璞之物，它们都秉道而生，各有其原木、原石之本质，然后可依其大小长短而制成不同形制的器物，用在不同的地方，而发挥不同的功能与作用。道理其实是非常浅显的。以四肢九窍为例，它们生成的型态各有不同，它们的功能与作用也各有不同，但究其初，莫不是秉上述之道德而生。

第二段承接上文的"万物莫不尊道而贵德",说明道德的尊贵,在于自然,并不是谁下了命令,或封它什么爵位,才使道德显得尊贵起来。"莫之命"一作"莫之爵",意思相同,都是说道与德化生万物有功,所以自然而然,受到万物的尊敬。底下的"长之育之"等句,是呼应上文的"物形之,势成之",也是再次强调道德对万物化生的功能和作用。"亭之毒之",有的传本作"成之熟之",有人(像朱谦之)以为"亭"与"成"、"毒"与"熟",声义皆相近可通,"亭"有凝结、调停之意,"毒"有安定、笃厚之意。此前的"长之育之",说的是"物形之";此后的"养之覆之",说的是"势成之"。

第三段的最后四句,已见于第十章。有人以为前后的重复出现,一定是有错简或误植的情况。其实未必。重章叠句,有时候是为了增加韵味,有时候是为了强化印象。最后的四句,不但"有""恃""宰""德",在古代都是之、哈部的同韵字,而且,它们所强调的,也正是"功成而弗居"的玄德。道之尊,德之贵,即由此而来。

《论老子绝句》之五十一:
  道尊德贵守希微,谈有话无多是非。
  畜育生成唯静默,不争本自有光辉。

第五十二章

天下有始,以为天下母。既得其母,以知其子;既知其子,复守其母,没身不殆。①

塞其兑,闭其门,终身不勤。开其兑,济其事,终身不救。②

见小曰明,守柔曰强。用其光,复归其明。无遗身殃,是谓习常。③

【校注】

①以上七句——"以为天下母","以为"傅奕本作"可以"。"殆"帛书乙本作"佁"。殆、佁,皆困顿之意。

②以上六句——前三句,楚简本作:"闭其门,塞其兑,终身不愗。"愗,通"务",致力之意。兑,即孔、窍。指九窍而言。终身,与"没身"同义。勤,马叙伦说借为"瘽",病之意。济,益、助成。"开其兑"以下三句,楚简本作:"启其兑,赛其事,终身不逨。"

③以上六句——"无遗"帛书甲本作"毋道"。"习常"帛书甲本、傅奕本作"袭常"。"习""袭"古通用,皆有模仿之意。

【直译】

天下万物有个始祖叫作"道",可以作为天下万物的母亲。既然找到"道"那个母亲，就可以认识万物那些子孙；既然认识那些子孙，又能守住那个母亲，一直到死不会困顿。

堵塞九窍那些出口，关闭九窍那些门户，终其一生不会劳碌。打开那些出口，力求成事，则终其一生不能得救。

观察细小叫作明亮，守住柔弱叫作坚强。运用智慧的光，复归内在的明亮。不会留给自己灾殃，这就叫作遵循"道"的恒常。

【新绎】

此章说明"道"为万物之母，君子必须知此"习常"之道，才可以终身不殆。

全章可分三段：

第一段先以世人皆知的母子关系，来说明"道"是天地万物之母。经文第一章说："无，名天地之始；有，名万物之母。"第四十二章说："道生一，一生二，二生三，三生万物。"可见老子以为：有无相生的"道"，是天地万物的根源所在。此章所说的"天下母"，正是天地万物之母的意思。能够区别万物的品类，推究万物的起源，能够得而知之，知而守之，也就表示能够体察大道生生不息的本源及其作用，如此自能"没身不殆"。不殆，即不危险，不病亡，同时也有呼应上文第五十章"出生入死"和第五十一章"是谓玄德"的用意。

第二段一样用世人皆知的兑与门、开与闭的关系，来进一步阐明上述的道理。"终身不勤""终身不救"，和上文的"没身不殆"，道理一样。兑，是孔窍；门，是门户。河上公注："门，口也。使口不妄言。"又："兑，目也。目不妄视也。"这些都是人体器官中可进可出、可开可闭的地方，扩而言之，都是一切事物必经的门径。因此老子常以此来做譬喻，以为在进出开闭之间，如果往而不返，开而不闭，那就是偏执一端，会出问题。经文第十六章说：

"致虚，极，守静，笃。万物并作，吾以观复。夫物芸芸，各复归其根。归根曰静，是谓复命。复命曰常，知常曰明。"第三十二章也说："夫亦将知止，知止可以不殆。"这些都与本章所说的道理，深相契合。

从这些话中也可以看出，老子把兑与门譬之为大道之所在，精神之寄托，统治万物者必须知由此出才可观察万物，又必须由远而返，归根复命，知止守常，才可以由纷乱而归于清静，才可以"没身不殆"。经文第五十章说人体有四肢九窍等十三个重要的生理器官，人的七情六欲，即由这些器官接触而进出体内，所谓声色之娱、饮食之乐，也都由此作为必经的孔窍和门户，如果妄动躁进不止，则必动损耗尽而死。经文第五十一章也强调"玄德"的重要，说"万物莫不尊道而贵德"，尊道贵德，自然可以"没身不殆"。《庄子·在宥篇》所说的"心养"："万物云云，各复其根。……无问其名，无窥其情，物固自生。"盖推衍老子此说，说物必复根而后生；《淮南子·精神训》所说的："孔窍者，精神之户牖；而气志者，五藏（脏）之使候也。耳目淫于声色之乐，则五藏摇动而不定矣；五藏摇动而不定，则血气滔荡而不休矣；血气滔荡而不休，则精神驰骋于外而不守矣；精神驰骋于外而不守，则祸福之至，虽如邱山，无由识之矣。"反之，才能回复清静无为的境地。这也是推衍老子之说，说孔窍户牖既开，必济其声色之乐。层层推论，说得非常具体。老子借兑、门以为譬喻，来说明精神志气宜于归根知止的道理，也就于此可以见之了。

第三段说明"习常"之道，在于见小守柔。"习常"一作"袭常"。习，原指小鸟在窠巢之上学习飞行，有模仿母鸟之意；袭，当然也有仿效、承袭之意，因此古代二字可以通用。这跟第一段把"道"与万物比喻为母与子的关系，亦可谓前后相应。"常"即第一章所谓"常道"的"常"，它是天地万物的恒常可行之道。能够学习仿效常道，此犹如得其母，即可知其子，反过来说，既知其子，即可守其母。见微而知著，守柔以制刚，虽明而微，虽强而柔，自然可以远祸而全身。经文第十六章说的"复命曰常，知常曰明"，正可与此章所说的"复归其明""是谓习常"合看并参。

《论老子绝句》之五十二：
  不知母子为何事，只道无殃即袭常。
  塞兑闭门终不病，都因守柔用其光。

第五十三章

使我介然有知,行于大道,唯施是畏。①

大道甚夷,而民好径。②

朝甚除,田甚芜,仓甚虚。服文彩,带利剑,厌饮食,财货有余,是谓盗夸。非道也哉!③

【校注】

①以上三句——"介然",帛书乙本无"然"字。"施"帛书乙本作"他"。介然,较然、坚定的样子。一说:微小的样子。施,施为、作为。"施"一作"他",或以为读为"迤",即邪曲之意。

②以上二句——"而民好径","民"景龙本作"人",或据此以为指侯王人主而言。帛书甲本作"民甚好解","解"与"径"同声假借。径,小路、邪路。

③以上九句——除,清洁,马叙伦以为"除"乃"污"之借字。"盗夸",河上公、傅奕本句后衍"盗夸"二字。或据《韩非子·解老篇》所引,以为应为"盗竽"。夸,大也,奢也。竽,五声之长,竽先则钟瑟皆随,竽唱则诸乐皆和,故盗竽有盗首之义。

【直译】

假使我有明确的智慧,就行走在大道上,对所作所为要敬畏。

大道极为宽平,但人们却好走捷径。

朝庭极为清洁，田园极为荒芜，仓库极为空虚。有人却穿着彩绣的衣服，佩带锋利的宝剑，吃腻美味的食物，财物宝货又太充足，这就叫作盗之大者。这真是天道啊！

【新绎】

此章慨叹当时人多背弃大道，而好从邪径。

文章一开头就说"使我介然有知，行于大道"，这是对现况不满的假设之辞。假设我介然有知，我一定要遵行大道。河上公注就这样说："介，大也。老子疾时王不行大道，故设此言。使我介然有知于政事，我则行于大道，躬无为之化。"显然把"大道"解释为"无为之化"，这从下文所说全与政事有关，可以得到印证。但"介然有知"该怎么讲，实有待作进一步的疏解。

河上公注"介"为"大"，可是根据《一切经音义》卷十五所引《易经》刘瓛的注来看，"介"又有"微"义。"大"与"微"是相对立的，似乎令人无所适从。实际上，"介然"是并立相较的样子，一大一小，一显一微，对照来看，正是明确可知的意思。劳健《老子古本考》释"介然"为"坚确貌"，当即由此推论而得。帛书甲本"介然"作"挈"，亦提挈知所选择之意。

"唯施是畏"承"行于大道"，是大道的一端，也是全章的立论重心。王弼注此句为"唯施为之是畏也"，是说不应有所施为；河上公的注说得更清楚："唯，独也。独畏有所施为，恐失道意。欲尝善，恐伪善生；欲信忠，恐诈忠起。"这正符合老子无为而治的政治主张。有所施为，与无为之化相对立。老子以为有为、多为的结果，往往会引来虚伪的忠善，那是违背清静无为的大道了，因此唯此是畏。

王弼和河上公的注，本来已经解释清楚了，但自从王念孙说"唯施是畏"的"施"应读为"迤"之后，清末民初以来的学者采用王念孙之说的大有人在。迆，音"倚"，邪也。相对于"大道"，它指的是小径，狭邪的小路。这与下文的"而民好径"又前后相应，因此，采用的人很多。王氏的解释新颖独到，当然值得采取，但因此而否决了原有可以讲得通洽的注解，则未免有趋新之失。

底下的"大道甚夷，而民好径"，说大道平坦宽广，人们却舍此不由，反而好从邪径，喜欢抄小路、走捷径。抄小路、走捷径，现代人很容易误会为这样的走法可以节省时间，增进效率，何错之有。但古人的小路捷径有其贬义，是指不由正道。用今天的话来说，你走路求快速求效率当然可以，但你不可以因此违规，例如抄小径而践踏花草园圃。孔子赞许"行不由径"的学生，道理亦在于此。

底下的七句说的就是不行大道而好抄小径的七种行径，全与政事有关。前三句是一组，后四句是一组。朝廷宫室清除得干干净净，可是田园却荒凉不堪，杂草丛生，而且国家仓库非常空虚，没有财货存粮。这是就不行大道的公家而言。就好抄小径的统治者而言，他则不管田园的荒芜、国库的空虚，只追求个人的享受和富足，穿着青赤彩色有花纹图饰的衣服，带着锋利名贵的宝剑，吃腻了美味可口的饮食，还有花不完的财宝，这样的生活享受和上面一组所形容的匮乏空虚对照起来，真有天壤之别。这也是"大道"和小径邪路的对照。所以，老子称这种贪图个人生活享受、不以其道得之的邪盗之徒为"盗夸"。夸有"大"的意思，"盗夸"就是盗之大者。《韩非子·解老篇》的引述里，"盗夸"写作"盗竽"，并且说竽在众乐之中是先唱导者，一竽唱而众乐和，此犹大盗唱而小盗和，所以称之为"盗竽"。这当然也是"盗之大者"的意思。这样的行径，当然也是不合大道的了。

《论老子绝句》之五十三：
　　　　大道甚夷民好径，侯王无厌事堪嗟。
　　　　等闲四海为家后，田芜仓虚变盗夸。

第五十四章

善建者不拔,善抱者不脱,子孙以祭祀不辍。①

修之于身,其德乃真;修之于家,其德乃余;修之于乡,其德乃长;修之于国,其德乃丰;修之于天下,其德乃普。②

故以身观身,以家观家,以乡观乡,以国观国,以天下观天下。吾何以知天下然哉?以此。③

【校注】

①以上三句——"善抱"楚简本作"善保","不辍"作"不屯(绝)"。抱与保,辍与屯,义同。

②以上十句——楚简本、帛书本、傅奕本俱无"于"字。"修之于国",楚简本、帛书本、傅奕本"国"俱作"邦"。改"邦"作"国"者,或系避汉高祖名讳。"普"诸本亦多作"溥"。

③以上七句——楚简本、帛书本无"故"字,"然"字上有"之"字。

【直译】

善于树立的不会被拔掉,善于抱持的不会松懈,子子孙孙因而祭祀不断绝。

修治它们在自身,他的德性就纯真;修治它们在家族,他的德性就充足；修治它们在家乡，他的德性就绵长；修治它们在邦国，他的德性就丰硕；修治它们在天下，他的德性就博大。

因此用修身之道观照自身，用持家之道观照家族，用治乡之道观照乡里，用治国之道观照邦国，用平天下之道观照天下。我靠什么来知道天下如此呢？就靠这个方法。

【新绎】

此章说明善于守道建德，才能传之久远。

全章皆系就治国之圣人而言，可分为三段：

第一段揭示全章要旨，说善建德者不拔，善抱道者不脱，如此子孙才可以祭祀不中辍。经文第十章说"载营魄抱一"，第二十二章说"圣人抱一为天下式"，"抱一"即抱住"道"的法则。第五十二章又说："天下有始，以为天下母。既得其母，以知其子；既知其子，复守其母，没身不殆。"母，指"道"；子，指道所化生之物。所谓"复守其母"，亦即指守道归根而言。

"道"为"德"之基，是"德"的内在修养，能够抱一而不脱，守道而不失，"德"才能因其作用而表现在外。第四十二章说"道生一，一生二，二生三，三生万物"，可见小至个人，大至万物，莫不禀"道"而生。因此，欲知"道"之所在，可以先从个人身上观察，由小而大，由近而远，推及于万物。"德"是"道"的外在表现，因此观察个人乃至万物是否有"道"，亦可由其外在的"德"观察得之。第二十二章"圣人抱一为天下式"的"抱一"，不仅指抱住"道"的法则，而且它也暗示治国安民的圣人必须先从做好自身开始，才可以去影响别人，化育万物。也因此，我们可以推知此章开头所说的"善建者""善抱者"，一定是指建立上德、抱持大道而言，即所谓"无为""无欲"等等，只是这一部分，在此章里老子略去不提而已。这里所说的无为无欲，并不是绝对的完全的无所作为、无所欲望,而是指一种适可而止、恰到好处的作为和欲望。第三十八章说的"上德无为而无以为",说的就是这个道理。《淮南子·主术训》中有一段话,很适合移此作注:

> 是故君人者,无为而有守也,有为而无好也。有为则谗生,有好则谀起。昔者齐桓公好味,而易牙烹其首子而饵之;虞君好宝,而晋献(公)以璧马钓之;胡王好音,而秦穆公以女乐诱之。是皆以利见制于人也,故善建者不拔。

这是说统治百姓的君王,虽然无所作为却须坚守大道;虽然有所作为却须去除私欲。否则,一旦有了贪好利欲,就会丧失道德,见制于人。"善建者""善抱者"的"善",就是说明懂得如何把握这有为、无为之间的分际。第四十一章说"建德若偷",以"德"的反义词"偷",来说明树立德时要像无德那样,也可以说是老子"有无相生"主张的另一论证。

第二段由一人之身推及于邦国天下,说明在上位者自身守道建德,自然能齐家、和邻、治国、平天下。老子这里由个人、家族、乡党、国家而推到天下,与儒家《礼记·大学》所说的修身、齐家、治国、平天下,看起来若合符契。这可说明真理就是真理,大道就是大道,不管是什么思想流派,道理必有其共同相通之处,而不是什么主张必然要相对立。像上文的"子孙以祭祀不辍",也仿佛与儒家所标榜的孝道有关。这些都是值得注意的例子。

不过,仔细体会,老子此章所说自身、家族、乡党、邦国乃至天下等等德性,与儒家所说的修身齐家等等德目,仍然有所不同。儒家所说是后来居上,后出转精,必须修身而后齐家,必须齐家而后治国,必须治国而后平天下,而且在修身之前必须先有格物致知、诚意正心的功夫。这是一种先做而后得的内圣外王的功夫。老子所说的不一样。老子所说的道，完整的说，是常道，是玄德，不是修养修炼而得，它是天地之初本来就存在的一种本质或本能。它就像天地万物的母亲，天下万物都是它化育生出来的，作为万物之灵的人固然是，人中之王（即所谓圣人）当然也是。天下万物都各有其道，但品类既多，名称既定，后来难免争高下，分长短，有的无所不为，有的有所不为，各执一端，因而丧失了原来与生俱有的常道玄德。老子所要阐明的"修之于身""修之于家"等等，就是说要"复守其母"，要守住那原有的常道玄德。物有大小多寡之分，常道玄德则始终如一。所以"修之于身""修之于家"等句的"修之"，指的就是上文所说的"善建者""善抱者"。换句话说，无论是个人、家族、乡党、邦国或天下人民，都应该坚守住常道玄德才对。特别是治国安民的统治者更不能忽略于此，而应以身作则，去做他人的模范，让大家去恢复去守住大家原来身上就具有的常道玄德。老子所以主张清静无为，所以主张功成而弗居，都与此不无关系。因为这些常道玄德本来就是人人所具有，而非由在上位者所灌注。

明白以上所说的道理，那么底下第三段所说的"以身观身""以家观家"等句，也就可以明白那是老子以善建德者、善守道者来对照当时他眼前的世界了。同样的"身""家""乡""国""天下"，上字指的都是善建德者、善守道者，下字指的都是有待恢复常道玄德的现实世界。《老子》书中，常称圣人为"古之圣人"，亦足可证明老子借古以讽今，希望当世的统治者能够坚守常道，建立玄德。

《论老子绝句》之五十四：
　　修身岂为观天下，兼济同舟难与期。
　　世道如今非昔日，无情多恨不相思。

第五十五章

含德之厚，比于赤子。蜂虿虺蛇不螫，猛兽不据，攫鸟不搏。①

骨弱筋柔而握固，未知牝牡之合而全作，精之至也；终日号而不嗄，和之至也。②

知和曰常，知常曰明；益生曰祥，心使气曰强。物壮则老，谓之不道，不道早已。③

【校注】

①以上五句——首句"厚"下，楚简本、帛书本等皆有"者"字。"蜂虿虺蛇不螫"等三句，楚简本作"蛹蝎虫蛇不螫，攫鸟猛兽不扣"二句，帛书乙本亦作"蠭疠虫蛇弗赫，据鸟猛兽弗捕"二句。河上公本则"蜂虿虺蛇"为注文，经文原为"毒虫"。文字虽有不同，语义则无别，皆指毒虫之类。

②以上五句——"骨弱筋柔"帛书乙本作"骨筋弱柔"。"未知牝牡之合而全作"，"而全作"楚简本作"然怒"，帛书乙本作"而朘怒"，傅奕本作"而朘作"。朘，河上公本等作"峻"，二字通用，皆指赤子之阴器。嗄，即哑。

③以上七句——"知和曰常"，楚简本、帛书本皆无"知"字。"益生曰祥"，王弼注："生不可益，益之则夭也。"祥为吉凶之兆，则此指凶兆而言。"心使气曰强"，亦当指使气逞强。"物壮则老"等三句，已见第三十章。

【直译】

具有浑厚道德的人，就像是初生的婴儿。蜂蝎毒蛇不会刺他，猛兽不会抓他，凶鸟不会扑他。

他筋骨柔弱，却握拳牢固，还不知道男女交合之事，却自动勃起，这是精气充沛的极致啊；整天号哭，却不沙哑，这是元气柔和之至的缘故。

知道和气叫作恒常，知道恒常叫作明亮；贪求长生之道叫作祸殃，私心主宰精气叫作逞强。事物壮大就会衰老，这就叫作不合大道，不合大道就会死掉。

【新绎】

上章讲"善建者不拔，善抱者不脱"，说的是上德之人，此章讲的"含德之厚，比于赤子"，说的也是上德之人。第三十八章说"上德不德"，又说"上德无为而无以为"，前者是说上德之人看不出他有什么道德，后者是说上德之人不刻意做什么，也不刻意不做什么，一切顺其自然而已。这与第三十七章的"道常无为，而无不为"合看，正可证明"上德"即"道"。上一章推衍的是"无为，无不为"，这一章推衍的是"上德不德"。

"上德不德"，当然不是说上德之人不道德，而是说他虽"含德之厚"，有非常浑厚的道德，可是别人却看不出来。"含德"的"含"，"不德"的"不"，都是强调上德合乎大道，不可以形迹求之。这种人看起来柔弱，却又充满活力精气，所以老子比之为初生的婴儿。第二十八章早已说过："常德不离，复归于婴儿"。

初生的婴儿，"专气致柔"（第十章），全身红通通的，筋骨非常柔弱，亟需呵护哺育，所以古人称之为"赤子"，现代俗话有人称之为"红婴儿"。赤子之心最为纯真，不止人类的赤子如此，万物之中的其他动物亦复如是。所以下文所说的"蜂虿虺蛇""猛兽""攫鸟"，都是举例说明，像动物中很会叮刺人的蜂蝎毒蛇等等毒虫之类，和很会扑击人的凶禽猛兽，它们虽然非常凶恶，可是当它们初生的时候，尚为"赤子"的阶段，它们一样是纯真柔弱，不会肆意攻击别人的。换言之，"蜂虿虺蛇不螫"等三句，是承续"比于赤子"而言的。历来很多学者注解时，把这三句解释为：初生的婴儿，蜂蝎毒蛇不会叮刺他，猛兽不会伤害他，鸷鸟不会搏击他。这恐怕是值得商榷的说法。物竞天择，弱肉强食，在自然界，在动物界，应该没有凶禽猛兽或毒虫一定不会伤害初生婴儿的现象。关于这一点，尚有待科学家作进一步的论证。"不螫""不据""不搏"是说上面的主词，没有这样的动作，而不是说它们之下省略了"之"之类的受词。

上以五句是第一段，把"含德之厚"者，比为赤子。赤子看似柔弱，却具厚德，底下五句为第二段，正由此进一步说明所谓"赤子"者的特性。

赤子的特性，是"精之至"和"和之至"。初生的婴儿，筋骨非常柔弱，软绵绵的，可是手却握得紧紧的，看起来精神饱满，元气充足。"未知牝牡之合而全作"一句，是用来形容婴儿的精气饱满。"全作"即神全而作、精气饱满之意。"作"，楚简本作"怒"，一样是勃起、振作的意思。"牝牡之合"，指男女之交合、雌雄之交配，其实说的就是阴阳的调和。第四十二章说的"万物负阴而抱阳，冲气以为和"，就是这回事。它说的不只是人类，还包括上述蜂虿虺蛇、猛兽攫鸟等等其他万物。"全"，帛书本、河上公本等等，或作"朘"，或作"䘒"，都指"赤子阴"，即婴儿的生殖器。婴儿全身柔弱，但生殖器却是饱满的。这是把形而上的"全作"，用具体的事物来解释。

婴儿的另一特性是"和之至"。刚刚引用第四十二章的"万物负阴而抱阳，冲气以为和"，正足以说明"和"系由阴阳二气之调配和谐而来。第四章说"道冲，而用之或不盈"，"冲"一作"盅"。就形体言，它是中空的盅；就作用言，它是用之不盈的冲。看起来矛盾，合起来却和谐。这里的"终日号而不嗄"，亦即此意。婴儿看起来柔弱无比，但他终日哭喊却声音仍然清亮，不会沙哑。这是多么神奇的一种玄之又玄的现象！

底下第三段，老子用上述赤子婴儿做比喻的神奇现象，进一步来阐释"含德之厚"合乎大道的意义。上述二段用了不少具体的事物和现象来说明，最后一段则更提升到形而上的理论层次。第十六章说过万物归根守静的道理——"归根曰静，是谓复命，复命曰常，知常曰明"，正可拿来与此章的"知和曰常，知常曰明"合读。"复命"就是"知和"，复命就是归根守静，知和就是阴阳调和。换句话说，就是合乎"道"的意思。

"道"，依老子的看法，本来就是矛盾而又统一的，是"有""无"相生而又相反相成的。底下的数句，说的还是这个道理。"益生"即增益精气，生生不已。"心使气"即内心主宰精气，使生命更加强盛。这都是从好的一面说，所以说它是"祥"是"强"，但它们在"祥""强"的同时，其实又已出现了负面的作用。因此，王弼的注才说："生不可益，益之则夭也。"又说："心宜无有，使气则彊。"这里"彊"，是"僵"的借字。夭是祥之反，僵是强之反。因此，"益生曰祥"，可以译解为"增益精气叫作吉祥"，也可以译解为"追求长生不老叫作灾殃"；"心使气曰强"，可以译解为"内心主宰精气叫作坚强"，也可以译解为"私心任性使气叫作逞强"。可见老子以为任何事物，都有正反两面。

也因此，与第三十章重复出现的最后三句，说"物壮则老"是自然的现象，说光是"壮"或"老"都不合乎"道"，说不合乎"道"的事物都会停止、早死的道理，也就不必一一赘论了。

《论老子绝句》之五十五：

> 毒虫未必不伤婴，物壮则衰是常情。
> 骨软筋柔诚赤子，莫将强弱论输赢。

第五十六章

知者不言，言者不知。①

塞其兑，闭其门；挫其锐，解其分；和其光，同其尘。是谓玄同。②

故不可得而亲，不可得而疏；不可得而利，不可得而害；不可得而贵，不可得而贱。故为天下贵。③

【校注】

①以上二句——楚简本作"知之者弗言，言之者弗知"。帛书本"不"皆作"弗"。有人以为"弗"当依《玉篇》作"不正"解，二句是说：智者不说不正当的言论，说不正言论的人不是智者。傅奕本二句后皆有"也"字。文字虽异，文义则同。

②以上七句——"塞其兑"以下六句，楚简本作"闭其兑，塞其门；和其光，同其尘；挫其锐，解其纷"，帛书本则作"塞其堄，闭其门，和其光，同其尘，挫其锐而解其纷"。又，"塞其兑"二句，已见第五十二章，"挫其锐"四句，已见第四章。

③以上七句——"不可得而疏""不可得而害""不可得而贱"三句前，楚简本、帛书本、傅奕本等皆有"亦"字。文气更舒畅，文义自无不同。

【直译】

知道的人不说话，说话的人不知道。

堵塞那些洞窍，关闭那些门道；挫去那些棱角，消解那些纷扰；调和那些光耀，混同那些尘垢。这就叫作玄同。

这样就没有人可亲近他，也没有人可以疏远他；没有人可以给予利益，也没有人可以加以损害；没有人可以使他尊贵，也没有人可以使他卑贱。也因此他被天下人尊重。

【新绎】

此章说明"玄同"的道理，其实是第二章"圣人处无为之事，行不言之教"的进一步的阐释。

全章可分三段说明：

第一段标举"知者不言，言者不知"二语，是"不言之教"的另一番说辞。这也可能是老子以前早已有之的古语古训，所以老子借此以说道。"知"同"智"，因为有圣人的智慧，所以知"道"。这里的"道"，指大道、常道而言，不是第十九章所说的那种小智小道。小智小道是可道可名的，大道却不能问、不能答，只能默然体会，而不可能用言语文辞道尽。如果有人说他能用言辞说明大道，那必然是还不认识那恒常的大道。

那么，既然大道不可言说，老子为什么又要如此反复说"道"呢？白居易《读老子》一诗有云：

言者不知知者默，此语吾闻于老君。
若道老君是知者，缘何自著五千文？

这问得好。老子既然知道"道"不可道，为什么还要留下这五千言的《道德经》呢？经文第五章老子不是自己也说过"多言数穷，不如守中"？

说来也是无奈之事。圣人也是人，但因他聪明睿智，博古通今，超乎常人，他又自己不想独善其身，还想帮助别人，甚至兼济天下，泽及万物，所以他愿意向世间说道。不只老子如此，其他伟大的思想家也大都如此。不过，他们说道立论的对象不一定一样。像孔子要传的圣人之道，是忠恕之道，是仁道，立论的对象，是士人，目的是希望他们忠信孝悌；而老子要传的圣人之道是处无为之事，行不言之教，是清静无为，立论的对象是在上位的统治者，目的是希望他们治国安民，化育万物。可见他们垂言立教的目的并不一样。目的虽然不一样，但说教的方式却是一致的：他们都必须把所要阐释的道理再三反复地说。因此，"知者不言，言者不知"的最高境界，他们知道是"不言"，但在相对无奈的情况之下，他们难免还是要用言语文辞来开导他人。"多言数穷"这句话，固然说"多言"不好，但同时也说明了"言"之不可避免。"行不言之教"这句话，虽然说最好"不言"，但既然要"教"，不言也得言，顶多是少言而已。至少不是"言教"也得"身教"，用今天的话说，身教又何尝不是另一种肢体语言？

《论语·颜渊篇》记子贡之言"驷不及舌"，是说一言既出，驷马难追，《礼记·缁衣篇》记孔子之言"君子寡言而行，以成其信"，是说君子贵行不贵言。这样看来，孔子师生也都主张寡于言而贵于行。老子的意思是否完全一样？并不尽然。老子不但主张"不言"，而且主张"无为"，这些都比寡言和贵行难。就人间世而言，就一般人而言，孔子师生所说的寡言贵行的道理都还可以了解和实践，但老子所说的"不言"与"无为"，却往往令人觉得互相矛盾而无所适从。因为一般人把"不言"解释为不管什么话都不说，把"无为"解释为不管什么事都不做。这样的解释是违背老子原意的。老子的原意应该是不随便说，不随便做。该说的时候才说，不该说的时候就不说，而不是一味寡言或不言。同样的道理，该做的时候才做，不该做的时候就不做，而不是一味无所作为或不肯作为。一切自然而然，顺势而为。这样的道理不但实践起来困难，就是要切身体会也不容易。经文第一章说的"道可道，非常道。名可名，非常名"，亦即指此而言。论文谈艺的人常说的一句话——"言有尽而意无穷"，任凭言语文辞道尽，无穷之意仍然无穷。所以第一章末了同时又说："玄之又玄，众妙之门。"玄，是黑白混同不分明的颜色。老子常用这种颜色来形容他那难以言传，也难以理解的"道"。所谓"玄德"，还有此章所说的"玄同"，都是由此而来。

第二段就是解释何谓"玄同"。"塞其兑，闭其门"二句，已见于第五十二章，就自然界而言，是说把有光线、可出入的洞窍和门户通道全都堵塞关闭，使光明变成幽暗。如果应用到人事上，可以说是把与七情六欲有关的九窍都加以克制，使一切情欲贪念都无从而入。因为一旦情欲入，则易生异心，导致在待人接物时产生亲疏利害贵贱种种的纷争。"挫其锐，解其分；和其光，同其尘"四句，已见于第四章，是说把棱角磨掉，纠纷解开，使之圆融无方；把光芒和灰尘混合起来，使之浑沌一片。这些话都是说让一切事物变得"唯恍唯惚"，非黑非白。河上公注解"玄同"时说："玄，天也。人能行此上事，是谓与天同道也。"意思就是说，能够做到上述"塞其兑"诸事，就是与天同道了。问题是上述"塞其兑"诸事是难以确指的，难以言语文辞曲尽其形容之妙。因此，历来学者各有曲说，对"玄同"也因而各有解说。有人说"玄同"为一物，有人说"玄""同"为二物，有人说"玄"用以修饰"同"，或即"玄德""抱一"等等，不一而足。更有人认为"塞其兑"是指蒙蔽耳目鼻等孔窍，"闭其门"是指闭上口舌等器官，所谓"挫其锐，解其分"等句，也是指"目不妄视，耳不妄听，鼻不妄嗅，口不妄言，手不妄持，足不妄行，精不妄施"，一切都有节制，不会轻举妄动，做到前几章所说的"没身不殆"的"玄德"。这真是"道"之作用无穷，而言语文辞本身却有其一定的限制了。

因此，第三段告诉我们，真正懂得"玄同"之道的人，没有亲疏、利害、贵贱的分别，就像上述"塞其兑"等等所说的那样"唯恍唯惚"。原来有光亮的洞窍堵住了，原来可进出的门户关闭了，如此就没有明暗内外之分了。如此就不会有以明暗内外来区分亲疏利害贵贱的了。但是，有必要的时候，洞窍门户仍然可以打开，光亮仍可进来，通道仍可出入。这也就是第五十二章所说的："见小曰明，守柔曰强。用其光，复归其明。无遗身殃，是谓习常。"

也因此，老子说，懂得"知者不言，言者不知"这种"玄同"之道的人，必然赢得全天下人的尊重。

《论老子绝句》之五十六：
　　知者不言言不知，五千言就又何之。
　　欲知道德真含意，都在天机灭没时。

第五十七章

以正治国,以奇用兵,以无事取天下。①

吾何以知其然哉?以此:天下多忌讳,而民弥贫;民多利器,国家滋昏;人多伎巧,奇物滋起;法令滋彰,盗贼多有。②

故圣人云:我无为,而民自化;我好静,而民自正;我无事,而民自富;我无欲,而民自朴。③

【校注】

①以上三句——首句"以正治国",楚简本"国"作"邦",帛书甲本作"以正之邦",帛书乙本"治"作"之",傅奕本"正"作"政"。政,指政令刑法。唯此"正"与下句之"奇"对,作"正道"解即可。"奇"帛书本作"畸"。奇、畸二字通假。

②以上十句——"以此",楚简本、帛书本俱无此二字。帛书本、傅奕本于"国家""奇物""盗贼"前,俱有"而"字,如此可与上文"而民弥贫"对。"人多伎巧"二句,傅奕本作"民多知慧而邪事滋起"。文字虽异,文义则同。

③以上九句——"故圣人云",楚简本、帛书乙本俱作"是以圣人之言曰"。"我无欲",楚简本、帛书乙本皆作"我欲不欲"。"而民自朴"下,河上公本衍"我无情而民自清"一句。

【直译】

用正道治理国家，用奇术带领兵马，用无所事事取得天下。

我靠什么来知道他们这样呢？就是靠这些：天下越多禁忌避讳，那么人民就越贫匮；人民越多锋利武器，那么国家就越混乱；人民越多技艺机巧，歪邪事物就越出现；刑法律令越是严明，盗贼就越到处产生。

因此聪明的圣人说：我没有作为，但人民却自我化育；我喜欢清静，但人民却自己改正；我无所事事，但人民却自己富足；我没有欲望，但人民却自己淳朴。

【新绎】

此章阐述圣人无为、好静、无事、无欲的道理，说明治国之要，在于无事。这与上章所说的"玄同"，道理是相通的。

全章可分为三段：

开头的三句话，是第一段。从下文"吾何以知其然哉"来推测，这三句也可能是前人已说过的话语，老子引述在此加以推阐而已。开头二句，"正"与"奇"对，"治国"与"用兵"对。"正"指正道，有的传本"正"作"政"，指政令刑法而言。二者相通，政令刑法本来就是治国的正道。"奇"是说出奇制胜，这当然是用兵之道。带兵作战，不可能墨守成规。以上这两句应该合读，说治国用兵，难免要善用正、奇等等方法，才能成功，可是对于"取天下"的人来说，老子却以为不必那么伤脑筋。老子以为"无事"，无所事事就可以了。这句话才是重点，前面的两句只是陪衬。这里的无所事事，衡以上述各章老子所说的道理，并不是说什么事都不做，而是说不要刻意去做，一切只要顺其自然就没有问题。

第二段紧承上文，说怎么知道无事可取天下呢？下面的八句，实际上是四整句，就是答案。治理天下者越多忌讳，人民就越受到限制，不能自由发展；同样的道理，人民越重视"利器"和"伎巧"，国家社会就越昏乱不安。"利器"有二义，一指锋利武器，可与上文的"以奇用兵"相应；一指治国法宝，可与上文的"以正治国"相应。"伎巧"，有的传本作"知慧"，都是指靠过人的智慧所制造出来的奇技淫巧。王弼的注这样说"民多知慧则巧伪生，巧伪生则邪事起"，可见古人以为大家过度重视智巧，人心世道就会变得浇薄。这种说法和现代人提倡科学发明的主张相反，一定有人不赞成。但是这确实是古代农业经济社会普遍的想法，我们不必讳言，更何况所说也自有其道理。例如早就有人说过科学足以救国，亦足以亡国等等。以上是从人民的角度看，如果从国家的观点看，也一样是越多事，越想有所作为，就会产生更多的问题。例如法律刑令是用来禁止、惩戒犯罪者的，但制定的法令越多，条文越详细，犯罪者反而会从中钻法律漏洞，逃避刑责，因而盗贼越来越多。有的传本"法令"作"法物"，即宝货之意，那也是引起盗贼多有的原因。这些情况自古至今一直存在，都是大家稍加观察即可得知的道理。所以，老子说根据这些就可以知道下列的事实：无事可取天下，多事反而有害国家。

最后的第三段，老子再度引用"圣人"之言。这里的所谓"圣人"，指古之圣人。《老子》一书本来就是老子劝诫当世统治者效法古代"圣人"守道行德的著作，所以书中常常引述古代"圣人"说过的格言教训。最后的八句实际上是四整句，每二句都有"而"字作连系转折之用。无为、好静、无事、无欲，都是老子的一贯主张，显然这些主张也是从古之"圣人"处学得而来，例如《尚书》就曾说过"垂拱而天下治"；而民"自化""自正""自富""自朴"则都是上述无为、好静、无事、无欲的自然成效，也是第一段"以无事取天下"的具体说明。它与第二段都是为此而发。唯一的不同在于第二段从反面说其弊端，而第三段则予以正面的肯定。

校后补记：此章开头"以奇用兵"二句，和第三十六章所说的"将欲翕之，必固张之；……将欲夺之，必固与之"，可以互参合看，都极似兵家之言。孙子兵法《孙子·计篇》就说："兵者，诡道也。故能而示之不能，用而示之不用，近而示之远，远而示之近。……攻其不备，出其不意。此兵家之胜，不可先传也。"这些话和老子所说，契若针芥。因此有人推论老子和孙子的论点，必有先后传承的关系。据《史记·孙子吴起列传》说：孙武是齐国人，著有《兵法》十三篇，"孙武既死，后百余岁有孙膑"，亦称孙子。今传《孙子兵法》据说就是孙膑整理孙武遗作而成。这和太史儋整理老聃遗作而成《老子》一书，情况非常相似。

据今人考定，孙武曾见吴王阖庐，事在鲁定公十四年（公元前四九六年）之前，而孔子卒于鲁哀公十六年（公元前四七九年），因此孙武和孔子并世相及，当相去不远。如果《老子》一书的著者确是太史儋的话，他在书中引用孙子兵法，自然不成问题。太史儋的儿子李宗，曾任魏将，当知兵法，亦可为证。过去有些学者，因认定《老子》为老聃所著，年代在孙武和孙膑之前，所以多主张孙子兵法受到老子的影响。

《论老子绝句》之五十七：
　　奇正纵横孰与多，用兵治国待如何？
　　不信无为能自化，终须动静费琢磨。

第五十八章

其政闷闷,其民淳淳;其政察察,其民缺缺。①

祸兮福之所倚,福兮祸之所伏。孰知其极?其无正。正复为奇,善复为妖;人之迷,其日固久。②

是以圣人方而不割,廉而不刿,直而不肆,光而不燿。③

【校注】

①以上四句——帛书乙本"闷闷"作"闵闵",当系音近而讹。"政"作"正"。"其民缺缺",帛书甲本"民"作"邦"。此"政"与"民"对,应指政事而言,作"正"字者,恐涉下文"其无正"而误。"民"作"邦"者,或谓避刘邦讳改。傅奕本"淳淳"作"偆偆"。偆偆,喜乐的样子。

②以上八句——帛书乙本句下多"也""矣"等语气词,如"其无正也","人之迷也,其日固久矣"。文义固无不同。

③以上四句——帛书乙本无"圣人"二字,"廉"作"兼","刿"作"刺","肆"作"绁","燿"作"朓"。河上公本"刿"作"害","燿"作"曜"。以上皆古音义通假字。

【直译】

他的政治昏昏闷闷,他的人民反而厚厚淳淳;他的政令清清楚楚,他的人民反而缺缺不足。

灾祸是幸福的依赖之所,幸福是灾祸的潜伏之处。谁知道它们的究竟？它们没有一定的准绳。正当又会转变成诡奇，善良又会转变成妖异；人心的迷惑，时间本来已经很久了。

所以聪明的圣人方正却不割伤人，锋利却不刺伤人，直率却不放肆，光明却不炫耀。

【新绎】

此章承接上章而来，说的都是治国安民之道。上一章主张"以无事取天下"，认为在上位者"无为而民自化""好静而民自正""无事而民自富""无欲而民自朴"，都是本章立论的依据。王弼的注说"善治政者，无形、无名、无事、无政可举"，说的也都是相同的道理。

全章可分为三段：

第一段说明行政管理和人民反应之间，常常存在着一种互相对立矛盾的关系。第二十章老子说过："俗人昭昭，我独昏昏；俗人察察，我独闷闷。"昭昭、察察和昏昏、闷闷相对，俗人和"我"相对。俗人代表世俗之人，当然也可代表世俗的一般统治者，"我"代表的既是老子，也可以说是代表他理想中守道明德的圣人。此章开头的第一段四句，前二句的"其"，指的是"圣人"统治下的情况；后二句的"其"，指的是"俗人"统治下的现象。虽然同是代名词，但所指称的对象却不一样。在一般人的印象中，所谓昏昏闷闷，代表的是糊里糊涂，不清不楚；所谓昭昭察察，代表的是明察秋毫，一清二楚。就行政而言，应该后者可取而前者可议。但是老子却"正言若反"，说的话和一般人的认识大不相同。这一方面会出人意外，引起他人的注意，另一方面会耐人寻味，引起他人探其究竟的兴趣。这是《老子》一书在表现手法上的一大特色。

此段是说在上位者，如果是用古代圣人之道，那么表面上看，无为无事，政治沉闷，但民风却因无所争竞而趋于淳朴；如果用的是世俗之人的方法，表面上看，立刑名，明赏罚，好像惩恶劝善，大有作为，但结果是造成人民趋利避害而多行狡诈。上一章说的"天下多忌讳，而民弥贫""法令滋彰，盗贼多有"，也是这个道理。既然盗贼多有，人民弥贫，当然有缺然不足之感。结果是有了，结论也说了，但中间推论的过程，老子却一向不说或不说清楚。这也是《老子》一书在表现手法上的另一特色。把中间推论的过程，留下一片空白，让读者自己去填补，去阐释；又由于人人有不同的体会，所提的论据或例证各有不同，所以令人觉得其道不可道，其名不可名，永远说不尽。

第二段借祸福、正奇、善妖等等对立矛盾的概念，来说明人间一切事物实际上相反而相成，看似矛盾对立而实相因相依。

祸福相依的故事，是秦汉人常提及的，说明塞翁失马焉非福，歧路亡羊未足哀。灾祸中常有福之因，幸福中常埋祸之子。它们是相因相依的。正是正常，奇是异数，可是正常的有时候会变成异数，异数的也有时候会变成正常。同样的，吉凶也是如此，祥善的会转化为妖异，妖异的也会转化为祥善。逝曰远，远曰反。福、祸的究竟是什么，没有人知道，正、奇、善、妖的究竟是什么，也没有人知道，在什么时候什么地方会转化，也同样没有人知道。反正没有一定的标准。

"人之迷，其日固久"，是说以上所说的情况早已存在，为时已久了。这里的"人"，就是第二十章所说的"俗人"，可以指一般俗人，也可以指俗世中的一般统治者。这跟下文所说的"圣人"正好相对。

第三段与其第二段相对，说的全是圣人之德。圣人守道而行，明白一切事物相反相成、相因相依的道理，所以懂得从对立面、相反面来思考问题。"方而不割"四句是说自己方正、锋利、直率、光明，但却不会因此而伤害到别人，也展现了自己含蓄收敛的美德。

《论老子绝句》之五十八：
　　才高每向风尘老，道远终需车马骄。
　　祸福造端非在我，总因上位信谗谣。

第五十九章

治人事天，莫若啬。夫唯啬，是谓早服。①

早服，谓之重积德；重积德，则无不克；无不克，则莫知其极；莫知其极，可以有国。有国之母，可以长久。②

是谓深根固柢，长生久视之道。③

【校注】

①以上四句——河上公本首句"治人"下，脱"事天"二字。"啬"敦煌本作"式"。式为啬之借字。啬，原指稼穑收藏之事，引申为吝惜。"是谓"傅奕本作"是以"。"早服"敦煌本等作"早复"。朱谦之《老子校释》以为作"早服"为是。又，楚简本"早服"作"早备"。服，古音与"备"相近，义可通。

②以上十句——"谓之"，帛书乙本、河上公本等皆作"是谓"。"克"，河上公本、景福本等皆作"剋"。克、剋可以通用。

③以上二句——"柢"河上公本作"蒂"，即"蒂"。树木的根部叫"柢"，花叶的根部叫"蒂"，义可通。

【直译】

治理人事，敬奉天时，没有比吝惜更好的办法。也只有吝惜，才可以说是早日从事寻求真理。

早日从事寻求真理，可以称之为重重累积大德；重重累积大德，就没有不能克制的；没有不能克制的，就没人知道它的极致；没人知道它的极致，就可以安邦定国，保有自己的国度。保有自己国度的根基，才可以长久维持。

这也就是根柢牢固、长生不老之道。

【新绎】

此章说明治人事天的根本在于啬，这也是立国之道。以上各章所说大都是治国安民的道理，因而此章一开头标明"治人事天"，很容易让有些读者以为此章说的重点在于养生治身之事，其实不然。"治人事天"，仍然是说治国安民之道。啬这个词语，现代人一看，多从贬义去解释，其实它的本义并非如此。"啬"有爱惜之义，"啬"则指麦子收藏之事。古代以农立国，人民之中以农夫为多。农夫春耕夏耘、秋收冬藏，工作非常辛劳，而其五谷的收获，则还须看四季的变化是不是合乎天时，否则风不调雨不顺，稼穑收获就会大受影响，大打折扣。因此农夫无不爱惜其辛劳得来的成果。也因此，古人就把稼穑收藏之事，称为"啬"，慢慢引申而有爱惜、俭省等意义了。

全文可分三段：

第一段说治人事天的道理，没有比稼穑之事更容易说得明白的。古代农夫一年四季都很忙碌，春耕、夏耘、秋收、冬藏，几乎每一天都要勤快不懈地劳动着。而且什么时候该播种插秧、浇水施肥，什么时候该灌溉除草、收割储藏，都要顺应天时寒暑的变化，遵照农家行历的习惯。一切的一切都需要早做准备，早日从事预备的工作，早日克服预见的困难。他们虽不识字，但都会遵照先王的历法，参考前人的智慧。国家的统治者治理人事，奉行天时，正应如此。有的传本"啬"作"式"，就是以此为式，以此为准则的意思。同样的，有的传本"早服"作"早备"或"早复"，也都是说明治人事天的统治者，要早日参照前人的智慧从事预备的工作。《韩非子·解老篇》说："夫能啬也，是从于道而服于理者也。"又说："圣人虽未见祸患之形，虚无服从于道理，以称蚤服。""蚤服"，就是"早服"。王弼注云："啬，农夫。农人之治田，务去其殊类，归于其一也。"也都说早日服侍的工作，要未见其形而已去异存同，把握先机，"归于其一"。"一"就是"道"的法则。农夫稼穑之道，和统治者的治人事天之道，道理是一致的。

第二段承接上文，从解释"早服"说起，层层推进，说明此即立国之本。

"早服"既然是早做准备，早日从事，那么等到事情正式开始的时候，它必然已来回重复多次，这跟"重积德"的"重积"意思是一样的。啬要早服，德要重积，前后正好呼应，把农夫稼穑之事推衍到治人事天的德性上。能把握先机、重重积德，当然容易攻无不克；能够攻无不克，一直推衍下去，那当然它的效用就不可测度了。古代以农立国，如果农夫肯勤于耕耘，大家肯安土重迁，基本上这样的社会就可以安定无虞，这样的国家也就有长治久安的基础了。"有国之母，可以长久"，说的就是这个道理。

最后的一段虽然只有两句，可是它们却为上文做了最精简的结束。"深根固柢"呼应第一段的稼穑之事。"柢"一作"蒂"，即"蒂"，它们指的都是树木或花叶的根部，这跟第二段的"有国之母"又互为呼应，都是强调固本的重要。至于"长生久视之道"一句，那更是呼应第二段的"可以有国""可以长久"等句，直接说明开头"治人事天莫若啬"的道理了。

《论老子绝句》之五十九：
　　吝啬原来亦足豪，奢华容易付儿曹。
　　劝君早服莫犹豫，不枉人生走一遭。

第六十章

治大国，若烹小鲜。①

以道莅天下，其鬼不神。非其鬼不神，其神不伤人；非其神不伤人，圣人亦不伤人。②

夫两不相伤，故德交归焉。③

【校注】

①以上二句——"治大国"，《韩非子·解老篇》所引句下有"者"字。"烹"帛书乙本作"亨"。亨、烹二字古代通用。

②以上六句——"以道莅天下"，傅奕本句下有"者"字。帛书乙本"莅"作"立"。莅，面临之意。"圣人亦不伤人"帛书甲本作"圣人亦弗伤也"。字句虽异，而文义皆同。

③以上二句——"德"景龙本等作"得"。

【直译】

治理大国家，好像烹煮小鲜鱼。

用常道来面对天下百姓，那些鬼怪就不会显灵。不是那些鬼怪不显灵，而是显灵也不伤害人；不是那些神灵不伤害人，圣人也不会伤害人。

鬼怪和圣人都不会伤害人，因此玄德都归于圣人。

【新绎】

此章说明圣人治理大国，因为能"以道莅天下"，所以"德交归焉"。

全章可分三段说明：

第一段先以形象化的譬喻："若烹小鲜"，来说明"治大国"者应当注意的重点。"小"与"大"对。"小鲜"历来都解释为小鲜鱼，这当然没错，《说文解字》就是如此解释的，认为"鲜"字从鱼从羊，"鱼"为字义，"羊"为声符。但从西周金文来看，"鲜"字从鱼从羊，应是会意字，不单指鱼类，而应指像鱼羊等类鲜美的肉类食物。"小鲜"的"小"，形容这类鲜美食物的幼小细嫩。就因为幼小细嫩，所以烹煮的时候，不能不讲究方法。

《韩非子·解老篇》说："烹小鲜而数挠之，则贼其泽。"意思是说烹煮小鲜时不能常常翻搅，否则就会损害光泽和味道。河上公的注说得更具体，已经把"小鲜"界限为小鲜鱼："烹小鱼，不去肠，不去鳞，不敢挠，恐其糜也。"虽然已经界定为小鲜鱼，但道理一样，烹煮的方法是不能一直挠动，否则肉身就会糜烂，讲的是求其完整，而不只是表面的光泽。这些譬喻用来说明"治大国"的方法，就像上面所引《韩非子·解老篇》的下文："治大国而数变法，则民苦之。是以有道之君，贵清静而重变法，故曰治大国，若烹小鲜。"道理说得非常透彻。不过，所谓不敢挠，是说不敢"数挠之"，而不是说完全不挠动。如果完全不挠动，不能两面兼顾，也很容易熟不均匀，不是至美之味了。忽略这一点，就没有真正了解老子的所谓"道"。

《史记·殷本纪》说伊尹"负鼎俎，以滋味说汤，致于王道"。《吕氏春秋·本味篇》也说："伊尹说汤以至味。"可见至迟从殷商开始，就有人以饮食美味比喻治国之道，来劝说君王。《诗经·桧风·匪风》有云："谁能亨鱼，溉之釜鬵。"《毛传》这样解释：

"溉，涤也。鬵，釜属。亨鱼烦则碎，治民烦则散。知亨鱼则知治民矣。"更可证明自周至汉，以烹饪来比喻治国，是人所习知之事。参照以上各章，"治大国，若烹小鲜"这两句话，说不定也是老子引用前人之言来立论的。

第二段重点在"以道莅天下"一句。莅，面临、面对、统治的意思。天下，指天下百姓。能以大道来面临天下百姓的人，观之《老子》一书，自是圣人无疑。圣人是人中之王，可以参天地而化万物，所以经文第二十五章说："道大，天大，地大，王亦大。"又说："域中有四大，而王居其一焉。人法地，地法天，天法道，道法自然。"此章第二段所说的鬼神不伤人，圣人亦不伤人，正可与此合参。

王弼注此章云："治大国若烹小鲜，以道莅天下，则其鬼不神也。"又说："神不害自然也。物守自然，则神无所加。神无所加，则不知神之为神也。"而且他还引用第二十六章"重为轻根，静为躁君"的经文，这样申述道："躁则多害，静则全真。故其国弥大，而其主弥静，然后乃能广得众心矣。"意思是说治理国家应当清静无为，顺应自然，就像"烹小鲜"一样，不能不涤，也不能数挠之，不能不使人民各尽其力，各安其分。上引韩非子所说的"贵清静而重变法"，真是得道之言。清静是静，变法是动。因应不同的环境，法不能不变，但也不能"数变"。这才叫作动静得宜。就好像上古歌谣《击壤歌》所说的："日出而作，日入而息。凿井而饮，耕田而食。帝力于我何有哉！"大家各尽其力，各安其分，在上位者不烦扰百姓，让人民不知道有君王的存在。能够如此，那么鬼神真的都无从作祟了。

古人以为天地万物禀阴阳而生，各有其灵。天曰神，地曰祇，人死则为鬼。它们都各有灵异的作用。有人以为"其鬼不神"的"神"，借为"魅"，据《说文解字》：它即指鬼之灵。《韩非子·解老篇》又说:"人处疾则贵医,有祸则畏鬼。"有病就看医生,有祸就怕鬼神,这是一般人正常的心理反应。所以,圣人治国,如果能奉行天时,遵守常道,阴阳调和,上下均衡,人人各尽其力,各安其分,自然无所愧怍,不怕鬼神作祟。这不是说鬼神不存在,而是说它们不起作用。其所以然者,正由于圣人能不伤人而以道君临天下的缘故。

第三段只有两句话,归结上文,说明圣人治国应该像烹小鲜一样小心谨慎,以道来面临百姓。如此必能阴阳动静,两面兼顾,因而鬼神不侵,所有德性都交相表现在人民的身上。人民生活安乐满足,不知道有鬼神,也不知道有"圣人",达到第十七章所谓"太上,下知有之"的境界。这才是老子的理想世界。

《论老子绝句》之六十:
　　　治国岂如烹小鲜,鱼羊大小各为偏。
　　　阴阳一体须分辨,何况不知煮或煎。

第六十一章

大国者下流。天下之交，天下之牝。牝常以静胜牡，以静为下。①

故大国以下小国，则取小国；小国以下大国，则取大国。故或下以取，或下而取。②

大国不过欲兼畜人，小国不过欲入事人。此两者各得其所欲，大者宜为下。③

【校注】

①以上五句——"大国者"下，傅奕本作"天下之下流"。"国"帛书本作"邦"，下同。当系避刘邦帝讳。"常"帛书本皆作"恒"，当亦避刘恒帝讳。"天下之交，天下之牝"二句，帛书本前后对调。"以静为下"，帛书乙本作"为其静也，故宜为下也"。"静"傅奕本作"靖"。静、靖古可通用。

②以上六句——帛书甲本无"故"字。上"取"字，颇有学者据《道藏》等传本以为当作"聚"。取，即聚物之意；又以为下"取"字当作"趣"解，即走向之意。

③以上四句——帛书乙本首句作"故大国者"，末句作"则大者宜为下"。"两者各得其所欲"帛书甲本作"皆得其欲"。各本用字虽有不同，文义则无异。

【直译】

大国像水的下游。天下流水交汇的处所,来自天下流水的幽谷源头。雌柔常常以沉静胜过雄壮,是因为沉静处在低下的缘故。

因此大国用谦下的态度对待小国,就可以取得小国的归附;小国用谦下的态度对待大国,就可以取得大国的保护。因此有的因谦下来归附,有的因谦下而被保护。

大国不过是想兼并保护别人,小国不过是想进贡事奉别人。这双方各自想得到他们所要的,大国本来就应该保持谦下的态度。

【新绎】

此章和上章一样,都是旨在说明治理大国的方法。但两者有所不同,上章重点在说明以道面对天下百姓,此章重点则在说明大国与小国之间的相处之道。

全章可分三段:

第一段说治大国者必须柔静谦下。首句"大国者下流",傅奕本作"大国者,天下之下流",与下二句相承,是比较通顺的,也有人以为应当比照上章的"治大国,若烹小鲜",改作"治大国,若居下流"才对。说得很有道理,句子的意思也必须如此讲解,才算完整。同样的,比照以上各章,首句应该也是老子引述前人之言,来加以申论的格言教训。

经文第八章说过"上善若水,水善利万物而不争",意思是说水往低处流,不与物争,能够"处众人之所恶,故几于道"。此章首句的"下流",应该就是这个意思。王弼的注说:"江海居大而处下,则百川流之;大国居大而处下,则天下流之。"这样讲,是把"下流"解释为下游,指江海而言。在王弼以前,像《管子·形势篇》所说的"海不辞水,故能成其大",《荀子·劝学篇》所说的"不积小流,无以成江海",也都有这个意思。

江海是众水百川所汇集之处，即下文的"天下之交"，应无疑义，但与底下一句"天下之牝"合看，则会引起一些问题。牝，原指母牛，后来引申为泛指雌性的动物，甚至专指雌性阴部。第六章的："谷神不死，是谓玄牝。玄牝之门，是谓天地根。"就是把泉水涓涓而始流的幽深谷壑，当作天地万物的根源所在。水，就是源起于此，然后才逐渐汇合而成溪流，而成河川江海。所以从此句看，"天下之交"和"天下之牝"二者的先后因果关系不很清楚。不过，再看看下面第六十六章所说的"江海所以能为百谷王者，以其善下之，故能为百谷王"，问题也就可以迎刃而解了。原来，"牝"既可用来指水的源头的幽谷，也可以用来指纳百川而成百谷之王的江海。帛书本把"天下之交"和"天下之牝"对调，前始后终，可能就是因此之故。

"牝常以静胜牡，以静为下"二句，上句说阴柔常以沉静来克服雄壮，其道理在第三十六章解释"柔弱胜刚强"时已经说过，也不成问题。但下句"以静为下"则可能有两种解释：一是承接上句，说"牝"者不但用沉静克制雄壮，而且用沉静来保持谦下；另外一种解释，是为上句解释因果关系，说牝者所以能"以静胜牡"的原因，乃由于雌者柔静，常居于低处的缘故。帛书乙本此句作"为其静也，故宜为下也"，这样看来，似乎第二种解释较为可取。

第二段说明大国和小国的相处之道。这里的"国"不等于今天的所谓国家。古代的"国"只是指某一个界定范围的行政区域而言，有时可以小到像一座都城。此章的"国"，帛书甲本都写成"邦"，应该比较符合原本的面貌。跟"恒"改为"常"一样，都是避汉帝讳才改的。

老子以为大国虽然比小国强大，但因自谦居下，所以能够得到小国的归附，而小国也因能认清时势，不妄自尊大，肯服侍大国，因而能得到大国的保护。"或下以取"和"或下而取"，正说明这两者之间的关系及其相处之道。唐玄宗御注说:"以者,大取小;而者,小取大。"清世祖御注说:"能下以取小国之附,能下而取大国之容。"都把"以取""而取"二语解释得很明白。

第三段为第二段再作进一步的说明,说大国小国都应当了解彼此的想法和希求,这样才合乎自然常道。否则,大国恃强凌弱,以大欺小,终必导致暴乱反抗,而小国妄自尊大,则无异以卵击石,自取灭亡。

最后老子强调,在大国小国两者的对待关系中,大国应该先对小国谦下,表示友好。因为以小事大者为了安全,比较容易奉事对方,而以大事小者往往恃强而骄,比较难尽到保护对方的责任。所以大国先对小国谦下示好,小国必然心诚悦服,同时大国也展现了泱泱大国的风度。

校后补记:《孟子·梁惠王篇》里梁惠王问:"交邻国有道乎?"孟子答:"惟仁者能以大事小,故汤事葛,文王事昆夷;惟智者能以小事大,故大(太)王事獯鬻,勾践事吴。以大事小者,乐天者也;以小事大者,畏天者也。乐天者,保天下;畏天者,保其国。"这些话拿来对照本章,思想一致,并无什么差异。可见儒道的思想主张固有不同,但心同理同,有些最基本的道理谁也不能加以否定。

《论老子绝句》之六十一:

　　大国下流小国康,小邦入事大邦强。
　　下流所以示谦逊,入事还须让帝王。

第六十二章

道者，万物之奥；善人之宝，不善人之所保。美言可以市（尊），尊行可以加人；人之不善，何弃之有？①

故立天子，置三公，虽有拱璧，以先驷马，不如坐进此道。②

古之所以贵此道者何？不曰以求得，有罪以免邪？故为天下贵。③

【校注】

①以上八句——"奥"帛书本作"注"。奥，古代居室的西南角落，是奥秘聚物之处，也是祭祀时设奠之所。注，亦有聚、主之意。"宝""保"二字，帛书甲本俱作"葆"，三字古可通用。"尊"字据王弼《注》，当属下读；据《淮南子》引文，则"尊"属上读，而"行"字上当有"美"字。"加"帛书本俱作"贺"。

②以上五句——帛书甲本"三公"作"三卿"，"拱璧"作"共之璧"，末句作"不善坐而进此"。傅奕本末句作"不如进此道也"。三公三卿，皆辅佐天子之重臣。共，同"拱"。坐，古同跪。

③以上四句——帛书本无"道"字，"曰"作"谓"。"以求得"，傅奕本、景龙本、敦煌本、严遵本等均作"求以得"。"求以得"可与"罪以免"对，较可取。

【直译】

"道"这个东西,是万物的奥秘宗主;是善人的法宝,也是不善之人的保命信符。美善的言论可以求得尊贵,尊贵的行为可以增加人的荣耀;人有所不善,有什么可抛弃的呢?

因此设立天子,设置三公,即使拥有双手合抱的玉璧,在驷马高车之前先进贡,还不如跪着进献这个"道"。

古人之所以尊重这个"道",是为什么呢?不就是说:因为追求可以得到,而犯了罪也可以赦免吗?因此才被天下人所珍视。

【新绎】

此章说明"道"是万物的宗主,无论善人或不善之人都应该重视它。《老子》一书,从第一章开始,就一直说"道",说它的生成、功用等等,不一而足。此章推阐第一章的"有,名万物之母"一语,说明"道"外现其功用时,对善人与不善之人,都一视同仁。这一章从头到尾,都分别从善人与不善之人两方面,来比较说明道理。

全章可分为三段:

第一段开头就标举全章要旨,说"道"是"万物之奥",天下万物的宗主。奥,原指居室的西南角落,古人认为这个地方比较隐密,所以尊者居之,并用来储藏物品,祭祀灶神时,也是迎尸奠祭之处。所以老子借此以喻"道"的重要,说它有如万物之宗。同时说它不但为善人所尊崇,而且也是不善之人的保命符。善人与不善之人对举。善与不善,是说有好坏之分,但也有善于和不善于行道的意思。善于行道的自然是好人,反之则是不善之人。底下的"美言可以市"二句,是就善人来说,"人之不善"二句,则是就不善之人来说。

"美言可以市,尊行可以加人"这两句,是根据王弼的注文

"美言之，则可以夺众货之贾，故曰美言可以市也。尊行之，则千里之外应之，故曰可以加于人也"来断句的。意思是说善人言美而行尊，自然可以得到好的评价和荣耀。这样讲，是可以讲得通，但"尊"这个字无论是属上读或下读，都会让读者觉得文气不足，因此历来学者于此颇有争议。有人根据《淮南子》中《人间训》《道应训》的引文，认为应作"美言可以市尊，美行可以加人"才对，而且"尊""人"还可以协韵；有人则根据傅奕本，认为作"美言可以于市，尊言可以加于人"才对，而且推测"于市"上应脱"售"或"多"之类的字。当然，我们如果推测经文原作"美言可以市尊，尊行可以加人"，后人抄写时省一"尊"字，而在其旁加一记号，有如帛书本在"人"字后有双逗号一样。更后来的人因不识旁加的记号，因而脱漏了一个"尊"字，这样的推测应该也是可以成立的。

"人之不善，何弃之有"二句，则是就不善之人来说，同时呼应上文的"不善人之所保"，和下文的"有罪以免"等句。都是说明"道"对万物一视同仁，对不善之人也不会弃而不顾。经文第四十九章说的"善者，吾善之；不善者，吾亦善之"，即是此理。

第二段推进一步，落实到世间人事上来说。在邦国之内，拥立天子，设置三公（帛书甲本作三卿）来统率百姓，领导人民，这是行道的表现。对其他邦国，能在尊者搭乘驷马高车正式到达之前，先派人合抱大璧去致意，就像《左传·僖公三十三年》鲁国商人弦高犒劳秦师"以乘韦先，牛十二犒师"那样，也是行道的表现。但这些表现在老子看来都还不是真正善于奉行大道者，因为都只看到善的一面，而没有看到不善的一面。帛书甲本"不如坐进此道"作"不善坐而进此"，或许就兼含有这样的用意。这里的"坐"，等于今天的跪坐，表示尊敬的意思。整段来说，意思是与其注意内政外交，都还不如奉行大道来得重要。

第三段回应第一段，说此"善人之宝，不善人之所保"的"道"，是"古"人传下来的格言教训。大家重视它的原因，在于求之者有得，失之者亦不罪。因此才特别宝贵。

《论老子绝句》之六十二：
  美言何以市尊荣，贵道首先在不争。
  天下三公先驷马，岂非名实不分明。

第六十三章

为无为，事无事，味无味。大小多少，报怨以德。①

图难于其易，为大于其细。天下难事，必作于易；天下大事，必作于细。是以圣人终不为大，故能成其大。②

夫轻诺必寡信，多易必多难。是以圣人犹难之，故终无难矣③

【校注】

①以上五句——首三句之"为""事""味"，上字皆动词，下字皆名词。"味无味"一句，朱谦之《老子校释》据《文子·道原篇》、《后汉书·荀爽传》所引，以为"味"乃"知"字之误。楚简本"无"皆作"亡"，"大小多少"作"大小之"。亡，古通"无"。

②以上八句——"天下难事"以下四句，帛书甲本作"天下之难，作于易；天下之大，作于细"。字句虽异，文义则无不同。

③以上四句——"必"字前，傅奕本皆有"者"字。"犹"，御注本作"由"，帛书甲本作"猷"。末句帛书甲本作"故冬（终）于无难"，文义固无别。

【直译】

执行没有目的的工作，从事没有作为的事情，品尝没有滋味的食品。把小当大，把少当多，用恩德来报答怨恨。

解决困难从那容易处入手，处理大事从那细小处入手。天下困难的事情，一定从容易处做起；天下重大的事情，一定从细小处做起。因此圣人始终不说做大事，所以才能完成那些大事。

那些轻易答应的，一定很少守信；多视为容易的，一定多遭遇困难。因此圣人都从觉得它很难做起，所以最后也就没有困难了。

【新绎】

此章推阐第三章"为无为，则无不治"之旨，说明圣人处事之道，在于破除有无、大小、多少、难易、德怨等等的观念。

全章可分三段：

第一段标举立论的重点。"为无为"三句，重点在破除有为无为、有事无事、有味无味的观念。圣人也是要工作要做事的，但不必有什么动机目的或要求有什么表现；不管自己做了什么，都当成没有做过的一样。圣人也是要饮食的，但不会要求或偏嗜什么滋味；"五味令人口爽"（第十二章），反而不如恬淡的适合大家。有人根据《后汉书·荀爽传》等书的引文，以为"味无味"应作"知无知"，自有其依据，但道理都是相通贯的。"味无味"，其实也就是"知无知"，或者说是"欲无欲"。因此改不改都没有关系。

"大小多少"和"报怨以德"这两句，和前三句一样，其实都是说明天下事物之中，有很多看似相反，实则可以相成。有为无为、有事无事、有味无味，平常人看似相反，但圣人却能明白有无相生的道理，观照全面而不偏执一端，因而做好了事情，会"生而不有，为而不恃，功成而弗居"（第二章）；万一事情没有做好，也会觉得塞翁失马，焉知非福，不会怀忧丧志，过于灰心。因此，能够永远保持一个平常心，把"有""无"的观念打破。能够把"有""无"的观念打破，那么所谓大小、多少、德怨等等看似相反的观念也就可以一一打破了。其实第二章早已说过"有无相生,长短相形,高下相倾"等等的常道,此章所说,不过是再加发挥而已。

这里的"大小""多少",不能都视为量词,以为它们都是指度的大小、量的多寡,否则就会像古人姚鼐一样,把"大小多少"都当成同一词性,认为"下有脱字",语意欠明了。它们的词性不一样,可以上字作动词、下字作名词,也可以反过来看,上字作名词、下字作动词或形容词用。如果依照上文"为无为"的读法,则以前者为是;如果依照楚简本"大小之"的读法,则以后者为是。因此,解释为把小看作大、把少看成多,或者解释为把大看成小、把多当作少,都讲得通,都是要打破度量衡上大小多少甚至轻重的观念。第六十章说的"治大国,若烹小鲜",也一样是想说明所谓大小只是偏执一端时的想法。明白了这个道理,那么,以德报怨,把德与怨都视为心理上一种偏执的观念,需要破除,其道理也就不辩自明了。

第二段衍续上述的道理,对难与易、大与细的事物与观念,作进一步的推阐。《韩非子·喻老篇》解释得很好:"有形之类,大必起于小;行久之物,族必起于少。"而且还举了实例:"千丈之堤,以蝼蚁之穴溃;百尺之室,以突隙之熛焚。故白圭之行堤也,塞其穴;丈人之慎火也,涂其隙。是以白圭无水难,丈人无火患。此皆慎易之以避难,敬细以远大者也。"意思是说:大堤的崩溃,是由于有蚁穴;巨室的火灾,是由于有烟突。因此用白圭去塞住大堤上的蚁穴,让丈人去涂抹烟突上的缝隙,灾患就不会发生了。这些例子都是说明大事往往起于细节,细节不注意,有时候就会酿成大问题。所以,大小、难易等等的观念都需要破除。圣人领导大家,化育万物,做的都是大事情,可是他明白上述的道理,因此他不敢大意,慎防于微,非常小心。

第三段与第二段不同。第二段从自己做事的角度说,第三段则从观察别人做事的角度说。轻易就许诺他人的人，因为个人的能力有限，一定不可能做到事事周全、人人满意；把事情看成很容易的人，因为没有事先规划，早做准备，一定也会常遭遇没意料到的挫折。圣人却不一样。他会觉得轻易许诺于人和把事情看得很简单，是件困难而不应该做的事，所以他谨慎小心，面面俱到，不会偏执一端，只求突显自己。

《论老子绝句》之六十三：
　　圣人不自以为大，多变少时少变多。
　　小大易难皆相反，味无味处味如何？

第六十四章

其安易持,其未兆易谋;其脆易泮,其微易散。①

为之于未有,治之于未乱。②

合抱之木,生于毫末;九层之台,起于累土;千里之行,始于足下。③

为者败之,执者失之。是以圣人无为,故无败;无执,故无失。④

民之从事,常于几成而败之。慎终如始,则无败事。⑤

是以圣人欲不欲,不贵难得之货;学不学,复众人之所过。以辅万物之自然,而不敢为。⑥

【校注】

①以上四句——楚简本于四句"易"字前,以及各句句尾,皆有"也"字。又,"泮"作"判","微"作"几",皆可通。河上公本等"泮"作"破",溶解、破裂皆可通。

②以上二句——"为之于未有"楚简本作"为之于其亡有也"。亡,同"无",与"未"可通。

③以上六句——楚简本"九层"作"九成","起"作"作","千里之行"作"百仞之高"。帛书甲本"千里之行"作"百仁之高",帛书乙本则作"百千之高"。"百仁"当系"百仞"之误,"千"或亦"忎"即"仁"字之误。

忍、仞音同。

④以上六句——楚简本"为""执"字下有"之"字,"失"作"远","无"作"亡",下同。字句虽异,文义则同。

⑤以上四句——楚简本作:"临事之纪,誓终如始,此无败事矣。"帛书甲本"几成"作"其成事",乙本则无"事"字。几,将且之辞。楚简本"纪"当为"际","誓"当为"慎"。

⑥以上六句——"学不学"楚简本作"教不教"。"学"字古作"斅",二字形近。"以辅",帛书本皆作"能辅",楚简本则"辅"字前有"是故圣人能"数字。字句虽有不同,文义则无差异。

【直译】

事物安稳时容易把握,没有征兆前容易处理;事物脆弱时容易裂断,微小时容易分散。

处理它在没有发生之先,安定它在没有变乱之前。

合抱大的树木,生长自苗芽的末端;九层高的塔台,建立自累积的土砖;千里远的行程,开始自脚下的起步。

有所作为就会有失败,有所把持就会有失去。所以圣人无所作为,就不会有失败;无所把持,就不会有失去。

人们做事的时候,常在快要成功时却失败了。谨慎终结能像开始时那样小心,就不会有失败之事。

所以圣人追求人所不要的东西,不重视难以得到的货物;学习人所不学的知识,补救众人所犯的过失。借以辅助万物自然生长,而不敢作为。

【新绎】

此章承接上章,仍在说明圣人的处事之道。篇幅比其他各章稍长,根据楚简本,前后可分为两章,"始于足下"以上为一章,"为者败之"以下为另一章。从内容看,似亦可据此分开讨论。故下文的讨论，前三段与后三段可以分别观之。

第一段是前四句，说明处理事情必须了解各种事物的特性，把握处理的时机。第二段只有"为之于未有，治之于未乱"二句，是为上文"其未兆易谋"作进一步的说明，说处理的时机宜早不宜晚，有未雨绸缪、防患未然之意。"未有"指没有成形之前，"未乱"指已经成形之后。前前后后，都要注意。

第三段又更进一步，举实例说明做事不但要把握时机，宜早不宜迟，而且还要从小处做起，以便立好基础。双手合抱的大树，萌芽时细如秋毫，根蒂必须牢固；九层高的塔台，是一篓一篓的土石堆积起来的，基础不稳固不行；千里远的行程，要达到目的地，也不能不一步一步向前进。"千里之行"，楚简本作"百仞之高"，帛书本也一样，只是"仞"字帛书甲本作"仁"，帛书乙本作"千"。"仁"的古字作"忎"，乙本的"千"应即"仁"之伪字，而"仁"与"仞"近，故可推知早期传本"千里之行"，原作"百仞之高"。但"百仞之高"与上句的"九层之台"，同样是形容高，意犯重复，所以后来可能因此而改成"千里之行"也未可知。不管如何，这些实例说明了做任何事情，开端是重要的。

《尚书·周官篇》曾载周成王之言："若昔大猷，制治于未乱，保邦于未危。"老子以上三段所讲的内容正与此相同。

从"为者败之"以下的三段，虽然说的也是处事之道，但偏重在该怎么做和做些什么。

第四段"为者败之"以下六句，说明圣人处事的方法，在于无为和无执。"为者败之，执者失之"二句，已见于第二十九章。无为不是完全不做，而是做的时候不要有什么动机和目的；无执不是没有意志，而是不要顽固而偏执一端。这是说做事的方法。

第五段是"民之从事"以下四句，以"民"与"圣人"对，说明做事必须慎其终始。一般的人不像圣人那样聪明睿智，谨慎小心，所以往往开头勤奋而后来逐渐松懈，虎头而蛇尾，功败垂成，前功尽弃。原因就在于能善始而不能慎终。"民之从事"，即"民从事之时"，这跟楚简本的"临事之纪（际）"意思一样，都是说做事时要有始有终，前后谨慎如一。

"是以圣人欲不欲"以下是第六段，说明处事时该做什么。"欲不欲"，就是无欲无求，不是不可求，而是不要有贪得之心。"学不学"，就是"绝学无忧"（第二十章），不是不学习，而是不要学像上段所说的"民之从事"功败垂成的那一种，要学的是上述无为、无执、无欲、无求的另一种，甚至是"为之于未有，治之于未乱"的那一种。如此才可补救一般人的过失。"复众人之所过"，有人把它解释为返回众人走过的道路，也可以讲得通。上文说"慎终如始"，所谓回到原来走过的道路，亦即慎终如慎始之意。能够如此，自然不会前功尽弃，意思和补其过失一样。第二十八章说"常德乃足，复归于朴"，应该也有这样的含意。

最后的两句，说的是圣人的做法。楚简本在"辅万物之自然"前，有"是故圣人能"等字可证。圣人究竟为不为呢？照第二段说的"为之于未有，治之于未乱"，应该是有为的；照第四段说的"为者败之，执者失之"，应该无为无执才对。那么，究竟是有为或无为呢？老子在此章结尾时再次强调：圣人只是遵循万物自然而然的法则而已，而不是想要自己创造什么。换句话，圣人只是守无为之道而已，而不是想要什么有所作为。

《论老子绝句》之六十四：
　　层塔还从平地起，长楸固自毫端生。
　　慎终如始诚非易，未必人人尽菁英。

第六十五章

古之善为道者,非以明民,将以愚之。①

民之难治,以其智多。以智治国,国之贼;不以智治国,国之福。②

知此两者,亦稽式。常知稽式,是谓玄德。玄德深矣远矣,与物反矣,然后乃至大顺。③

【校注】

①以上三句——河上公本、傅奕本同。帛书甲本则作:"故曰:为道者,非以明民也,将以愚之也。"起头作"故曰",颇突然,似承接或总结上文之词。

②以上六句——"智多",景龙本、傅奕本等作"多智"。"智"帛书本皆作"知"。

③以上七句——"常"帛书本作"恒"。"稽",河上本、景龙本等皆作"楷"。稽,留、考、治之意。"楷"与"式",皆模范之意。"然后乃至大顺"傅奕本作"乃复至于大顺"。文义皆无异。

【直译】

古代善于行道的人,不是要使人民聪明,而是用来愚化他们。

人民难以治理,是因为他们智巧太多。用智巧来治理国家,是国家的祸害；不用智巧治理国家，是国家的福泽。

知道这两种情况，都同样是治国的法则。常常知道什么是法则，这就叫作玄德。玄德深啊远啊，与万物复归于大道，然后才能达到太平之治。

【新绎】

此章再次阐述"道"是相反相成的道理，说明治国安民者必须奉行此道而后可。

全章可分三段：

开头三句是第一段。首句"昔之善为道者"，参照上文，即昔之圣人的意思。帛书甲本在句前有"故曰"二字，亦足以证明此应是归结上章所言圣人"欲不欲，不贵难得之货""学不学，复众人之所过"而来，或者是承接上面的某些章节而来。例如经文第三章的"不尚贤，使民不争；不贵难得之货，使民不为盗；不见可欲，使民心不乱。是以圣人之治：虚其心，实其腹；弱其志，强其骨；常使民无知，无欲。使夫智者不敢为也"，拿来与此三句合看，即可发现前后呼应，一脉相承。

不但第三章如此，第十八章的"慧智出，有大伪"，第十九章的"绝圣弃智，民利百倍""绝巧弃利，盗贼无有"等等，也都与此章有前呼后应之妙。这绝对不是偶然，应该是显露了老子思想主张中有愚民弃智的一面。

这样说，接受民主民权思想洗礼的现代人，当然会反对。事实上，近代以来已经有很多学者反对上述老子有愚民思想的说法，认为老子或古代的所谓圣人，都不会主张愚民。但事实是事实，受到时间空间和环境变化的影响，观念不可能不改变。在古代的封建社会中，教育不普及，一般人见识不多，所以在上位者往往认为人民如果智巧就易生狡诈，狡诈就难统治，恐怕很多朝代很多君臣都常有这种想法,这是不用避讳、也避讳不了的。连《论语》上都曾记载孔子说过"民可使由之,不可使知之"的话,何况是他人。所以我们今天读古书,不必以今律古,把今天时兴的观念强加在古人之上。像今天重视生态,就有人斥责古人不该射杀动物;今天重视女权,就有人大骂古代男女不平等,等等,固然说的是事实,但时代不同,观念也不同。今天大家所极力反对的,说不定在古人心目中视为理所当然。我们读老子有关愚民思想的文字时,也宜抱持这种想法。

更值得提出来讨论的是,老子所说的"非以明民,将以愚之",并不是像今天一般人所想象的那样,一定要使人民愚蠢而不聪明;所谓"慧智出,有大伪",或"绝圣弃智""绝巧弃利"等,也不是像一般人所说的那样,绝对要完全弃绝圣智巧利。对于想治国安民的人来说,这不可能,也绝对做不到。就像"为无为"的道理一样,老子的想法并没有偏执一端。从第二章开始,老子一直在强调万物"有无相生,难易相成"等等相生相成的道理,另外像第二十二章和第三十六章也都再三强调"曲则全,枉则直""将欲翕之,必固张之"相反相成的道理,这些例子都可以说明老子的思想主张常兼顾一体的两面,有时虽然只举一端,实则相反亦然。所以这里的"明民"和"愚之",和一般所说的"明"和"愚",意义并不相同。"明"和"愚"词虽相对,义虽似相反,但老子却以为它们都各有其正面和负面的意义。王弼注此章有云:"明,谓多见巧诈,蔽其朴也;愚,谓无知守真,顺自然也。"正是从负面来说其意义,而且说的颇中肯綮。这和此章下文所说的"知此两者,亦稽式",亦正契合。

第二段是"民之难治"以下六句,说明人民多智固然难以统治,在上位的治国者如果也多智尚贤,国家同样会治理不好。"以其智多"的"其"和上面"将以愚之"的"之",都是代词,依上下文来看自应指"民"而言，但仔细看看似乎也有兼指在上位者的可能。如果指在上位者，与下文的"以智治国"合看，倒是顺理而成章，而且说的是在上位者自己要无为无知，像愚者一样，不可多智。如此一来，全章说的是统治者要"像"愚者，不要常动妄念，乱事改革，君臣上下抱朴守真即是，因而也不是什么愚民政策了。

第三段承上文而来，"知此两者"指上文的"以智治国"和"不以智治国"二事而言。上文说以智治国不好，不以智治国才好，但这里却又说"知此两者，亦稽式"。意思是说这两种情况都同样是治国的法则，都同样有价值。

《论老子绝句》之六十五：
　　明者可能非百姓，愚之或许谓君王。
　　圣人治国如轻智，稽式徒劳不富强。

第六十六章

江海所以能为百谷王者,以其善下之,故能为百谷王。①
是以欲上民,必以言下之;欲先民,必以身后之。②
是以圣人处上而民不重,处前而民不害。是以天下乐推而不厌。以其不争,故天下莫能与之争。③

【校注】

①以上三句——河上公本、傅奕本俱同。"以其善下之","之"指百谷,楚简本作"以其能为百谷下",意更清楚。百谷,泛指一切溪流河川。谷,是说水注入溪。楚简本、帛书本等"谷"时作"浴"者,或即此故。

②以上四句——"是以"下,帛书本、傅奕本等皆有"圣人"二字。此四句楚简本作:"圣人之在民前也,以身后之;其在民上也,以言下之。"字句虽异,文义则同。

③以上五句——"以其不争",楚简本句下多一"也"字;帛书甲本作"非以其无诤(争)与(欤)",与傅奕本之作"不以其不争",皆反问之辞。文义并无不同。

【直译】

江海之所以能成为百川之王,是因为它们善于处在百川的下方,因此能成为百川之王。

所以想要在上面统治人民,必须用言辞谦卑对待他们;想要在前面领导人民，必须把自己放在他们后方。

所以圣人要能处在上面而人民不觉得有压力，处在前面而人民不觉得有妨碍。所以天下百姓乐于拥戴而不懈怠。就因为他不争胜，因此天下没有人能跟他争胜。

【新绎】

此章再次强调圣人所以能治国安民，在于他能谦下不争。经文第七章说过"圣人后其身而身先，外其身而身存"，第八章说过"上善若水，水善利万物而不争""夫唯不争，故无尤"，这些章节都与此章有足相发明之处。

全章可分三段：

第一段举江海为例，说其所以成为百川之王，在于能"善下"。百谷犹言百川。百是泛称，谷指有流水的谿谷，亦即河川的源头。大江大海地势低下，是一切溪流河川汇聚之地，所以称之为百川之王。老子一开头就借这众目所见、众所周知的自然现象，来明喻在上位者必须像大江大海一样，谦虚卑下，才可以纳百川而拥万民。第三十二章的"譬道在天下，犹川谷之于江海"，说的是一样的道理。

第二段以下，用了不少"是以""故"的字眼，可知都是由上述的自然现象，引申推衍而得的观点。这一段所说的，系就统治人民的在上位者而言，与第七章所说的"圣人后其身而身先，外其身而身存"，有异曲同工之妙。传本之中，像帛书本、河上公本、傅奕本等等，在"是以"下有"圣人"二字，更足以证明这是针对治国安民的圣人，说对待人民必须处下居后，这样才能如江海一样，众流归之而成其大。这里的上下先后当然存在着一些辩证关系，但显而易见，上下的部分是指言辞方面，例如法令等，而先后的部分是指行动方面，例如福利等。

第三段是第二段的申论。第二段只说圣人对待人民必须如何如何，第三段则申而论之，说统治者与人民二者的关系；圣人对待人民谦恭卑下的话，就会得到人民忠诚的拥戴。最后的两句，核对第八章所说的"水善利万物而不争""夫唯不争，故无尤"，合读起来觉得更有兴味。

《论老子绝句》之六十六：
　　江海能为百谷王，圣人因此识低昂。
　　须知善下有时尽，慎无恒常在上方。

第六十七章

天下皆谓我道大，似不肖。夫唯大，故似不肖。若肖，久矣其细也夫！①

我有三宝，持而保之。一曰慈，二曰俭，三曰不敢为天下先。夫慈，故能勇；俭，故能广；不敢为天下先，故能成器长。②

今舍慈且勇，舍俭且广，舍后且先，死矣！夫慈，以战则胜，以守则固。天将救之，以慈卫之。③

【校注】

①以上六句——帛书乙本、傅奕本无"道"字。"大"即"道"，见第二十五章。第三、四句，帛书乙本作"夫唯不宵（肖），故能大"。"久矣其细也夫"帛书甲本作"细久矣"。义皆无别。

②以上十一句——"持而保之"，傅奕本"保"亦作"宝"。宝、保古文互通。帛书本"葆"或"琛"，皆"宝""保"之假借。"成器长"，帛书甲本"器"作"事"，傅奕本句前有"为"字。器，指具体事物，泛指万物。长，尊长。有人释"成器"为"大器"。"能成器长"之"能"，有"敢"之义。

③以上九句——"死矣"，帛书甲本句前有"必"字，乙本有"则"字。傅奕本则作"是谓入死门"。"以战则胜"傅奕本等作"以陈则正"。"陈"同"阵"，"胜"通"正"。"天将救之"二句，帛书甲本作"天将建之，女以兹（慈）垣之"。帛书乙本"女"则作"如"。女、如，一音之转，乃也。垣，卫也。

【直译】

天下人都告诉我说道是大,似乎不像个样子。就是因为大,因此似乎不像个样子。如果像个样子,长久以来它就变小了啊。

我有三件法宝,持有而且保全它。第一件叫作慈,第二件叫作俭,第三件叫作不敢为天下先。因为慈,所以能够勇敢;因为俭,所以能够宽广;因为不敢为天下先,所以能够成为造就万物的尊长。

现在如果舍弃慈暂且勇敢,舍弃俭暂且宽广,舍弃居后暂且领先,就死定了哪!这个慈,用来打仗就胜利,用来防守就坚固。天将要救助它,就用慈来卫戍它。

【新绎】

此章有两个重心,一是解释"道"何以又称为"大",一是解释三宝的意义及其功用。

全章可分三段:

第一段说"道"即"大",大到浑沌一片,没有固定的形象可以形容。经文第二十五章曾说"有物混成,先天地生","吾不知其名,字之曰道,强为之名曰大",可见"大"即"道"之别称。经文第二十一章又说"道之为物,唯恍唯惚。惚兮恍兮,其中有象;恍兮惚兮,其中有物",可见道之为物,恍恍惚惚,浑沌一片,没有具体固定的形象。第一段的"肖"与"不肖",就是指此而言。而文中的"我"则是老子的自称,说是老子引述古之圣人的话也可以,但不会像有些学者所言是"道"的自称。因为大道、常道是"不言"的,而且从第二十五章的"吾不知其名,字之曰道",也可以看出"吾""我"都不等于"道"。"我"只是解释"道"何以"大"的人。他说"道"大得不得了,早就没有样子可以形容;如果可以形容它的样子,那就是它变小了。这是不可能的事。

第二段介绍何谓三宝，并从正反面的辩证关系，说明三宝的特性。"我"当然还是指老子引述古之圣人而言。三宝包括下列三项：慈、俭、不敢为天下先。慈，即慈爱；俭，即俭省；不敢为天下先，即处下居后，亦即上章所谓"欲上民，必以言下之；欲先民，必以身后之"，或者说即第七章所说的"后其身""外其身"。这些都是圣人治国安民必备的要项。因此，此章所言，必然与圣人之治国安民有关。

"慈，故能勇"以下三句，乍看起来，慈爱与勇敢、俭省与宽广、不敢为天下先与敢为天下先，成为一切具象事物（即万物）的尊长，这三项事物似乎相对相反，但老子一向主张"有无相生"，相反亦可相成，所以他认为慈、俭、居后三宝之中，本来就有勇、广、尊长的因子，问题只在于它们有没有产生作用、发挥功能而已。例如：讲慈爱，莫过于慈母之爱子女，慈母当然是最慈祥的了，但她为了子女，什么危险的事情她都不怕，她都敢去面对，这就是慈有勇敢的另一面。俭省，看起来节约不大方，但太浪费、不节约，就不可能有余裕帮助别人。居后处下，待人谦虚，功成不居，自然会赢得别人的好感，而被拥戴为尊长。这些道理，都是众所周知、耳熟能详之事，真的存在，并没有冲突矛盾。

第三段进一步说明三宝的功用，并特别强调"慈"的重要。"今舍慈且勇"以下四句，是就上述三宝正反面的辩证关系，说假使只取其一端，例如只取勇或广或争先的话，一定会产生偏执不均的大问题。"今"在古代论文中，常常含有假设的语气。"死矣"，有的传本作"是谓入死门"，语气很重，但看下文的"战"与"守"、"救"与"卫"，即可明白所要说明的，已是与战争有关的事。

战争是最危险的事情，最需要勇敢，相对相反来说，战争也最需要慈爱。老子说，在战争时能慈爱，必能打胜仗，能攻能守，也必能救人卫国。"以战则胜",传本有的作"以陈则正"或"以陈则止"。"陈"同"阵",指战时阵形而言。这几句意思是说,在战争时能善用慈爱,不但能鼓励战士间的同袍同泽之爱,大家同心协力打胜仗,而且也可以"以战止战",用慈爱来换取和平。如此必然进可攻,退可守。要救援,要保卫,也都不成问题了。

最后的两句"天将救之,以慈卫之",帛书乙本作"天将建之,如以兹(慈)垣之","垣"作动词用,意义与"卫"相同。"救之"与"建之"相对而相成,"卫之"与"垣之"相依而相成,都是说明慈爱即使在战争时,也有其不可忽视的力量。

《论老子绝句》之六十七:
  慈俭不为天下先,谁将三宝入遗编。
  世人但愿能成器,岂肯谈兵反圣贤。

第六十八章

善为士者不武,善战者不怒,善胜敌者不与,善用人者为之下。①

是谓不争之德,是谓用人之力,是谓配天。古之极。②

【校注】

①以上四句——首句前,帛书乙本有"故"字,如此则径接上文,似不必另立一章;傅奕本、景龙本等有"古之"二字。"不与",傅奕本、景龙本等作"不争"。与、争皆以手持物之状,义同。

②以上四句——"用人之力",帛书本无"之力"二字。

【直译】

善于带兵的人不逞武力,善于战斗的人不动怒气,善于克制敌人的人不交手争胜,善于利用人才的人对他们谦虚。

这就叫作不竞争的美德,这就叫作利用人的力气,这就叫作配合天道。这是古人最高的境界。

【新绎】

此章说战争制胜之道,不在于武力,而在于谦下。与上章所谈的三宝,特别是"慈",有密切的关系。

全章分为两段：

第一段谈制胜之道，要有四善。有的传本，像傅奕本在章首有"古之"二字，那是有引古劝今之意；像帛书乙本在首句前有"故"字，那是表示有归结上文之意。与上章对照来看，确实有前后相应的地方。

所谓四善的"善"，在这里解作"善于"或"完善的"都讲得通。每一"善"的句子之中，也都同样存在着相反相成的辩证关系。"善为士者不武"的"士"，是古代社会中，为贵族及在上位者管理人民的阶级，他们文武合一，平时做事，战时抗敌。因此"为士者"历来的解释，颇有歧异。有人说"士"通"事"，"为士者"就是泛指为国家做事的士人；有人说"士"是武士，指以武力抗敌的战士；有人说"士"不是一般的武士，而应该是指"卒之帅也"，换句话，"为士者"就是率兵作战的将领。这些说法都言之有据，也都讲得通，但在此章之中对照下文，恐以后者为是。善于带兵作战的人是有武力的，可是他却不逞武力。在老子看来，这才是完善的作法。

同样的道理，作战是要凭武力决胜的，但善于作战的人，他却冷静理性，而不随便动怒，逞匹夫之勇。《孙子·火攻篇》即云："非危不战，主不可以怒兴师，将不可以愠致战。"这才是全军带兵之道。克敌是要交手攻杀的，但善于克制敌军的人，他却运用智谋，出奇制胜，不必正面交手争斗，就能屈敌人之兵。例如《左传》记载晋献公要伐虞国，不出兵攻打，反而先送良马和璧玉给虞公，讨好他，然后趁其不备，一举偷袭而灭虞，就是典型的例子。善于利用人才的人更不用说了，人才往往高傲，自命不凡，他却能谦恭下士，礼待人才，使人才都乐为他用。韩信说刘邦本身不善于带兵作战，却是"善将将者"，很多将领都乐于为他所用，就是这个道理。能够如此，焉有不"善"之理？

第二段是总结上文，说上述的四善，可以叫作"不争之德"，也可以叫作"用人之力"，也可以叫作"配天，古之极"。不争而胜，这是最玄妙的方法，跟上章的所谓"三宝"，特别是"慈，故能勇""慈，以战则胜，以守则固。天将救之，以慈卫之"，尤有密切的关系。"慈"，自有其"能勇"的力量，所以能以柔克刚；善于为士用人者，自有不怒而威、不争而胜的能力，所以能克敌制胜。这些道理都是相通的。也因此称之有不争之"德"、配天之"极"。

有的传本，像帛书本，"用人之力"没有"之力"二字。有人以为，如此上下文"是谓用人，是谓配天"，"人""天"二字协韵，读来更觉韵味深长。但笔者以为原来的王弼本"用人之力"，"力"与上下句的"德""极"，本来也是协韵的，而且用的是入声韵，读起来更强劲有力，自有其可取之处，所以也就不必趋新而舍旧了。

《论老子绝句》之六十八：
　　　　三宝何曾能退敌，谁言四善占先机。
　　　　用人谦下非难事，要在君王辨是非。

第六十九章

用兵有言:"吾不敢为主而为客,不敢进寸而退尺。"①

是谓行无行,攘无臂,扔无敌,执无兵。②

祸莫大于轻敌,轻敌几丧吾宝。故抗兵相加,哀者胜矣。③

【校注】

①以上三句——帛书乙本"有"作"又"。范应元本"兵"下有"者"字,"言"下有"曰"字。文义更明。"不敢进"帛书甲本作"吾不进"。

②以上四句——"行无行",下"行"字,指行列、阵形而言。"扔无敌",帛书本、傅奕本在"执无兵"句后。如此则"行"与"兵"隔句协韵,"臂"与"敌"隔句协韵。"扔",帛书本作"乃",傅奕本作"仍"。扔、乃、仍三字同音假借。

③以上四句——帛书本、傅奕本"轻敌"作"无敌","丧"作"亡","抗兵相加"之"加"作"若"。王弼注云:"抗,举也。加,当也。"可见"相加"与"相若"皆有"相当"之意。敦煌唐写本"相加"作"相如",加、如二字形近。

【直译】

用兵的人有这样的话说:"我不敢采取主动而采取被动,不敢前进一寸而宁可后退一尺。"

这是说前进时要像不见行阵,挥动时要像不见手臂,拉引时要像不见敌人,操持时要像不见兵器。

祸患没有大于轻视敌人的,轻视敌人可能失去我们的三宝。因此举兵对抗时兵力相当,哀矜的一方必定打胜仗。

【新绎】

此章与前面两章都谈到用兵之道,所谈的道理也相通,可视为一组。

全章可分为三段:

第一段首先引用用兵者之言,说用兵之道,一样在于守后居下。"用兵有言"这句话,焦竑的《老子考异》解释为"古兵家有此言也",这是合理的推测,即使不是古兵家之言,至少也是老子引用同时兵家之言。这跟上章首句"善为士者不武",有的传本作"古之善为士者不武",是一样的道理。事实上,从笔者以上各章的析论中,可以看出《老子》一书,往往在各章开头先引述古人的格言教训,然后再予以阐述。这是该书一种常见的写作模式。

"吾不敢为主而为客"二句,即老子所引用兵者之言,要点也就是上章所说的"不争"与"为下"。这跟老子"守雌"等等的主张,以及上面两章所说的三宝、四善,都相通贯。宁为客而不为主,宁退而不进,都是说明用兵作战之事应该采取守势而非攻势,采取被动而非主动。这样说容易被一些不明道理的人误会此为怯战怕事,所以老子在引述这些话之后,马上在下面第二段为它补充说明,说这些话的真正含意是以退为进,以守为攻。

第二段"行无行"四句,跟全书的很多章节一样,是利用相反相成的辩证关系,来说明用兵作战时的四种情况。"行无行"是说行军前进时应该排成宜攻宜守的阵形,但善于用兵者却令敌人看不出它的阵形。这也就是《孙子·虚实篇》所说的"微乎微乎!至于无形""形人而我无形,则我专而敌分"。"攘无臂",是说行军作战时，难免要伸出手臂，挥动攘取，但善于用兵者却令敌人看不出他们在挥动手臂。"扔无敌"，是说战争中拉扯（与攘取相反）的动作是难免的，例如拉敌下马、扯旗诱敌等等，但善于用兵者却令敌人看不到他们有这些动作。"执无兵"是说战争时为了护身杀敌一定携带兵器，但善于用兵者，却令敌人看不到他们带着兵器。这些句子所描述的事物都看似矛盾不可能，但经老子一推阐，却又令人觉得不无可能。所谓不战而屈人之兵，不用一兵一卒而折人百万之师，这种事情也确实在战争史实中发生过。以静制动，以不变应万变，事前经过慎重的规划，完全根据敌人的行动来采取行动，让敌人觉得高深莫测。这是一种最高的战略思想，与一般的兵家大大不同。

第三段呼应第一段，并解释第二段所以能够成立的理由。

"祸莫大于轻敌"二句，似乎也是引述古人之言，是说用兵之道最忌轻敌。"轻则失本"（第二十六章），轻敌者必定高估自己而忽视敌人的实力，错估形势而轻举妄动，能攻不能守，进则喜，退则怒，与上述两章所谓三宝、四善，完全背道而驰，其最终不败者几希！最后两句："故抗兵相加，哀者胜矣。"王弼注："抗，举也。加，当也。哀者必相惜而不趣利避害，故必胜。"可见"抗兵相加"是说举兵交战时，兵力相当。有的传本"相加"作"相若"或"相如"，也正是这个意思。当双方交战时，特别是实力相当或敌方较强时，绝对要以静制动，不可躁进，一方面要避开敌人的锋头，另一方面要隐藏自己的实力。第一段所说的"不敢为主而为客，不敢进寸而退尺"，其道理亦即在此。兵家说：骄兵必败，哀兵必胜。以上所说，多属前者，而所谓"哀兵必胜"的"哀"，有些学者解为哀伤，恐怕不太恰当。第三十一章说过："杀人之众，以悲哀泣之；战胜，以丧礼处之。"虽然话中也有悲伤悲哀之意，但重点却在于强调对战争伤亡者的悲悯之情。这里的"哀"与上述三宝的"慈"意义相近,都有"爱"的意思。有爱心的人,也才会有悲悯之情。圣人爱民治国,用兵的目的也必然是消除残暴、拯救人民而已,而非主张杀戮残害。这也就是上文把慈爱所以列为三宝之首的原因。而上文所以说"祸莫大于轻敌"者,也正是因为轻敌者必定好战,好战者必定乐于杀人而无慈爱之心。有的传本此句"轻敌"作"无敌",说心目中没有敌人,那和"轻敌"一样,都是轻视敌人而有好战之意。这种"轻敌""无敌"的骄兵,迟早必败。相反的,主张慈爱的军队,有悲天悯人、爱民惜物的情怀,他们知道"兵者为凶器",能不发动战争就不发动,即使不得已而为之,也必定尽量事先慎所规划,出奇谋,尽量减少伤亡,不残害双方的士兵。因此能够"行无行,攘无臂,扔无敌,执无兵"。这样的军队,自然会获得最后的胜利。

《论老子绝句》之六十九:
  用兵为客不为主,轻敌败亡何所疑。
  哀者自兼慈与俭,圣人应是帝王师。

第七十章

吾言甚易知，甚易行；天下莫能知，莫能行。①
言有宗，事有君。夫唯无知，是以不我知。②
知我者希，则我者贵。是以圣人被褐怀玉。③

【校注】

①以上四句——"天下莫能知"二句，帛书甲本、傅奕本"天下"作"人"，句前有"而"字，"莫"字后有"之"字。帛书本每句后俱有"也"字，语气较为舒缓，较有韵味。

②以上四句——"言有宗，事有君"二句，河上公本同。帛书甲本作"言有君，事有宗"，帛书乙本作"夫言又宗，事又君"。又，"有"之古字。傅奕本作"言有宗，事有主"。此互文而见义。

③以上三句——"知我者希"，帛书乙本无"我"字，傅奕本"希"作"稀"。物以稀为贵，故稀、贵二字义近。"则我者贵"，帛书乙本、傅奕本俱无"者"字。二句如无"我""者"二字，则文义有所不同。上句如无"我"字，则"知者"盖指知上文之"言有宗，事有君"；下句如无"者"字，则"则"为转折词，盖指物以稀为贵，"我"应指圣人而言。

【直译】

我的言论非常容易理解，非常容易实践；天下却没有人能够理解，没有人能够实践。

言论要有宗旨，行事要有主导。就是由于大家不理解，所以不能对我多理解。

理解我的人稀少，那我就更高贵了。所以圣人穿着粗布衣，却怀抱着宝玉。

【新绎】

经文第二章说"圣人处无为之事，行不言之教"，此章即就此推衍，说"不言""无为"其实都易知易行，可是一般人却莫能知，莫能行。说圣人被褐而怀玉，此乃圣人与天下一般人的不同处。

全文可分三段：

第一段"吾言甚易知"以下四句，以"吾"与"天下"对举，即圣人与一般人对举，说明老子所欲阐扬的圣人之道，其实容易了解，也容易实践，但是一般人却视容易为困难，不肯切实去了解，去实践。譬如说，老子说"道"是"有""无"相生，道理不难了解，可是一般人却偏执一端，不是守住"有"，就是守住"无"，而不知变通。譬如说，老子说的"不言"，并不是说完全闭嘴不说话，而是该说的才说，不该说的就不说。该说与不该说的原则是什么？这就是下一段所要说明的问题。"无为"的道理也一样，什么事可以做，什么事不可以做，也都有一定的原则。

第二段的"言有宗，事有君"，就是标示说话和行事的原则。宗是宗旨，君是主导，换句话说，无论说话或做事都要把握要领。第二章所谓"处无为之事，行不言之教"，事要处理，教要奉行，也都说明实践时要得其要领。"不言"和"无为"属于老子立论的宗旨，具体去实践时，就必须得其要领而知其原则。譬如说"作而不辞，生而不有，为而不恃，成功不居"，这些道理当然应该了解，应该说，也应该做。但若只是知而不行，只是了解或只是口头说，却不去具体实践，那就不合乎老子所说的道。更明白的说，即使能知能行，如果事情成功之后，念念不忘自己的努力，处处宣扬自己的功劳，也一样不合乎老子所说的道。

老子主张柔静谦下，主张慈、俭、不敢为天下先，宗旨不难理解，可是一般人却往往只看到道理或事情的一面，因此作而言之，生而有之，为而恃之，功成而自居。或者在现实生活中，看到柔静谦下的人吃了亏，觉得慈俭守后的人没好处，反而看到了刚强争胜的人占便宜，勇敢有权的人显威风，因而偏执一端，唯恐自己吃亏，或者只看事情好的或坏的一面，而不肯作全面的观照。这些例子，都是因为不能把握要领的缘故。因此，虽然知道"不言""无为"的道理，却不肯真正的去了解，去实践。至于有人把"不言"误解为完全不说话，把"无为"误解为完全不做事，那更是等而下之，难与论道了。

"夫唯无知"二句，承上"言有宗"二句而来。是说一般人就因为不明白"言有宗，事有君"的道理，所以对于圣人的立论行事，不能透彻了解。也有人以为老子主张"无知无欲"（第三章），而认为此处的"无知"应指老子本人而言。意思是：老子说他所主张的"无知"之说，不为一般人所理解。对照第一段的"吾言甚易知"，此一说法似乎不如前者通洽。

第三段重点在"圣人被褐怀玉"，说圣人外面穿着粗布衣服，怀中却有宝玉。这表示圣人虽然不为人所知，可是他所抱持的"道"却无比的珍贵。"知我者希，则我者贵"，正说明了这一点，同时也呼应了第一段的"天下莫能知，莫能行"。

从此章语气中，我们似乎听到了老子对当世的轻轻的喟叹。

《论老子绝句》之七十：

　　言甚易知未可轻，不明宗主莫能行。
　　被褐怀玉知音少，似有微音诉不平。

第七十一章

知不知,上;不知知,病。①

夫唯病病,是以不病。②

圣人不病。以其病病,是以不病。③

【校注】

①以上四句——帛书本、傅奕本"上"皆作"尚",二、四句句尾皆有"矣"字。"不知知",帛书甲本作"不知不知",上"知"字动词,下"不知"为受词。亦可通。

②以上二句——帛书本无此二句。河上公本、傅奕本同王弼本。

③以上三句——帛书本"圣人"前有"是以"二字。末句"是以不病",傅奕本作"是以不吾病"。又,以上五句(含第二段)《太平御览·疾病部》引文作:"圣人不病,是以病病。夫唯病病,是以不病。"句较精简,文义则同。

【直译】

知道自己有所不知,是上等;不知道而自以为知道,有毛病。

就因为他把"不知知"这种毛病当作毛病,所以不出毛病。

圣人不出毛病。因为他知道这种毛病是毛病,所以不出毛病。

【新绎】

此章与上章一样，皆就"知"而言。"知"有二义，一是动词，意即认知、认识；一为名词，意即智巧、智慧。就动词的"知"而言，知有未知与已知之分；就名词的"知"而言，知又包括先天的智慧与后天的知识。在《老子》一书中，这些用法常常同时存在，而且往往都讲得通，因而会造成种种不同的歧解，此章即是。这跟老子用字遣词的简约当然有关。

此章较短，但仍可分为三段：

开头的四句话，是全章的立论重心，谈的是认知问题，特别指出认识自身认知局限的可贵。"知不知，上"和"不知知，病"对举成文，显而易见，但看似简单易懂的"知不知"和"不知知"，却会因读者不同的感受与认知，会产生不同的解释。帛书甲本"不知知"作"不知不知"，有人以为甲本抄写时抄错了，却未必然。"不知不知"是说不知道自己所不知道的，有毛病。文字虽异，意义则同。这样的讲法不会错，但完整不完整呢？实在说，不完整。因为话说得太简约了，还有很大的解释空间留给读者自己去填补。例如河上公的注是这样解释的："知道，言不知，是乃德之上""不知道，言知，是乃德之病"。显然是断句为："知，不知，上；不知，知，病。"意思是说：把已经知道的知识，自己谦虚说是不知道，这是美德；把不知道的知识说成自己已经知道了，这是弊病。这样的理解，虽然已经离开认知的层面，而与德性有关，但我想也不会有读者说它错了，因为都讲得通。

第二段从负面去辩证开头四句的说法。"病病"上字动词，下字名词，负负得正，"是以不病"。这跟"夫唯……是以……"书中常用的句法，都是互相呼应的。

第三段在第二段的基础上，进一步说明上述的道理，圣人自是明白无疑。字句与第二段多重复，帛书甲乙本缺第二段那两句，后来像《太平御览》等书引用《老子》此章亦缺那两句，可能皆因嫌其重复之故。不过，就此章而言，第三段重复第二段的论证，在内容上可收往复强调的效果，在行文上又可以增加劲秀可诵的韵味，也自有其好处。

第六十四章章句繁多，相形之下，此章无论形式或内容都较为简短，颇为特殊。

《论老子绝句》之七十一：
    知所不知为上品，不知所蔽亦何伤。
    夫唯病病乃非病，只恐病来不自强。

第七十二章

民不畏威,则大威至。①

无狎其所居,无厌其所生。夫唯不厌,是以不厌。②

是以圣人自知不自见,自爱不自贵。故去彼取此。③

【校注】

①以上二句——帛书乙本作"民之不畏畏,则大畏将至矣"。畏、威二字古可通用。河上公本、傅奕本"至"下亦有"矣"字,足证"则大威至"成句。有人与下句连读,作"则大威至无狎其所居",恐不足取。

②以上四句——帛书本"无"作"毋"。傅奕本"不"作"无"。俱可通用。狎,有亲近、骚扰之意。厌,有嫌弃、厌恶之意。所生,指所生之父母子女而言。古书如《诗经》《孝经》的"无忝尔所生",即有此用法。

③以上三句——帛书乙本"自知""自爱"下皆有"而"字,二句后亦皆有"也"字。"自见",即"自现"。文句多语气词,本来就是古代楚人的特点。

【直译】

人民不怕威权镇压的时候,那么大的威胁就会来临。

不要骚扰他们所住的地方,不要嫌弃他们所生的亲人、压迫他们的生活。就因为不嫌弃人民,所以人民才不嫌弃。

所以圣人自我了解却不自我表扬,自我爱惜却不自我骄狂。因此舍弃那个，采取这个。

【新绎】

此章说明君王统治人民，应当有自知之明、自爱自律，不可以用威权来压制百姓。

全章可分为三段：

第一段只有开头的"民不畏威，则大威至"这两句话，这也是该书常见的一种形式。统治者的威权，本来是人民所敬畏的，假使统治者不自知，不自爱，而滥用威权的话，人民忍无可忍的时候，就会起而反抗。人民反抗之后，统治者势必用更大的威权来镇压，而一旦如此，又必然引起人民更大的反抗。到了这种地步，社会的不安、国家的动乱，种种可怕的事情，就会因之而产生。有人把"则大威至"与下句"无狎其所居"连读，不把"至"解为"来到"，而解作"至于无狎其所居"的地步，虽然也讲得通，但核对传本，"则大威至"有的作"则大威至矣"，有的作"则大畏（威）将至矣"，可见"则大威至"本来就可成句，是说统治者如不爱民恤民，则大灾祸将会降临。因此不必另求新解。

第二段承接上文，说统治者对人民应该爱护体恤，不可过度差使而破坏了人民的家庭安宁。差使人民出公差是难免的，但差遣劳役太多，万一使人家不能仰事父母，不能养活老婆孩子，必然会使人民愤而起来反抗。"所生"，古人常用来指父母，代表家族亲人。像《诗经·小雅·小宛》的"夙兴夜寐，无忝尔所生"即是。"夫唯不厌"是对统治者而言；"是以不厌"是对被统治的人民而言。意思是说，统治者能让人民安居乐业，生活无忧，人民也就自然不会厌弃这些在上位者。

最后的一段，再标举出圣人治国安民的方法，在于统治者有自知之明而不会炫耀自己的成就，有自爱之心而不会抬高自己的名位。易言之，也就是上文一再提到的"功成而弗居"，能够居下守后，柔静谦卑，为而不恃，功成而弗居，当然不会用威权来镇压胁制人民，当然也就不会被人民所厌弃了。

《论老子绝句》之七十二：

> 民不畏威有大威，莫教百姓愿相违。
> 安居只是寻常事，更要众生有所归。

第七十三章

勇于敢则杀,勇于不敢则活。此两者,或利或害。天之所恶,孰知其故?是以圣人犹难之。①

天之道,不争而善胜,不言而善应,不召而自来,绰然而善谋。②

天网恢恢,疏而不失。③

【校注】

①以上七句——景龙本、御注本等"此两者"上有"知"字。帛书本、景龙本等均无"是以圣人犹难之"一句。此句或系后人旁批之语。

②以上五句——"绰然"傅奕本作"默然"。绰,音义同"产",缓的意思。言行迟缓,与"默然"意相近。

③以上二句——"失"景龙本作"漏"。《后汉书·杜林传》注引同。

【直译】

勇气表现在刚猛果敢时遭杀害,勇气表现在慈悲不果敢时却能存在。这两种情况,有的得利,有的受害。上天所厌恶的事物,谁能知道它的缘故?所以圣人还觉得对它难以处置。

上天的法则,不竞争却善于获胜,不说话却善于回应,不召唤却使万物自来归附,动作舒缓却善于谋划。

上天像罗网宽宽阔阔，虽然稀疏，却不遗漏。

【新绎】

经文第六十七章曾说"慈，故能勇"，又说"舍慈且勇……死矣"，意思是说：勇气来自慈爱之心，如果没有慈爱之心而只有勇气，必死无疑。表面看起来，勇与慈相对立，而与敢相因依，可是从老子所主张的"有无相生"的观点来看，却彼此都可以相反相成。第六十七章说明慈与勇的关系，此章则从勇与敢的关系说起，进而说明"此两者，或利或害"，其运用之妙，端在于能不能顺天之道。

全章可分三段：

第一段说勇与敢的区别，指出勇气如果过于果敢刚猛，就会缺少谦下退让之心，甚至泯灭了慈爱悲悯之心，充满肃杀之气，于人于己，都有害而无利。如果有勇气，却又能柔静谦下，这样才是生存之道。此两者的不同，一刚一柔，一害一利，是很明显的。但为什么会这样，老子说大概没有人知道是什么缘故。他以为恐怕连圣人也不晓得。因为道是不可道的，道只能奉行，行其所当然，而不能问其所以然。

第二段说明天之道，亦即自然的法则。顺从自然的法则，就是奉行天之道，这样就可以趋利而避害，趋吉而避凶。这里列明的法则有四项，每一项所说的事情都似相反而实相成。例如要胜利难免要竞争，可是这里却说"不争而善胜"；要回应难免要说话，可是这里却说"不言而善应"；要请人到来难免要召唤，可是这里却说"不召而自来"；要事情成功难免要事先积极规划，可是这里却说"繟然而善谋"。每一句每一项之中，看来都似有矛盾处，但仔细推究，却又发现它们都真的各自有其道理。这个道理是经由矛盾而趋于统一的。所谓"不争而善胜"等等，并非说天道真的不争、不言、不召,其实它们就是上文所说的"为无为"等等主张的另一番说辞。争端而被视为不争,回应而被视为无言,召来而被视为未召,筹谋而被视为疏略,这些都叫作"善胜"等等的"善"。善,是指善于运用,不是推托敷衍,即可成事。运用之妙,本来就存乎一心,是难以言传的。

最后一段只有"天网恢恢,疏而不失"二句,也可以说是全章的结语。天网,就是天道的作用,它像一面广大无边的罗网,要网罗尽天下万物,使之完全依道而行。看上去这罗网节目稀疏宽松,但实际上它却严密无比,密而不漏。何者为利,何者为害,其实都有其一定遵循的法则。此亦即所谓天之道。

《论老子绝句》之七十三:
　　勇至敢时岂可愆,不争善胜在机先。
　　漫言天网无疏失,多少不平在眼前。

第七十四章

民不畏死,奈何以死惧之?①

若使民常畏死,而为奇者,吾执得而杀之,孰敢?②

常有司杀者杀。夫代司杀者杀,是谓代大匠斫。夫代大匠斫者,希有不伤其手矣。③

【校注】

①以上二句——帛书乙本作:"若民恒且(畏)不畏死,若何以杀曜(惧)之也。"句首"若"字为假设语,意亦通。傅奕本作:"民常不畏死,如之何其以死惧之也。""如之何"即"奈何"。

②以上四句——帛书乙本作:"使民恒且畏死,而为畸者(吾)得而杀之,夫孰敢矣。"使,假使,亦"若"之意。畸,同"奇",皆偏邪不正之谓。"吾执得而杀之",傅奕本无"执"字。执、得二字同义。

③以上五句——首句帛书乙本作"若民恒且必畏死,则恒又(有)司杀者"。末句傅奕本作"稀不自伤其手矣"。语气不同,文义则同。

【直译】

(如果)人民不怕死了,如何还能用刑杀来恐吓他们呢?

如果人民真的怕死,那些行为诡异不法的人,我可以捉来杀掉他,这样还有谁敢犯法?

永远有掌管生杀的人在执行刑杀。如果代替掌管生杀的去行刑，这就叫作代替大匠来砍木头。那些代替大匠砍木头的人，很少有不伤到他自己的手的。

【新绎】

此章与第七十二章一样，都是说明治国安民的君王，对待人民宜宽厚，而不应以死相威吓，如果大行杀戮，将自伤其身。

全章可分三段：

第一段标举的两句话，可能是早已有之的格言教训，老子引述为立论的重心。帛书乙本首句前有"若"字，正说明这是假设的语气。对于劝喻君王的人来说，想要说明"民不畏死"的严重性，以及不该"以死惧之"的道理，用假设的语气来代替直接的责斥，似乎是比较委婉而善讽的做法。

第二段同样用假设的语气，来说明"若使民常畏死"，统治者才可以对那些偏邪不正的人处以死刑，以儆效尤。上一段说的是假设"民不畏死"的话，那表示人民已经忍无可忍，对统治者深恶痛绝了，所以连死都不害怕了。这一段说的是如果"民常畏死"，那是表示人民尚可生活，足以养家活口，所以不会走上绝路，誓死反抗。因此，只要对于其中一些行为诡异的不法之徒，加以处置，即可安定人心，导正社会。"为奇者"的"奇"，是奇偶相生的"奇"，有的传本作"畸"，也就是它在此章的用意，指诡异乱群，违反社会规范。"吾执得而杀之"的"吾"，是劝喻君王的人，用"我们"比较亲切的口气来规劝君王，而"执得而杀之"，有的传本作"得而杀之"，意思完全一样。"得"已经有"执"即捉到的意思。

第三段是说天有好生之德，人们自然也是好生而恶死。如果"民不畏死"，那一定有不畏死的原因，统治者理当切实检讨，而不应自以为是，认为顺我者昌，逆我则亡，甚至认为铲除异己，是代天行道。此段的首句"常有司杀者杀"，是承上文"民不畏死"

及"民常畏死"而言，司杀者即主宰生杀大权的人。谁有这样大的权力？历来大都认为是指天道。然而上文已经说过，天有好生之德，该生该死，该杀该存，都各有其一定遵循的法则。它不会因统治者的喜怒而改变它的常道。因此，统治百姓的君王，如果认为他可以代天行道，刑罚苛严，代替上天宰制杀害人民，那就会像代替大木匠砍树一样，结果很少不自伤其手的。

《论老子绝句》之七十四：
  奈何以死惧生灵，只为鸣鹿不食苓。
  大匠运斤必伤手，有司焉可用刀铡。

第七十五章

民之饥，以其上食税之多，是以饥。①

民之难治，以其上之有为，是以难治。②

民之轻死，以其（上）求生之厚，是以轻死。夫唯无以生为者，是贤于贵生。③

【校注】

①以上三句——帛书本前二句末，皆有"也"字。饥，饿，荒年，此处应解为饿。"以其上食税之多"，帛书甲本作"以其取食逸之多也"，乙本"逸"作"脱"。逸、脱不详其义。有人释二字为走脱，说人民浪费太多，致民受饥，恐未必是。

②以上三句——前二句帛书甲本作"百姓之不治也，以其上之有以为也"。词句虽异，文义则无不同。傅奕本"民之难治"后有"者"字。

③以上五句——帛书乙本前二句后，皆有"也"字。"以其求生之厚"傅奕本作"以其上求生生之厚也"。其，指人民；其上，则指在上位者。"贤"字下，帛书本无"于"字。傅奕本"无以生为"下有"贵"字。文字虽有不同，文义则无别。

【直译】

人民饥饿，是因为统治者收取的租税太多，所以饥饿了。

人民难以统治，是因为统治者有所作为，所以难以统治。

人民轻视生死，是因为他们（的上位者）追求生活富足，所以轻视生死。只有那些不会因生活享受而有所作为的人，才真正胜于过分爱重生命的人。

【新绎】

上一章谈统治者戒在刑法之苛，此章则说戒在征敛之重，都是借以说明统治者想要治国安民，就必须善待人民。

此章可分三段：

第一段说明人民之所以发生饥饿的情况，主要的原因，是由于在上位者征税太重，聚敛太多，只贪求个人生活的享受，而不管人民的死活，因而田渔重税，关市急征，民力竭于徭役。人民受饥挨饿，自然难免。

第二段说明人民之所以难以统治的原因，乃在于统治者太想有所作为，力求表现，不顾下民的生活需求，因而上有政策，下有对策，上多事则下多诈，上多求则下交争，政治上既不安定，经济上也就易于匮乏。

第三段更进一步，第一段只说"食税之多"，这一段却说"求生之厚"；第二段只说"民之难治"，这一段却说"民之轻死"。人民到了轻视生死的地步，那是多么可怕的悲惨世界！所以发生这种情况，主要的原因多由于统治者"有为""多欲"，既想多所作为，又欲望太多，人民不堪其扰，所以不惜所生；最悲惨的则是，不少人会随上位者巧诈纷乱，变本加厉，因而贪利而轻死。上文曾说"法物滋彰"则"盗贼多有"，"其政察察"则"其民缺缺"，其道理亦即在此。"以其求生之厚"，指的还是人民，有的传本，像傅奕本作"以其上求生生之厚"，指的已是在上位者。"生生之厚"见第五十章，是说过于重视保全性命，重视生活上的欲求，如此与上一段可相对，意义似乎更明确。

《论老子绝句》之七十五：
>食税多时民自饥,君王宴乐胜平时。
>漫言难治因轻死,生厚有为岂可嗤。

第七十六章

人之生也柔弱,其死也坚强。万物草木之生也柔脆,其死也枯槁。①

故坚强者死之徒,柔弱者生之徒。②

是以兵强则不胜,木强则兵。坚强处下,柔弱处上。③

【校注】

①以上四句——"其死也坚强",帛书本"其死也"下各有二字不可辨识。"万物草木",傅奕本无"万物"二字。人亦万物之一,故去"万物"二字,则人与草木对,更为合理。

②以上二句——帛书本句首有"故曰"二字,"徒"字下,皆有"也"字。二句《淮南子·原道训》作:"柔弱者生之干也,而坚强者死之徒也。"义无不同。

③以上四句——"兵强则不胜,木强则兵"二句,《淮南子·原道训》等作"兵强则灭,木强则折"。折,与"兵"之动词同义。"木强则兵"之"兵"字,河上公本、傅奕本等作"共",帛书甲本作"恒",乙本作"兢"。共,同"拱",与"兢"通,"恒"则为借字。"坚强处下"二句,帛书本"处"皆作"居"。

【直译】

人活着的时候身体柔弱,他死的时候却筋骨坚硬。万物草木活着的时候形体柔脆,它们枯死的时候却枝干枯僵。

因此坚强的是死亡的一类，柔弱的属于生存的一类。

所以兵器精良反而不会打胜仗，树木坚挺反而会被劈砍。坚强处在下面，柔弱处在上方。

【新绎】

此章是老子主张"柔弱胜刚强"的另一番说法。

全章分为三段：

第一段说明宇宙万物间客观存在的一种现象：人活着的时候，筋骨是柔软的，弱而不强，却能伸张自如，可是一旦死了，筋骨却变得坚硬，僵直而不能弯曲了。万物之中，不仅人类如此，像草木也一样。草木成长的过程中，看起来柔软脆弱，可是一旦枯干而死，却同样变得枯槁僵硬。这些现象说明了什么呢？

第二段推溯第一段所说的现象，以为坚强硬挺的事物，容易挫折而亡，所以是属于死亡的一类；而柔软脆弱的东西，随物变化，不违不逆，反而容易活得长久，所以是属于存活的一类。举例来说：舌头比牙齿软弱，但人老了，却一定先掉牙齿，而舌头依然无恙。

第三段又更进一步举例说明"柔弱胜刚强"的道理。"兵强则不胜"的"兵"，指兵器、武器而言，有人推解为军队或兵力，似可不必。"乃知兵者为凶器，圣人不得已而用之"，这是老子说过的话语，可见"兵"本来就应解释为器物。古代兵器的种类很多，刀枪戈矛斧钺等等都是。一般而言，兵器用于武斗战争，当然越坚硬越好，越锋利越理想，可是有坚硬锋利武器的人却往往不胜而败，其道理即在于恃强而骄的缘故。恃强而骄，就容易引人反感；引人反感，就容易遭遇挫折。有人把"不胜"解作"不堪"，意即不能承受。说兵器太硬太重，就不方便拿。虽似可通，却不切题旨。同样的，树木坚固强硬，就适合于取材去制作各种器物，但也由于这个原因，它势必成为被砍伐的对象。"木强则兵"的"兵"，当动词用，是引来斤斧之类砍伐的意思。有的传本"兵"作"共"或"恒"或"兢"，有些学者舍"兵"而不讲，反而解"共"为"拱"，解"恒"为"桓"，解"兢"为"梗"，然后再拐弯抹角说这些字有强硬之意。笔者也以为大可不必。至于有的传本，此二句作"兵强则灭，木强则折"，那倒是真的说：兵力强盛反而会被消灭，树枝强硬反而会被折断，立意虽同，说法却稍有差异了。

最后两句，其实就是"柔弱胜刚强"的意思。经文第三十六章的"柔弱胜刚强"，讲的是对立的观念和权变的方法；第四十三章的"天下之至柔，驰骋天下之至坚"，讲的是对立的观念和以柔克刚的道理。这一章虽然也讲"柔弱胜刚强"，但相较而言，它只重在说明此一客观存在的事实，并没有要人以柔"克"刚，以天下之至柔去"驰骋"天下之至坚。

《论老子绝句》之七十六：

　　莫言柔弱胜刚强，猛虎从来扑小羊。
　　生死荣枯浑未必，强大何曾在下方。

第七十七章

天之道，其犹张弓与？高者抑之，下者举之；有余者损之，不足者补之。①

天之道，损有余而补不足。人之道则不然，损不足以奉有余。②

孰能有余以奉天下？唯有道者。是以圣人为而不恃，功成不处，其不欲见贤。③

【校注】

①以上六句——"与"，同"欤"，帛书乙本作"也"，河上公本等作"乎"。帛书本"张弓"下有"者"字。"补"，景龙本、御注本等皆作"与"。与，给予。

②以上四句——帛书乙本"补"作"益"。益，有补加之意。"以奉有余"，帛书本"以"作"而"。

③以上五句——首句帛书甲本作"孰能有余而有以取奉于天者乎"，傅奕本作"孰能损有余而奉不足于天下者"。大意相同，唯帛书甲本言"取奉于天"，是指奉行天之道，而傅奕本同王弼本，言"奉不足于天下者"，是指养天下百姓。养天下百姓，亦即奉行天之道。"唯有道者"句下，帛书乙本有"乎"字。"是以圣人"下，帛书乙本作"为而弗有，功成而弗居也。若此，其不欲见贤也"。文义并无不同。

【直译】

上天的法则,它就像拉弓射箭吧?弓弦高了的要压低它,低了的要举高它;有多余的要减少它,不足够的要补充它。

上天的法则,是减少有剩余的而来补充不足够的。人间的法则就不是这样,它是减少不足够的来供奉那有剩余的。

谁能够把有剩余的拿来供奉天下百姓的不足呢?只有那得道的人。所以圣人有所作为却不自满,功业完成却不自居,他不愿意表现过人的才干。

【新绎】

此章借张弓来说明天之道,并进而比较天之道与人之道的不同。

全章可分三段:

第一段用拉弓射箭时的弓弦来做比喻。《说文解字》说:"张,施弓弦也。"弓上弦时,高的地方要往下压,低的地方要往上抬,让弓弦保持在弓的正中央。扣弦时,弦有多余的要去掉,不够长的则要补足,让弓弦长短合适。老子借这古人日常生活中共有的经验,来说明天道运行的法则。

第二段补充第一段的客观描述,说明上天之道就是"损有余而补不足"。这句话由张弓引申而来,与经文第二章"有无相生""高下相倾"等等的主张,正好前后呼应。上一段说的"高者"与"下者"、"抑之"与"举之"、"有余者"与"不足者"、"损之"与"补之",都是借相对相反的概念,来说明相因相成的道理。此章将这些道理,浓缩为"损有余而补不足"一句。然后,又马上相对的提出"人之道则不然"的说法。此"人之道"的"道",不是可师可法的"常道",而只是泛指人间一般人的行径。例如在上位者多欲、有为,而人民轻死、难治,等等。上面很多章节，都曾说到人间不少需要改进之处，例如上章所说的"兵强""木强"之流，或者如第七十五章所说的"食税之多""求生之厚"等等，都有类似过犹不及、物极必反的弊端。此章把这些弊端概括成为"损不足以奉有余"。损不足，是说人民已经不能安居乐业了，统治者还去压制、搜刮他们；奉有余，是说让在上位者有更奢华的享受。很明显的可以看出来，这两者之间有很大的不同。

老子的这种思想，与他前后的一些思想家都有相通之处。例如《周易·丰卦》中曾说："日中则昃，月盈则亏。天地盈虚，与时消息。"《列子·天瑞篇》也说："物损于彼者，盈于此；成于此者，亏于彼。损盈成亏，随生随死；往来相接，间不可省。"他们一样都爱从自然现象或日常事物去推论治国平天下的主张。

第三段紧接第二段"损不足以奉有余"的人道之后，提问在人间世有谁可以反其道而行，不自私自利，而能以天下百姓之心为心？第十二章说圣人"为腹不为目"，不会自私而多欲，第十三章结语也说圣人能以天下为念："故贵以身为天下，若可寄天下；爱以身为天下，若可托天下。"这就是所谓"有道者"。有道者，也就是书中一再提到的"圣人"。因此，下文又把第二章的"为而不恃""功成不居"之类的话再次引述于此，意在劝诫真心想治国安民的在上位者应该以古之圣人为师，自许为今之圣人才对。老子之所以著述《道德经》一书，其实亦即肇因于此。

《论老子绝句》之七十七：
　　自然天道似张弓，高下调弦合在中。
　　欲损多余补不足，缘何人道不相同？

第七十八章

天下莫柔弱于水,而攻坚强者,莫之能胜。其无以易之。①

弱之胜强,柔之胜刚,天下莫不知,莫能行。②

是以圣人云:受国之垢,是谓社稷主;受国不祥,是谓天下王。正言若反。③

【校注】

①以上四句——首句河上公本作"天下柔弱莫过于水"。"能胜",傅奕本作"能先"。文义俱无不同。末句帛书本"其"字前有"以"字。"以"作"因为"解,文气似较足。

②以上四句——帛书乙本"弱之胜强"在"柔之胜刚"句之后,句后皆有"也"字。傅奕本"莫能行"作"而莫之能行也",义皆相同。

③以上六句——首句帛书乙本作"是故圣人言云",傅奕本作"故圣人之言云"。

【直译】

天下万物没有柔弱超过水的,但攻克坚强的东西,没有谁能胜过它。它是无法用来替代交换的。

弱的胜过强,柔的胜过刚,统治天下的人没有不知道的,但没有人能够实行。

所以圣人说:承受全国的屈辱,这才是所谓社稷之主;承受全国的灾难，这才是所谓天下的君王。正话听起来像是反话。

【新绎】

此章和上文第七十六章等一样，仍对"柔弱胜刚强"的道理，举水为例，加以引申说明。

全章可分三段：

经文第八章曾说"上善若水。水善利万物而不争"，那是就水的好处、能沾溉万物的观点来说的，这一章则就水之为患、能摧坚克强的观点来说。古人常把人民的言论比为水，说防民之口，甚于防川。原因就在于：看起来水是最柔弱的东西，连固定的形状都没有，但它的另一面却又能滴水穿石，甚至能摧毁万物，有莫之能御的力量。一般人民平常看起来也软弱无比，好像常常忍受屈辱，可是一旦忍无可忍，群起而攻，力量却大到无与伦比。此章第一段就以此为例，来说明水兼有柔、刚的两面，此犹如道兼有阴阳、有无的两面一样。它们相反却又相成。当然，这一章主要是从"柔弱胜刚强"的观点来立论的。

第二段承接上文，却故意作一转折，说柔弱胜刚强的道理，以水为喻，大家没有不明白的，但是，大家虽然都明白道理了，却没有人肯去具体实践。这些话乍看之下好像是说给大家听的，因为原文是"天下莫不知，莫能行"。但仔细想想就可以知道这里所说的"天下"指的是统治天下的君王。上文第四十三章已经有过这样的例子。唯有如此解释才可以与前面用水比喻人民的例子连系起来，同时与下文的"是以圣人云"有了呼应。

第三段引用圣人之言，说肯为国家来承受辱骂和诅咒的人，才有资格做天下的共主，得到世人的景仰。《尚书·说命篇》就说过这样的话："百姓有过，在予一人。""垢"和"不祥"都是人所厌恶的，如果治国安民的君王愿意接受古代圣人的教训，了解一般人民都比较短视，只顾眼前，缺乏远大的眼光，容易听信谣言，而愿意虚怀若谷，"知其荣，守其辱，为天下谷"（第二十八章），愿意为天下之福祉忍受一时之污辱，不辞称"孤、寡、不穀"（第三十九章等），受国之不祥，那么一定能像江海一样涵天地而为百谷之王，为民造福，赢得万民的向往归顺。"社稷"分而言之，是说土地神和谷神，合而言之，是指国家的宗庙、君王的政权。有上述的才德，江山才会稳固，天下才会安康。

最后的一句"正言若反"，非常巧妙。它一方面为上文"受国之垢，是谓社稷主"等言做了反证，另一方面又为老子一向的主张做了归纳。因为一般人看《老子》一书，常常会觉得老子所说的正论很像是反话，不止本章如此，其他如有与无、高与下、成与缺、曲与直、巧与拙等等，它们原是彼此对立的，但在"大""道"的运行之中，它们却又可以在"有无相生""高下相倾"之余，由相对相反而彼此统一起来，此即所谓"大成若缺""大直若屈""大巧若拙""大白若辱""上德若谷"的境界。这些都是"正言若反"的显著例子，也是《老子》一书中最引人沉思寻味的妙处。

《论老子绝句》之七十八：
　　　　受国不祥天下王，正言若反细思量。
　　　　攻坚摧强应如水，只恐满盈人受殃。

第七十九章

和大怨，必有余怨，安可以为善？①
是以圣人执左契，而不责于人。有德司契，无德司彻。②
天道无亲，常与善人。③

【校注】

①以上三句——前二句，帛书甲本、河上公本、傅奕本皆如此。和，调和、调解。广明本（唐僖宗广明元年道德经幢本）"和"作"知"，恐误。第三句《文子·微明篇》引作"奈何其为不善也"。帛书甲本"安"作"焉"。安，焉，如何、怎么。

②以上四句——帛书甲本"执左契"作"右介"。契，契约、合同。古人书契约于竹木上，各执一半，以为凭据。右为借据，左为存根。"责于人"之上，帛书本有"以"字。责，通"债"，有求偿之意。彻，古代一种征收十分之一的课税之法，或云"彻"当训为"剥"，有杀之意。

③以上二句——二句前帛书甲本有"夫"字，常作"恒"。此二句当为古语，见《说苑·敬慎篇》所引《黄帝金人铭》，及《后汉书·袁绍传》注所引之《太公金匮》等。常，与"惟"同义；与，犹"亲"也。

【直译】

调解重大的怨恨，必然会有剩余未解的怨恨，怎么可以说是完善的呢？

所以圣人保留左边契约的存根，却不去索债于借贷人。有德的人管契约，无德的人管征税。

天道没有偏爱谁，只是常常帮助好人。

【新绎】

此章讨论德与怨的问题，以为治国安民的圣人，应当存德而去怨。

全章分三段：

第一段先说要解除怨恨是不容易的。人与人相处，难免有是非恩怨，有德之人即使想消除怨恨，找人调停和解也没有大用。因为既然有怨恨需要和解，那就表示不论如何调停，毕竟还是要论何者为是，何者为非，留有余怨，至少是留下遗憾，不会了无痕迹。所以，这不是彻底的解决方法。

第二段由此而说明圣人如何解决这些问题。老子以订立契约为例。古人的契约，通常写在木片或竹册上，书写两份，条文全同，债权人和借贷人各持一份，作为将来偿还时的凭证。所以也叫作"合同"。这里的"左契"，当指存根而言。是说圣人虽有存根以为凭据，可是他却不以此向人索债，要求偿还。有的传本"左契"作"右介"，当亦此意，不必赘论。推衍说去，治国安民的圣人在处理人事时，也难免会有是非恩怨，像上章所说的："受国之垢，是谓社稷主；受国不祥，是为天下王。"在上位者，岂有不被批评指摘的？如果把这一切是非恩怨都放在心中，那就不是圣人了。即使为了消除恩怨，有意和解，毕竟留有余恨，如上段所言，也还不是上上之策。那么，该怎么办呢？所谓"执左契，而不责于人"，就是比和解更好的办法。像债权人一样，虽然留有存根作为信物，却不据此向人索债求偿，就像已经遗忘了一样，不再提起。这才是真的恩怨两忘，比找人调解的办法，不知好上多少倍。

"有德司契，无德司彻"二句，仍然和上文一样，用契约和债权来做譬喻。是说有德的圣人，取信于民，总是希望"能有余以奉天下"（第七十七章），把多余的奉献给大家，这有如债权人虽然握有债权，却不会主动催讨，只等借贷人自己来偿还。也就等于：与人虽有"大怨"，却不再提起，象是早已忘记一样，也不再找人调解，因此可以一笑泯恩仇。如果把别人欠债不还之事放在心中，像按法课租的官吏一样，只知道依法行事，该课十分之一的彻税，就一定要催促缴纳，那就是无德的行为，不是有德的圣人该有的表现了。

第三段的"天道无亲，常与善人"，应是老子引用古语来作为结论。意思是说：天道不会偏爱谁，但因善人奉行天道，所以和他们常常在一起。这两句话也见于《史记·伯夷列传》《说苑·敬慎篇》等等，有的不注明出处，有的则说是出自上古铭文。《老子》一书引用古语以为格言教训，来劝勉当世的执政者，通常把它们置于每章之首，但也有放在最后的。置于章首的，是作为立论的依据；放在最后的，则作为说法的总结。两者都同样简短精要，引人注目。

《论老子绝句》之七十九：
　　调和大怨尚余怨，执契不求有德人。
　　天道无亲何所与，此心只许善为邻。

第八十章

小国寡民，使有什伯之器而不用，使民重死而不远徙。虽有舟舆，无所乘之；虽有甲兵，无所陈之。①

使民复结绳而用之。甘其食，美其服，安其居，乐其俗。②

邻国相望，鸡犬之声相闻。民至老死，不相往来。③

【校注】

①以上七句——帛书乙本"国"作"邦"，"什伯"作"十百人"，"不远徙"无"不"字，"虽有"二句皆无"虽"字。傅奕本"使有"作"使民有"。伯，古通"佰"。什伯之器，历来注解颇多歧义，或指为兵器，或指各种生产器具，或指人才。"不远徙"若作"远徙"，则"远"作动词用，仍不迁徙之意。陈，古通"阵"，此作动词用。

②以上五句——帛书本"乐其俗"在"安其居"之前。傅奕本"而用之"后多"至治之极使民各"七字，末二句作"安其俗，乐其业"。字句虽异，文义并无不同。

③以上四句——帛书本"犬"作"狗"。"民至老死"，河上公本、敦煌本等无"死"字。

【直译】

狭小的疆土，稀少的人口，使他们有十人百人共享的器物却不使用，使人民重视生死而不向远方迁移。虽然有舟船和车舆，却不必有搭乘的时候；虽然有铠甲和兵器，却用不着陈列的场所。

使人民重新使用结绳记事的办法。让人民甘于他们自己的饮食，适于他们自己的衣服，安于他们自己的住处，乐于他们自己的风俗。

和邻近国家彼此能观望，鸡狗的叫声彼此能听见。人民一直到老死，却不互相来往。

【新绎】

此章的立论宗旨和文字诠释，历来颇多歧说。有人说此章反映了老子的政治理想，主张回到国小民寡、结绳而治的原始社会；有人说此章反映了老子的反战思想，反对当时大国的兼并战争。又有人说：此章反映的是老子的理想社会，表面上看，好像是很原始的社会情况，其实并不尽然。它并不是没有甲兵，只是不必用到战场上去打仗，并不是没有文字，只是生活简单，用不着文字来记事而已。这是知其文明，守其素朴，是"至治之极"。因此说它是一种人的精神境界。其他的说法也还有，真的众说纷纭，莫衷一是。

我们看《老子》此书以上各章所论，知道老子常常引述古语，引用古代圣人的格言教训，来劝勉当世及后人如何治国安民，当然有他的政治理想、社会理想寄托其中。其中谈到大国小国，并没有一定非小国寡民不可的主张，反而常常劝勉执政者好自为之，希望如江海之纳百川，能使各地人民来归顺；也常常提到用兵之道和民生之事，都同样有备而无患的意思，并没有"虽有舟舆，无所乘之""民至老死，不相往来"之类的佐证。不过，谁也不能否认老子有浓厚的复古思想，至少上古那种清静素朴的风气是他所向往的境界，所以他才会常常引述古代的圣人之言。因此说老子向往上古小国寡民的社会，并没有错，但千万不要误以为老子在开时代的倒车。也因此，上述的说法之中，所谓知其文明、守其素朴的一种人文的精神境界，可能是比较中肯的说法。

全章可分三段，每一段都陈述古代小国寡民的各种不同的情况：

第一段偏重在战争方面的描述。战争是古代国家的大事，在原始社会里，大部分的国家都是小国寡民，但即使如此，也不能不重视战争的防守。王弼的注这样说："国既小，民又寡，尚可使反古，况国大民众乎！故举小国而言也。"王弼的意思是：老子举小国寡民为例，说连小国寡民都可以做到恢复古道的境界，何况是国大民众的社会呢！这种说法和现代很多学者的解释大相径庭。顺着王弼的注解，老子以为即使是小国寡民的国家，也要注意战备，期能做到"以战则胜，以守则固"（第六十七章）、"善战者不怒，善胜敌者不与"（第六十八章）、"行无行，攘无臂，扔无敌，执无兵"（第六十九章）的地步。因此，下文"使有什伯之器而不用"这一句，在"使"字底下，"小国寡民"是它的受词。完整的来说，这一句应该作"使小国寡民有什伯之器而不用"才对。把"小国寡民"独立出来，是因为它还涵盖下列数句的内容，以及可以点醒主题的缘故。所以在传本之中，像傅奕本这一句还保留着"使民有什伯之器而不用"，而帛书本更写成"使有十百人之器而不用"。"伯"古通"佰"。什么是"什伯之器"呢？徐锴《说文系传》"人"部"伯"字下引《老子》说："有什伯之器。每什伯共用器，谓兵革之属。"《后汉书·宣秉传》的注也说："军法：五人为伍，二五为什，则共其器物。"可见什伯是古代士卒部曲编列的名称，而什伯之器则是指士卒打仗行阵时共享的器物。这些器物应指兵革之属，但也有人认为是泛指一切军中用具，包括炊具等。不管如何，前面既然说是"小国寡民"，那么什伯之数对小国寡民而言就不是小数目。这也表示了即使是土地小、人口少的国家，也不能不注意战备之事。注意它，不是为了侵略他国，而是有备才能无患。王弼的注又说："言使民虽有什伯之器，而无所用，何患不足也。"就是这个意思。"不用"就是"无所用"，是说虽有什伯之器，也不必用于军事打仗。这跟下文所谓"不远徙""无所乘之""无所陈之"意义相近，都是说有备无患，无仗可打。有人把"什伯之器"解释为"材堪什夫、伯夫之长者"，即才器十倍百倍于常人的所谓"百夫长"，虽然与第六十七章的"不敢为天下先，故能成器长"似可呼应，但总嫌过于迂曲。

因此，下列的句子也都应该原与战事有关。要使人民重死生，守护乡土，而不必迁徙远方。《史记·五帝本纪》说黄帝之时，"迁徙往来，无常处，以师兵为营卫"。可见所谓"不远徙"是指不发动战争，不必到远方打仗；虽然教习水战，但所搭乘的舟舆，不必用来作为战争时的运输工具；虽然有铠甲兵器，但也不必在战场上布阵时用到它们。这一切都说明了老子对国防战备的重视。战则胜，守则固。与其战则胜，不如先守固而不争。

以上第一段说的是有关战备的用兵之道，"使民复结绳而用之"以下的第二段数句，说的则是日常生活的民生之事。"复结绳而用之"，与第十九章所说的"绝圣弃智""见素抱朴，少私寡欲"等等前后相应，是说生活简朴、精神满足就好，不必刻意追求什么。老子以为在文字创造之前，先民结绳记事而已，丝毫没有后人"知识增时只益疑"的烦恼，对于自己日常生活中所使用、所接触的饮食、衣服、居所、环境等等也都非常满意。老子这样说，并不是说要大家真的回到那多方面落后的原始社会，而是强调原始社会虽然不如后代文明进步，但他们原来所保有的一种人文的精神境界，例如素朴、寡欲等等，在后来文明进步的社会中反而消失不见了，这是多么令人遗憾的事情！所以老子才主张要复古。他要复的古，指的是这些"垂衣贵清真"的素朴、寡欲之事。读者千万不要死看文字。

最后一段是后面四句,说与邻国之间的相处关系。老子描述古代小国寡民的国家,要像第一段所说的那样注意国防战备,要像第二段所说的那样使国内的人民生活无忧,安居乐业,而这最后的一段则说明与邻国的相处之道。与邻国应该和平相处,守望相助,使各自的百姓生活安乐,可以乐生而送死,不为战争所苦。"民至老死,不相往来"二语,一般人都觉得很奇怪。其实上《史记·五帝本纪》已经说过了,黄帝之时,"迁徙往来,无常处,以师兵为营卫","往来"含有"迁徙"之意,或许才是本章末句"民至老死,不相往来"的真正意义所在。

《论老子绝句》之八十:

　　小国寡民非所慕,结绳岂复古风情。
　　谁知老死不来往,只为安居偃甲兵。

第八十一章

信言不美,美言不信。善者不辩,辩者不善。知者不博,博者不知。①

圣人不积:既以为人己愈有,既以与人己愈多。②

天之道,利而不害;圣人之道,为而不争。③

【校注】

①以上六句——帛书乙本"知者不博,博者不知"二句在"善者不辩,辩者不善"二句之前,"辩"俱作"多"。多,亦美善之意。傅奕本"善者""辩者"二"者"字皆作"言"。

②以上三句——帛书本、傅奕本"不积"皆作"无积"。末句帛书乙本作"既以予人矣己俞多",文义无别。

③以上四句——首句前,帛书本有"故"字。"圣人之道",帛书乙本无"圣"字。核对第七十七章,似作"圣人"为是。

【直译】

诚实的话不动听,动听的话不足信。善良的人不强辩,强辩的人不善良。知道的人不求多,求多的人不知道。

聪明的圣人不积累:拿来助人自己反而更富,拿来给人自己反而更多。

上天的道理，利于人却不损己；圣人的道理，只管做却不争利。

【新绎】

此章对美与信、善与辩、知与博、无与有、少与多、取与与、利与害、为与争等等，提出一系列的辩证，旨在说明很多事物的表面和实质，常常存在一些矛盾对立的现象。这和经文第二章所说的"天下皆知美之为美，斯恶已；皆知善之为善，斯不善已"，以及"有无相生，难易相成"等等的道理，都是遥相呼应、前后契合的。事实上，和第一章开宗明义所说的"名"与"道"，也有不可分割的关系。

以上所说的美与信、无与有、利与害等等，其实都是"名"，都是"可名"的事物之一。综合起来讲，它们所代表的意义，不外包括精神的和物质的两种。精神的方面，如美善等等；物质的方面，如财利等等。表面上看来，精神和物质好像有矛盾，美善和财利也似乎相对立，甚至于美善本身也常常发生物极必反的现象，不只财利在多少得失之间多所纷争而已。老子从这些矛盾对立的现象去切入问题的核心，从"名"中去谈"道"，说明"道"的本质及其作用。他一方面说"天之道"，一方面说"人之道"。他所说的"天之道"，其实包括天道、地道；他所说的"人之道"，其实主要是讲圣人之道。圣人之道，是在人间用以辅佐君王治国安民的，所以也可以称为王道。人中之王可以参与"天""地"而化万物，所以与"道"合称为"四大"（第二十五章）。以上的各章，很多章节所阐述的是这些道理，此章所欲归结的，其实也是这个道理。

全章可分三段：

第一段说明精神方面真善美等等这些德性、博学多闻等等这些知识，本身都有其限制性，亦即所谓"道可道，非常道。名可名，非常名"。有的传本，"善者""辩者"的"者"，都作"言"，可见都还偏重在"言"的方面。真正的"常道""常名"是什么呢？老子说在"有""无"之间。第二章所说的"处无为之事，行不言之教"，就是关键所在。"无为"本是无所作为，可是老子却说要去处其事；"不言"原是不说不讲，可是老子却说要去行其教。这之间好像有矛盾。老子所讲的"道"，正是要从这矛盾之中去说其统一和谐之理。

第二段说圣人的处事治世之道。"不积"就是不累，不会执于言、滞于教的意思。也就是上面所说的"处无为之事，行不言之教"。这一段说圣人"既以为人"而"己愈有"，"既以与人"而"己愈多"，表面上看，这些应是属于物质方面的财利等等。照常理说，给了别人，自己就没有了或变少了，可是，老子却从这里提出辩证，说帮助了别人，自己反而更为富有；给了别人，自己反而更为增多。这个道理，现代人可能比较容易理解。执政者能给人民创造财富的机会，人民富庶了，国家也就更为富强。聪明睿智的圣人，传述大道，用来劝勉君王治国安民，对他自己的德性，不但没有减损，反而会更丰富而深沉。所以，不论是精神或物质，不论是言或行，圣人或得道君子都能体会"道"有创生天地万物、好生恶杀之德，体而行之，为天下万物谋福利。他虽然不明言，但万物都确实得了利益，他虽然有所作为，却出乎无心，所以不会争胜，也不会居功。这就是所谓"道"。

最后的一段是结论，说明天地之道是利他而不害己，而圣人之道是有作为而不争功。"为而不争"的"为"，是第三十八章"上德"的"无为而无以为"，"不争"是第八章"上善若水"和第六十六章"以其不争，故天下莫能与之争"的"不争"。《易经·乾卦》有言："知进退存亡，而不失其正者，其唯圣人乎！"旨哉斯言！

《论老子绝句》之八十一:
> 无为守下不争先,记取天人道两全。
> 知识增时疑更甚,何如绝学只高眠。

参考书目举要

《无求备斋老子集成初编》，严灵峰，台北：艺文印书馆，一九六五年
《无求备斋老子集成续编》，严灵峰，台北：艺文印书馆，一九七〇年
《郭店楚墓楚简本老子》，北京：文物出版社，一九九八年
《郭店楚简本老子校读》，彭浩，北京：中华书局，二〇〇一年
《楚简老子辨析》，尹振环，北京：中华书局，二〇〇一年
《马王堆帛书老子》，北京：文物出版社，一九八〇年
《帛书老子注译与研究》，许抗生，杭州：浙江人民出版社，一九八五年
《帛书老子校注》，高明，北京：中华书局，一九九六年
《老子指归》，严遵，北京：中华书局，一九九四年
《老子道德经河上公章句》，北京：中华书局，一九九三年
《老子王弼注校释》，楼宇烈，台北：华正书局，一九八一年
《道德经古本篇》，傅奕，道藏本，上海：涵芬楼，一九二四年
《道德经考异》，罗振玉，台北：艺文印书馆，一九七〇年
《御注老子》，高专诚，太原：山西古籍出版社，二〇〇三年
《老子道德经古本集注》，范应元，北京：中华书局，一九九八年
《老子道德经考异》，毕沅，东京：汲古书院，一九七六年
《诸子平议》，俞樾，上海：上海书店，一九八八年
《老子本义》，魏源，北京：中华书局，一九五六年
《老子道德经评点》，严复，上海：商务印书馆，一九三一年
《老子校诂》，马叙伦，北京：中华书局，一九七四年
《老子集训》，陈柱，上海：商务印书馆，一九二八年
《重订老子正诂》，高亨，北京：古籍出版社，一九五六年

《老子译注》，高亨，郑州：河南人民出版社，一九八〇年
《老子校诂》，蒋锡昌，上海：商务印书馆，一九三七年
《老子章句新释》，张默生，成都：古籍书店，一九九一年
《老子达解》，严灵峰，台北：艺文印书馆，一九七一年
《老子校释》，朱谦之，北京：中华书局，一九八四年
《老子绎读》，任继愈，北京：国家图书馆出版社，二〇〇六年
《老子注译与评介》，陈鼓应，北京：中华书局，一九八四年
《老子今注今译》，陈鼓应，北京：商务印书馆，二〇〇三年
《老子说解》，张松如，济南：齐鲁书社，一九八七年
《老子解义》，吴怡，台北：三民书局，一九九四年
《老子新校》，郑良树，台北：学生书局，一九九七年
《老子新论》，郑良树，上海：上海古籍出版社，二〇一一年
《老子辨析及启示》，严敏，成都：巴蜀书社，二〇〇三年
《老子今析》，李先耕，北京：中国社会科学出版社，二〇〇七年
《老子古今》，刘笑敢，北京：中国社会科学出版社，二〇〇九年
《重识老子与〈老子〉》，尹振环，北京：商务印书馆，二〇〇八年
《老子校正》，岛邦男，东京：汲古书院，一九七三年
《老子考索》，泽田多喜男，东京：汲古书院，二〇〇五年

图书在版编目（CIP）数据

老子新绎 / 吴宏一著 . -- 北京：北京联合出版公司, 2018.7

（人生三书）

ISBN 978-7-5596-2110-8

Ⅰ.①老… Ⅱ.①吴… Ⅲ.①道家②《道德经》—研究 Ⅳ.① B223.15

中国版本图书馆 CIP 数据核字 (2018) 第 094652 号

Simplified Chinese translation copyright © 2018 by Ginkgo(Beijing) Book Co.,Ltd.
All rights reserved.
本书中文简体版权归属于银杏树下（北京）图书有限责任公司。

老子新绎

著　　者：吴宏一
选题策划：后浪出版公司
出版统筹：吴兴元
编辑统筹：梅天明
责任编辑：牛炜征
特约编辑：王雪霏
营销推广：ONEBOOK
装帧制造：墨白空间·陈威伸

北京联合出版公司出版
（北京市西城区德外大街 83 号楼 9 层　100088）
北京天宇万达印刷有限公司印刷　新华书店经销
字数 270 千字　655 毫米 × 1000 毫米　1/16　21.5 印张
2018 年 10 月第 1 版　2018 年 10 月第 1 次印刷
ISBN 978-7-5596-2110-8
定价：58.00 元

后浪出版咨询（北京）有限责任公司 常年法律顾问：北京大成律师事务所
周天晖 copyright@hinabook.com
未经许可，不得以任何方式复制或抄袭本书部分或全部内容
版权所有，侵权必究
本书若有印装质量问题，请与本公司图书销售中心联系调换。电话：010-64010019